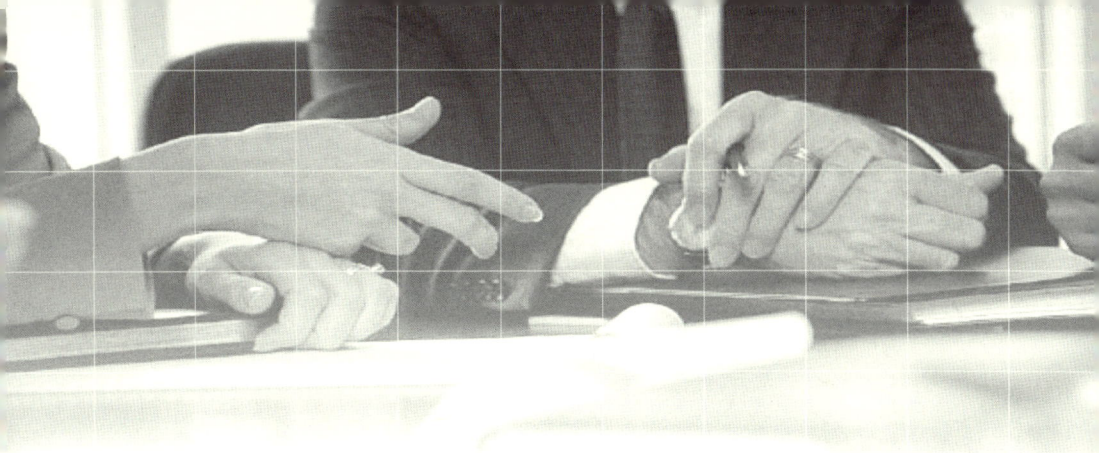

COMO O COACHING FUNCIONA

O Guia Essencial para a História e Prática do Coaching Eficaz

Andrea Lages e Joseph O'Connor

COMO O COACHING FUNCIONA

O Guia Essencial para a História e Prática do Coaching Eficaz

Copyright© 2016 by Andrea Lages e Joseph O'Connor

Todos os direitos desta edição reservados à Qualitymark Editora Ltda.
É proibida a duplicação ou reprodução deste volume, ou parte do
mesmo, sob qualquer meio, sem autorização expressa da Editora.

Direção Editorial SAIDUL RAHMAN MAHOMED editor@qualitymark.com.br	Produção Editorial EQUIPE QUALITYMARK
Capa RENATO MARTINS Artes & Artistas	Editoração Eletrônica EDEL

1ª Edição: 2010
1ª Reimpressão: 2011
2ª Reimpressão: 2013
3ª Reimpressão: 2016

CIP-Brasil. Catalogação-na-fonte
Sindicato Nacional dos Editores de Livros, RJ

L172C

    Lages, Andrea
    Como o coaching funciona: o guia essencial para a história e prática do coaching eficaz / Andrea Lages e Joseph O'Connor ; [tradução de Luiz Frazão Filho]. - Rio de Janeiro : Qualitymark Editora, 2016 .
    296p. : 23 cm

    Tradução de: How coaching works: the essential guide to the history and pratice of effective coaching
    Apêndice
    Inclui bibliografia
    ISBN 978-85-7303-926-9

    1. Motivação (Psicologia). 2. Mentores nos negócios. 3. Empregados – treinamento. 4. Programação neurolinguística. 5. Técnicas executivas. I. O'Connor, Joseph, 1944-. II. Título.

10-1634.   CDD: 658.3124
                                                                     CDU: 658.310.845

2016
IMPRESSO NO BRASIL

Qualitymark Editora Ltda.
Rua Teixeira Júnior, 441 – São Cristovão
20921-405 – Rio de Janeiro – RJ
Tel.: (21) 3295-9800
www.qualitymark.com.br
E-mail: quality@qualitymark.com.br
Fax: (21) 3295-9824

Para Amanda

AGRADECIMENTOS

Em primeiro lugar, a todos os escritores e *coaches* que contribuíram generosamente para este livro com seus pensamentos: Lars-Eric Unestahl, Sir John Whitmore, Robert Dilts, Anthony Grant, Fernando Flores e Carol Kauffman.

E também a todos os nossos clientes, que nos ajudaram a ser melhores *coaches*. Nossos clientes são os nossos melhores mestres. Nosso muito obrigado também a todos os *coaches* que vêm ministrando treinamento nos últimos cinco anos. Seus esclarecimentos nos ajudaram a compreender melhor o *coaching*.

Nosso muito obrigado a Sandy Vilas, Pamela Richarde e Laura Whitworth, que nos ajudaram em nossas pesquisas, e a Otto Laske, que nos ajudou de maneira considerável a desenvolver nosso pensamento sobre o *coaching* desenvolvimental.

Apresentamos nossos agradecimentos também à nossa editora-chefe na A & C Black, Lisa Carden, por seu suporte em todas as etapas de produção do livro.

Agradecemos especialmente à nossa filha, Amanda, por ser uma maravilhosa *coach* para nós.

Por fim, como sempre, apreciamos algumas músicas enquanto escrevíamos este livro e queremos agradecer especificamente a Damien Rice, Nara Leão, Iron and Wine e J. S. Bach por terem nos inspirado.

Andrea Lages e Joseph O'Connor

SUMÁRIO

Introdução, IX

Primeira Parte, 1
1. O *Coaching* à Beira do Caos, 3
2. A História do *Coaching*: As Pessoas, 13
3. A História do *Coaching*: As Épocas, 25

   Coaching para o Desenvolvimento: *Treinamento Mental Integrado e Psicologia Positiva,* por Lars-Eric Unestahl, 43

Segunda Parte
Visão Geral: Modelos de Coaching, 47
1. O *Coaching* na Europa e nos Estados Unidos: O Jogo Interior, o Modelo GROW e o Coaching Coativo, 51

   Reflexão sobre o Coaching, por John Whitmore, 68
2. *Coaching* Integral, 71
3. *Coaching* de PNL, 85

   PNL e Coaching com "C" Maiúsculo, por Robert Dilts, 99
4. O *Coaching* da Psicologia Positiva, 105

   Da Psicologia Clínica para a Psicologia Positiva: Minha Trajetória para o Coaching, por Carol Kauffman, 119
5. *Coaching* Comportamental, 125

6 *Coaching* Ontológico, 139
Entrevista com Fernando Flores, Janeiro de 2007, 153
7 Um Modelo Integrado, 157

Terceira Parte, 191
1 Medição dos Resultados de *Coaching*, 193
Reflexões sobre a Psicologia do Coaching, por Anthony M. Grant, 205
2 *Coaching* Desenvolvimental, 211
3 *Coaching* Pós-Moderno, 231

Quarta Parte, 241
O Futuro, 243

Apêndice, 255
Bibliografia, 263
Os Autores, 269
Índice Remissivo, 273

INTRODUÇÃO

UMA INVESTIGAÇÃO

Este livro é a história de nossa investigação sobre a alma do *coaching*. Enveredamos esperançosos por um caminho aparentemente claro, ensolarado e sem prenúncios de problemas, embora cientes de que estes constituíam elementos comuns em qualquer tipo de investigação. E, de fato, a investigação era mais complicada do que imaginávamos. Não foi tão fácil descobrir a alma do *coaching* e o que encontramos não era o que esperávamos. Este livro é o nosso trabalho sobre essa investigação.

Somos profissionais de *coaching*. Adoramos nossa profissão e gostamos de trabalhar com pessoas, de modo a ajudá-las a aprender, a mudar e a se desenvolverem. Nós também sentimos prazer em aprender e em mudar à medida que trabalhamos. Atuamos na área há mais de dez anos, com trabalhos realizados em muitos países. Quando começamos, o *coaching* empresarial e o *coaching* pessoal eram bastante conhecidos na Europa, mas muito pouco conhecido na América do Sul. A Andrea trabalhou como *coach* empresarial no Brasil e tinha um cartão de visitas com seu nome e a profissão "*coach*". A maioria das pessoas que via o cartão perguntava o que ela fazia. Muitos pensavam que ela trabalhava no setor de turismo ou para algum time de futebol.

O *coaching* esportivo é algo bem definido (um *coach* esportivo é um jogador experiente que motiva um time ou um atleta individual). Começamos escrevendo este livro em um ano de realização da Copa do Mundo de futebol e foi fascinante ver a reação de famoso técnico de futebol. A câmera se detinha focando seu rosto, bem como os rostos dos jogadores, após um gol, uma oportunidade perdida ou uma decisão questionável. A emoção do técnico era transmitida para o mundo e, de repente, ele adquiria notoriedade e importância. Os técnicos hoje são transferidos entre times e países por salários que antes eram privilégio apenas dos jogadores.

Os tempos mudaram e o *coaching* pessoal e o *coaching* empresarial cresceram de forma notável na última década. Muitas pessoas hoje buscam a orientação de um especialista em *coaching* pessoal que possa ajudá-las a aproveitar ao máximo suas oportunidades, e o fato de recorrer a esse tipo de auxílio nos dias de hoje tende mais a despertar curiosidade do que piedade. O *coaching* pessoal invadiu o domínio dos psicólogos e conselheiros, apesar dos indícios de que esses profissionais vêm gradativamente reivindicando seu território em virtude da carência de coaches pessoais devidamente credenciados. O maior índice de crescimento do *coaching* se verifica na área empresarial. Você não precisa ser um psicólogo ou um profissional da área acadêmica para orientar empresários, e as empresas normalmente não morrem de amores pelo mundo acadêmico, que (pelo menos para os observadores externos) parece distante da selvageria do mundo real. Verifica-se também um aumento do mercado para o *coaching* financeiro, o *coaching* profissional e o *coaching* de relacionamento. A tendência continua e até mesmo a televisão está aderindo ao esquema, onde *coaches* pessoais famosos aparecem em programas de entrevistas na televisão americana. Já chegamos a ver até um programa em que aparecia um cliente desafortunado recebendo "orientação" através de fones de ouvido ocultos sobre como conversar com uma garota atraente que sua timidez impedia de abordar. A ideia, nesse caso, é confusa e não se trata de *coaching*. Hoje, quem presta assistência ou orientação a alguém sobre qualquer coisa parece estar usando o título "*coach*" no lugar do que, há dez anos, provavelmente se denominaria "consultor". Embora muitas pessoas se intitulem *coaches*, o que elas fazem e a maneira como o fazem pode variar de forma considerável. Além disso, *coaching* subentende essencialmente a existência de uma ideia central, alguns conceitos básicos e uma metodologia. O termo deve descrever algo distinto? O que é um *coach*? O que um *coach* faz? *Coaching* é uma profissão? Ou uma ideia passageira do mundo dos negócios? Trata-se de algo que possa descrito como uma profissão? Uma atividade? Uma disciplina? Ou uma área de atuação? Existe uma definição para *coaching*? A definição significa limitação e controle? Nesse caso, quem exerce o controle? Se for uma metodologia de mudança, como funciona e que tipo de mudança é capaz de gerar? Essas são as principais perguntas a que tentamos responder neste livro.

Nos últimos dez anos, treinamos e conversamos também com *coaches* procedentes de mais de 30 países e acreditamos que o *coaching* possui alma e uma metodologia distinta; que possui um conjunto básico de modelos mentais e metodologias com os quais inúmeras pessoas e empresas em todo o mundo estão trabalhando. O *coaching* é uma metodologia, não uma ideologia. Trata-se de uma metodologia de mudança destinada a ajudar as pessoas (e através delas, as empresas) a aprender, a desenvolver-se e a dar o melhor de si. É uma forma prática de trabalho que pode ser combinada a outros métodos.

Nossa opinião é de que o *coaching* veio para ficar e não é um modismo passageiro. Os modismos são ótimos – para um mês ou dois, até sair de moda e ser substituído por outro. O *coaching* é mais do que uma simples tendência à qual as empresas rapidamente aderem e logo abandonam. Tudo indica que o conceito continuará a crescer, tornando-se um meio formal de mudança para pessoas físicas e jurídicas.

O mundo dos negócios é de natureza eminentemente pragmática, e, para ser sustentável, o *coaching* precisa estabelecer relações com outras disciplinas formais e incorporar outras metodologias de mudança consagradas. O *coaching* deve contar com o respaldo de pesquisas que demonstrem sua eficácia. O *coaching* cumpre o que promete? Se não houver consenso quanto à atividade que está sendo medida e avaliada em relação a outras disciplinas, as evidências que caracterizam o *coaching* permanecem fragmentadas e anedóticas. Um dos objetivos deste livro consiste em estabelecer alguns parâmetros de auxílio para esse processo de avaliação.

Nossa investigação nos levou a diversos países e métodos de *coaching*. Levamos em consideração as premissas fundamentais do *coaching*. Quais as verdades necessárias em relação ao *coach* e ao cliente para que o método funcione? Que tipo de relacionamento existe entre eles?

Existem diversos tipos, marcas, escolas e abordagens de *coaching*. Optamos por explorar seis das abordagens mais conhecidas e representativas para ver os princípios básicos comuns entre elas. Naturalmente, as apresentações e interpretações dos diversos métodos de *coaching* são nossas. Procuramos pontos em comum: o que, por exemplo, um *coach* integral teria em comum com um *coach* comportamental e o valor que um *coach* de PNL veria na maneira como um *coach* ontológico trabalha, e onde todos pudessem ver como o seu trabalho se encaixa no jogo interior, no modelo GROW e na psicologia positiva. Queríamos descobrir o que funciona, não o que não funciona.

Acreditamos ter construído um sistema coerente e compatível que reúne os pontos mais importantes de todas as escolas de pensamento do *coaching*. Procuramos ser abrangentes, não excludentes. Quando começamos, não sabíamos exatamente o que iríamos encontrar, de modo que não constatamos a existência de quaisquer preconceitos. Nosso único pressuposto era de que o *coaching* tinha coração e alma acatados pelas principais abordagens de *coaching*. Nós mesmos utilizamos esse modelo integrado em nossa abordagem e em nossos treinamentos.

Por que escrevemos este livro? Porque achamos necessário; porque valorizamos o *coaching* e desejamos o seu sucesso; porque queremos acrescentar algo de bom à atual literatura sobre o assunto e ajudar o *coaching* a crescer e se desenvolver; e porque queríamos aprender mais sobre *coaching*. Escrever um livro é uma investigação por si só; nunca se sabe exatamente o que irá acontecer, e, após concluído, o livro se revela tão surpreendente quanto familiar. As pessoas nos perguntavam "o que é *coaching*?" e todas as vezes tínhamos que pensar antes de responder. Normalmente, dizíamos: "Seria necessário um livro inteiro para responder a essa pergunta". E este é o livro, com muitas ideias sobre o *coaching*. Mas *coaching* é um meio para se chegar a um fim, não um fim em si. É um meio destinado a ajudar as pessoas a viver felizes e realizadas, alcançar seu potencial e desenvolver-se em toda a sua plenitude. Enfim, é uma maneira de ajudá-las a viver uma vida plena. Somos movidos pelo desejo de criar essa vida plena para nossos clientes e para nós mesmos.

Este livro contém muitos modelos e ideias que tornarão o *coaching* mais eficaz. Não se trata basicamente de um "manual de instruções", mas de um livro dirigido a todos os tipos de *coaches*: *coaches* executivos, *coaches* empresariais, *coaches* pessoais e *coaches* esportivos. Se você já é *coach*, esperamos que este livro o ajude a se aprimorar na sua profissão e ser mais eficaz com os seus clientes. Caso ainda esteja em treinamento, o livro lhe proporcionará uma visão de inestimável valor da fascinante profissão em que você está ingressando. Acreditamos que esta obra ajudará a expandir as habilidades e os conhecimentos de gerentes, professores, psicólogos e terapeutas. Os estreantes terão à sua disposição uma estonteante diversidade de marcas, asserções e variedades de *coaching*. Esperamos que este livro seja uma fonte de esclarecimento para todos, mostrando-lhes o que os move e a alma que os inspira.

Escrevemos uma destilação do *coaching*, extraindo o melhor de cada abordagem e produzindo o modelo mais completo possível. O teste de um modelo tem por finalidade verificar se o modelo funciona ou não. Os modelos não são verdadeiros ou falsos, apenas apresentam níveis variáveis de sucesso, dependendo dos resultados que geram. Testamos este modelo com *coaches* de mais de trinta países e sabemos que funciona.

UMA VISÃO GERAL

O livro está dividido em três partes. A Primeira Parte, "O *Coaching* à Beira do Caos", é uma análise da situação atual do *coaching*. Aliás, o caos não constitui uma má situação, visto que está em contínua criação. Entretanto, é algo instável com tendência a se enquadrar em definições rígidas do que é e do que deveria ser *coaching* – a retroinfluência da ortodoxia – ou a se dissolver em um País das Maravilhas, no qual o *coaching* é o que quer que o digam. Essa parte do livro contém muitas definições de *coaching* e explora de forma sucinta as fronteiras entre o *coaching* e outras profissões, apresentando também um breve histórico de como o *coaching* cresceu. A história é feita por pessoas que atuam dentro de um determinado contexto, por isso escrevemos sobre as pessoas e as circunstâncias culturais que fomentaram o *coaching*. Acreditamos que só se pode compreender bem o *coaching* conhecendo suas origens, sob pena de se obter apenas uma visão superficial que pouco diz sobre sua procedência e menos ainda sobre seu destino. Existem relações entre o *coaching* e outras disciplinas formais, como a psicologia humanística, a psicologia do desenvolvimento humano e a prática comercial, o lhe confere um respeitável *pedigree* intelectual e cultural.

A Segunda Parte começa com uma volta ao mundo dos tipos dominantes de *coaching*. Explicamos as principais ideias e abordamos tópicos como o *coaching* integral, o *coaching* ontológico, o *coaching* neurolinguístico, o *coaching* da psicologia positiva, o jogo interior, o *coaching* coativo, o modelo GROW e o *coaching* comportamental. No decorrer de sua leitura, você poderá partilhar de nossa investigação e curiosidade para descobrir o que essas diferentes técnicas têm em comum. Ao final dessa parte do livro, fornecemos um modelo da essência comum compartilhada por todas essas abordagens – os elementos-chave do *coaching*. Você verá como as principais ideias de cada abordagem de *coaching* se encaixam umas com as outras, superpondo-se e contribuindo para o modelo geral. Essas ideias são como as cores básicas da luz, ou seja, todas diferentes, mas quando se combinam produzem uma cor completamente nova – a luz branca que absorve e expressa todo o espectro.

Na Terceira Parte, há um capítulo sobre como medir os resultados de *coaching* a partir de diferentes perspectivas, de modo a provar sua eficácia, tanto no *coaching* empresarial quanto no *coaching* pessoal. Apresentamos também duas importantes ideias que atualmente vêm crescendo no campo do *coaching*. Primeiro, existe um aspecto desenvolvimental. Atualmente, o *coaching* carece de uma dimensão desenvolvimental e é aplicado a todo adulto da mesma maneira. Entretanto, existem provas consideráveis de que os adultos passam por uma sequência de estágios de desenvolvimento à medida que sua mente muda e amadurece. O que isso significa para o *coaching*? De que maneira o nível do *coach* influencia o cliente? Um *coach* pode ajudar se não conhecer o ciclo de desenvolvimento de seu cliente? O que acontece quando existe uma desigualdade entre o nível de desenvolvimento do *coach* e o do cliente? Quando o *coaching* é transacional, destinado a mudar a arrumação da mobília mental do cliente, e quando é de natureza transformacional, capaz de proporcionar uma mudança estrutural completa?

Segundo, existe um aspecto pós-moderno do *coaching*. Nossa experiência é formada e informada por nossa língua, nossa cultura e outras pessoas. Não vemos nossos laços com as pessoas, mas eles existem. Como se pode orientar alguém de outra cultura? Que implicações isso tem para o *coaching*? Por fim, especulamos um pouco sobre o futuro do *coaching* com um sonho e dois pesadelos de futuros possíveis.

Queremos que este livro seja o mais inclusivo possível, e, para esse fim, convidamos vários escritores e *coaches* a contribuir com uma breve reflexão sobre o *coaching* a partir de suas próprias perspectivas. Esses pensamentos aparecem em todo o livro, cada um expressando uma visão única, enquanto as muitas diferentes opiniões conferem ao livro uma harmonia que de outra forma não existiria. Agradecemos aos colaboradores por sua generosidade em enriquecer este trabalho.

Bem vindo à investigação. Aqui você encontrará um variado elenco – escritores, pensadores, acadêmicos e ativistas. O *coaching* foi, e está sendo, desenvolvido por diversos tipos de pessoas.

Encontramos importantes referenciais e pistas em todos os diferentes tipos de *coaching*, o que nos faz lembrar de nossa experiência no Colorado, EUA, em agosto de 2003. O Colorado é um belo estado, e, certo dia, estávamos no alto das Montanhas Rochosas, trafegando pela estrada que serpenteava a escarpada elevação. O sol brilhava e o ar estava ligeiramente frio, mas a neve estava confortavelmente distante, formando uma coroa de gelo nos picos das montanhas mais altas ao longe. À medida que avançávamos, observamos que havia umas estacas de madeira, com cerca de 2 metros de altura, fincadas no solo de ambos os lados da estrada em intervalos regulares. A visão nos pareceu estranha e perguntamos ao nosso amigo e anfitrião qual a finalidade daquilo.

"Bem", ele disse, "agora o sol está brilhando e a estrada está clara, mas, no inverno, as primeiras nevascas podem cobrir completamente esta estrada, fazendo-a desaparecer. Tudo fica coberto de branco. Como vocês acham que o removedor de neve sabe onde a estrada está? Ele segue a direção delimitada entre as estacas". E com isso, aprendemos a estabelecer antecipadamente nossos referenciais, visto que, mais tarde, as coisas podem não parecer tão claras quanto no início do percurso.

Alguns comentários práticos. Utilizamos alguns casos reais de *coaching* neste livro, mas mudamos os nomes. Discutimos também como denominar a pessoa que está recebendo orientação. Optamos pelo termo "cliente", de modo a colocar o *coaching* em um patamar equivalente ao de outras profissões que utilizam a mesma terminologia. Além disso, achamos "orientado", como a maioria das palavras artificiais, um termo feio. Utilizamos indiscriminadamente os termos "ele" ou "ela" para designar tanto *coaches* quanto clientes, conforme necessário.

PRIMEIRA PARTE

1
O *COACHING* À BEIRA DO CAOS

> "Tratando as pessoas como elas são, tornamo-las piores;
> tratando-as como devem ser, ajudamo-las a se tornarem os que
> elas são capazes de ser."
>
> *Goethe*

Em 2004, ministramos nosso primeiro curso de *coaching* em Santiago do Chile. O grupo era formado principalmente por gestores entusiasmados e atentos. Um sol tímido atravessava as cortinas brancas que cobriam as janelas do Radisson Hotel, enquanto, lá fora, os Andes, que compõem a maravilhosa moldura da cidade, lutavam para se impor em meio à poluída neblina outonal. Na primeira manhã do curso, apresentamos uma visão geral e um breve histórico do *coaching*. Começamos dizendo: "*Coaching* é uma antiga palavra de origem anglo-saxônica que significa 'carruagem', ou seja, um meio utilizado para transportar uma pessoa do ponto em que ela se encontra até aquele em que ela deseja chegar". Um integrante do grupo ergueu a mão, desejando fazer um comentário.

"Provém também da antiga palavra francesa '*coche*', que significa 'carruagem'", disse François, um participante que viria se tornar um bom amigo. A tentação de Joseph em defender o histórico orgulho inglês contra os franceses foi enorme, mas ele resistiu. Agradecemos a François por essa nova informação. Mais tarde, pesquisando melhor a origem da palavra "*coaching*", descobrimos algo ainda mais interessante.

Na Hungria medieval, próximo à cidade murada de Komárom, havia uma cidade chamada Kocs, que ocupava uma posição estratégica na malha de transportes e equivalia ao aeroporto de Heathrow dos dias atuais. Muitas carruagens paravam em Kocs a caminho da Europa central e, devido à sua posição, a cidade era um movimentado entreposto comercial que, como era de esperar, começou a fabricar carruagens. Lá, no século XV, os fabricantes de veículos de rodas começaram a construir um veículo de tração animal com suspensão de molas de aço. Esse *"kocsi szeker"*, como os húngaros o denominaram, logo ganhou popularidade em toda a Europa. Era o estilo "classe executiva" de se viajar pela Europa central: confortável e elegante. Não tardou para que essas carruagens passassem a ser conhecidas pelo nome da cidade onde eram feitas. Uma *"kocs"* era uma carruagem superior, uma elegante maneira de se deslocar rapidamente de um ponto a outro. Essa é a origem da palavra *"coach"*, e palavras similares surgiram na maioria das línguas europeias. Tanto Joseph quanto François estavam certos, e, assim, acabamos descobrindo uma ótima metáfora, visto que *coaching* é não apenas um meio para se chegar a um destino, mas também a maneira mais elegante de se viajar.

O QUE É *COACHING*?

Vamos começar com essa pergunta antes de ver como o *coaching* funciona. *Coaching* é uma forma de consultoria de auxílio ao cliente. Existem três formas principais de consultoria de auxílio, de acordo com o grau de responsabilidade do cliente no processo.

Primeiro, existe o *modelo especializado*, onde o cliente compra especialização e não tem qualquer responsabilidade pelos resultados. Por exemplo, você compra os serviços de um arquiteto contratado para fazer o projeto de sua casa e gerenciar o projeto de construção. Ele faz todo o trabalho, contrata os operários e os decoradores. Você paga a conta e depois vai morar na casa.

Segundo, existe o *modelo médico*, de médico e paciente, onde o cliente tem responsabilidade limitada. Normalmente, isso quer dizer tomar a medicação receitada e seguir as instruções fornecidas.

Terceiro, existe o *modelo de consultoria de processo*, onde o cliente assume total responsabilidade pelo processo. A consultoria de processo é definida como "a criação de uma relação com o cliente, na qual este é capaz de perceber, compreender e agir em relação aos eventos do processo ocorridos no seu ambiente interno e externo, de modo a melhorar a situação definida no problema"[1]. Essa é uma excelente definição de *coaching*, uma vez que envolve relação e processo. O *coaching* é uma forma de consultoria de processo², em que a principal tarefa do *coach* consiste em ajudar o cliente a compreender sua maneira de gerar problemas, não de solucioná-los.

O *coaching* é um meio para se chegar a um fim, uma maneira de se ajudar as pessoas a levar uma vida plena e gratificante, e pode ser definido de muitas formas. Para que se tenha a visão mais abrangente possível de *coaching*, precisamos adotar uma série de perspectivas. Existe amplo consenso nos muitos livros e escolas de *coaching*. Dentre algumas das definições típicas apresentadas, estão:

- "...Mudanças cognitivas sustentadas de natureza emocional e comportamental destinadas a facilitar a realização de metas e melhorar o desempenho na vida profissional ou pessoal".[3]
- "...Arte de facilitar o desempenho, o aprendizado e o desenvolvimento de uma pessoa".[4]
- "...Consiste em munir as pessoas com as ferramentas, os conhecimentos e as oportunidades de que elas necessitam para se desenvolver e tornar-se mais eficazes".[5]
- "...O *coaching* tem por finalidade liberar o potencial de uma pessoa com o intuito de maximizar seu desempenho. Consiste em ajudar as pessoas a aprender, em vez de ensiná-las".[6]
- "...O *coaching* é uma poderosa forma de relacionamento para aqueles que estão fazendo importantes mudanças em suas vidas".[7]
- "...Consiste em ajudar as pessoas a mudar no sentido em que almejam e a seguir na direção desejada. O *coaching* apoia as pessoas em todos os níveis do processo de se tornarem aquilo que desejam e ser o melhor podem".[8]
- "...*Coaching* é aprendizado... *Coach* e cliente formam juntos uma parceria de aprendizagem".[9]

Existem muitas outras definições desse tipo que funcionam como indicadores que o ajudam a seguir a direção certa. Esses indicadores fornecem pistas, não respostas. Em que direção esses indicadores apontam? O que podemos extrair dessas definições? São todas abstratas porque foram tiradas do contexto, mas transmitem uma ideia comum, uma arquitetura básica do *coaching*. Essas definições contêm quatro importantes elementos do *coaching*: mudança, preocupação, relacionamento e aprendizado. Veremos rapidamente cada um deles.

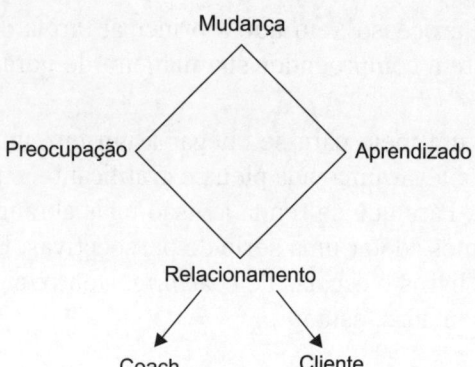

A arquitetura básica do coaching

MUDANÇA

Mudança implica direção e desenvolvimento, uma busca por algo melhor, ou porque você não está satisfeito com o que tem ou porque se sente atraído por algo melhor. Os clientes podem buscar voluntariamente a mudança ou submeter-se forçosamente à mudança. De qualquer modo, eles precisam administrar essa situação da melhor maneira possível. Eles podem não saber como fazê-lo ou já tentaram e falharam. O que precisa mudar no cliente para que ele possa lidar com uma mudança externa de circunstâncias? O pensamento, as emoções e o comportamento.

PREOCUPAÇÃO

Segundo, os clientes têm uma preocupação; algum desequilíbrio em sua vida, um problema, uma pendência ou uma meta que desejam alcançar. A vida passou a lhes fazer exigências aos quais seus atuais hábitos de pensar, sentir e comportar-se não conseguem atender de forma satisfatória. Eles não estão na situação em que desejam e isso os incomoda. Muitos clientes não sabem ao certo onde querem chegar, mas sabem muito bem que ainda não estão onde desejam.

Não se pode dissociar a preocupação da pessoa que a tem.

RELACIONAMENTO

Terceiro, o *coaching* cria uma poderosa relação – uma parceria. Cada cliente é único, e o *coach* precisa tratá-lo como tal. É preciso haver uma relação de confiança, e a qualidade do relacionamento que o *coach* e o cliente criam juntos determina o nível de sucesso do *coaching*.

> *Coaches lidam com clientes, não com problemas.*

APRENDIZADO

O quarto elemento de apoio é o aprendizado. O *coaching* ajuda os clientes a aprender e a tornar-se melhores aprendizes de duas maneiras diferentes: primeiro, aprendendo uma determinada habilidade, ou como solucionar um determinado problema; segundo, aprendendo a aprender, como ser um solucionador de problemas. O *coaching* incentiva a capacidade de aprendizado autodirigido e o crescimento pessoal, além de ajudar os clientes a solucionar problemas, tomar decisões ou alcançar metas. A menos que se tornem aprendizes e passem a olhar o mundo com outros olhos, os clientes sempre estarão na dependência de alguém que os possa orientar, sejam os pais, um professor, o chefe ou um *coach*. Os clientes devem ser capazes de abordar o problema de maneira genérica; eles precisam não apenas solucionar o problema em questão, mas também fazer uma análise crítica do seu modo de pensar que deu origem ao problema. Discutiremos ambos os tipos de aprendizado mais adiante neste livro.

O COACH E O CLIENTE

Coaching envolve pessoas. *Coach* e cliente devem ser incluídos em qualquer definição de *coaching*. O processo de *coaching* é criado a cada momento à medida que os dois trabalham juntos. As expectativas comuns são fundamentais. Por exemplo, se os clientes exigirem que o *coach* lhes diga o que fazer e ameaçarem abandonar os trabalhos se não forem atendidos, obviamente, não poderá haver *coaching*. Da mesma forma, o *coach* deve se comportar como um *coach*, não dizendo aos clientes o que fazer ou apresentando-lhes soluções. Um *coach* precisa também contar com o respaldo de algumas convicções e valores que ajudem os clientes a fazer as mudanças que desejam. Os *coaches* precisam ser dotados de habilidades específicas, ter presença e possuir um determinado nível de desenvolvimento para auxiliar seus clientes.

Os *coaches* perguntam, em vez de responder, dado que as perguntas levam ao aprendizado, enquanto as respostas, nem sempre. Talvez o primeiro *coach* tenha sido o filósofo grego Sócrates (469-399 a.C.), que, em vez de discutir com as pessoas, fazia-lhes perguntas que as levavam a examinar sua posição e seus pressupostos, mudando, assim, seu próprio pensamento.

Essa arquitetura básica é comum a muitas outras profissões assistenciais, como a terapia, o magistério e a tutoria. Explicamos as diferenças entre o *coaching* e essas outras profissões no Apêndice.

OS LIMITES DO *COACHING*

Normalmente, o *coaching* não é utilizado com crianças, e por uma boa razão. O *coaching* pressupõe que o cliente seja capaz de refletir sobre seu próprio pensamento e subentende responsabilidade social. As crianças, no entanto, não conseguem fazer isso porque ainda não estão suficientemente desenvolvidas.

O *coaching* também não é adequado para clientes portadores de sérios problemas de saúde física ou mental, visto não constituir uma forma de psicoterapia ou uma alternativa destinada a substituí-la. O cliente precisa estar atuante em suas vidas pessoal e profissional antes de recorrer a um *coach*. Ele pode não estar se saindo muito bem, mas deve ter preocupações, não surtos. O *coaching* está relacionado ao desenvolvimento – não à saúde – mental. Se o cliente estiver com algum mal físico, deve procurar um médico para tratar os seus sintomas. O *coaching* pode ajudá-lo a tomar decisões em relação ao seu problema de saúde, mas sua finalidade não está em lidar diretamente com o mal físico.

Um *coach* nunca deve lidar com clientes portadores de problemas emocionais ou psicológicos sérios. Esses indivíduos precisam de um terapeuta.

CONHECIMENTO ESPECIALIZADO

O *coach* não precisa ter conhecimento especializado ou qualificação específica no campo de atividade do cliente. O cliente é o especialista na sua área. No *coaching* empresarial, isso significa que o *coach* é como um consultor capaz de operar em diferentes tipos de empresas. Seu campo de atuação varia de empresas de *software* a fabricantes de roupas de cama, de donos de restaurantes a bibliotecários. O *coach* não precisa saber exatamente como a empresa do cliente funciona. Ele precisa saber como uma empresa opera de um modo geral, mas o cliente é o especialista nos aspectos específicos.

Entretanto, na prática, as pesquisas formais e informais sugerem que os clientes executivos procuram *coaches* com experiência em seu nível gerencial e, se possível, no seu campo de atividade ou similar. Eles dão mais atenção a esse aspecto do que ao nível de certificação do *coach*. Portanto, um *coach* experiente pode encontrar um nicho em um determinado setor; o pragmatismo reforça o sucesso.

Conhecer o campo de atividade do cliente pode parecer uma vantagem, mas também pode dificultar o *coaching*. O fato de você ter experiência em uma determinada área pode levá-lo a se sentir tentado a dar prontas respostas com base nesse conhecimento, em vez de *ouvir o cliente*. E, nesse caso, você estará orientando um problema, não o seu cliente. Por exemplo, já tivemos clientes que queriam escrever um livro. O fato de já termos escrito vários livros facilitaria nossa tarefa de orientá-los: "Bem, você já pensou em colocar no papel as suas metas para o livro? Você tem ideia do que a editora quer? E dos benefícios para o leitor... etc.?" Esses são conhecimentos relativos do *coach* e dirigidos à ideia que ele tem do problema, mas que talvez não sejam úteis no sentido de ajudar o cliente a escrever o livro que ele deseja, da maneira que ele pretende.

O conhecimento especializado e a experiência podem representar obstáculos para o *coach*, que deve ouvir o cliente e lidar com suas preocupações de maneira que funcione para o cliente, não como funcionou para o *coach*. A solução do *coach* foi válida no passado; o cliente está no presente.

Conhecendo a área do problema do cliente, o *coach* pode ser levado a fazer suposições. Ele pode supor conhecer o problema e oferecer soluções simplesmente "preenchendo as lacunas" com base na sua própria experiência, sem um conhecimento real do caso em questão. O *coach* precisa "pensar como um iniciante", desafiando os pressupostos do cliente em relação às suas preocupações, o que não é possível se o *coach* e o cliente compartilharem as mesmas preocupações. Para o *coach*, é um grande desafio utilizar como um recurso – e não como uma barreira para o seu trabalho de *coaching* – qualquer conhecimento especializado que ele possa ter.

> *Não se pode dissociar a habilidade da pessoa que a possui.*

CREDIBILIDADE DO *COACHING*

Isso nos leva à questão da credibilidade do *coaching*. Os clientes precisam respeitar o *coach*. Eles devem se convencer de que o *coach* é sincero (honra suas promessas) e confiável (cumpre o que promete). Agindo regularmente dessa maneira, o *coach* merecerá a confiança do cliente. A palavra "confiança" é originária de um termo do nórdico antigo que significa "apoio". Uma pessoa na qual você confia é alguém que você sabe que o apoia e já demonstrou ter força suficiente para tal. Confiança não é um objeto, mas um processo, um relacionamento, algo que se renova e se recria a cada sessão. Leva tempo para se adquirir, mas pode se perder em um instante. Enquanto um relacionamento às vezes possa se construir em minutos, a confiança normalmente leva muito mais tempo.

A confiança se cria a partir de dois elementos. Primeiro, o *coach* precisa ser *sincero*, isto é, autêntico em suas ações e intenções, e não ter nada a esconder. Ao pronunciar um "sim", ele deve estar dizendo "sim" também em sua mente e em todo o seu corpo.

Segundo, o *coach* precisa ser *confiável*. Isso significa que ele deve ser capaz de fazer o que diz, no prazo combinado e de acordo com um padrão satisfatório. Ambas são condições necessárias para que haja confiança. Uma pessoa confiável, mas não sincera, fará uma série de promessas sem qualquer real intenção de cumpri-las. Por outro lado, uma pessoa sincera, mas não confiável, demonstrará um genuíno desejo de ajudar, mas não será capaz de realizá-lo. Por exemplo, uma criança pode ser muito sincera em seu desejo de operar um cortador de grama, mas, sem nenhuma experiência, e, portanto, nenhuma competência, seria perigoso deixá-la tentar confiando apenas na sinceridade.

Além disso, a confiança é específica em relação a uma determinada área. Você pode confiar que uma pessoa seja capaz de fazer uma ótima negociação em uma reunião, mas não necessariamente que ela chegue no horário para a reunião.

A *credibilidade* do *coach* depende também de que ele seja um modelo para o tipo de mudança que o cliente deseja fazer. A maneira de ser do *coach* como um todo influencia o cliente. O *coach* não precisa ter vivenciado o mesmo problema que o seu cliente, mas, se esse for o caso, é preciso que ele tenha sido bem-sucedido na sua solução. Desse modo, o *coach* passa a personificar a mudança que o cliente deseja fazer. O exemplo é a forma mais poderosa de liderança e uma das maneiras pelas quais os clientes julgam o grau de confiabilidade. "Se ele não consegue fazer funcionar para si mesmo, como pode me ajudar?" é a pergunta implícita do cliente. Se o *coach* se mostra vacilante e não consegue tomar uma decisão, o cliente não se convence de que esse profissional seja capaz de ajudá-lo a tomar uma decisão. Se o *coach* estiver tentando resolver o mesmo problema que lhe é trazido pelo cliente, seria uma atitude ética e inteligente que ele declinasse o cliente.

Sinceridade ───────────────────────────▶

Baixa sinceridade, alta confiabilidade	Alta sinceridade, baixa confiabilidade
Baixa confiança porque, embora capaz de cumprir suas promessas, o *coach* não o faz.	Confiança estabelecida. O *coach* pode e está disposto a cumprir suas promessas.
Baixa confiabilidade, alta sinceridade	Baixa confiabilidade, alta sinceridade
Não existe confiança. O *coach* não deseja, nem é capaz de cumprir suas promessas.	Pouca confiança. O *coach* deseja, mas não consegue cumprir suas promessas.

Confiabilidade

A SITUAÇÃO ATUAL DO *COACHING*

Na época em que estávamos escrevendo este livro, o *coaching* executivo representava um setor de um bilhão de dólares. De acordo com uma recente pesquisa, 85% das empresas europeias e 95% daquelas localizadas no Reino Unido utilizam o *coaching*.[10] Quarenta por cento das empresas integrantes da lista da *Fortune 500* também utilizam o *coaching,* 95% das quais dizem estar fazendo maior uso da abordagem nos últimos cinco anos. Noventa e nove por cento das empresas pesquisadas disseram que o *coaching* pode trazer benefícios concretos para pessoas físicas e jurídicas. Noventa e seis por cento afirmaram que o *coaching* é um meio eficaz para promover o aprendizado organizacional, enquanto 92% declararam que, quando bem administrado, o *coaching* produz um impacto positivo nos resultados da empresa. O número de *coaches* em atuação no mundo inteiro está na casa dos 70 mil. Atualmente, existem mais de 200 empresas de *coaching* no mundo, e esse número aumenta a cada mês.

O *coaching*, portanto, está crescendo. Mas qual a sua origem? Veremos a sua história na próxima seção.

REFERÊNCIAS

1 Schein, E. *Process Consultation, Lessons for Managers and Consultants* Vol. 1 e 2, 1988.
2 _____. *Process Consultation Revisited,* 1999.
3 Douglas, C. McCauley, C.D. Formal Developmental Relationships: A Survey of Organisational Practices, *Human Resource Development Quarterly* 10, 1999.
4 Downey, Myles. *Effective Coaching,* 1999.
5 Peterson, D.; Hicks, M. Strategic Coaching, Five Ways to Get the Most Value, *Human Resources Focus,* vol. 76, nº 2, 1999.
6 Whitmore, J. *Coaching for Performance,* 2002.
7 Whitworth, L.; Kimsey-House, H.; Sandahl, P. *Co-Active Coaching,* 1998.
8 O'Connor, J.; Lages, A. *Coaching with NLP,* 2004.
9 Sieler, A. *Coaching to the Human Soul,* 2003.
10 Auerbach, Jeffrey. *Seeing the Light: What Organisations Need to Know About Executive Coaching,* 2005.
11 www.peer.ca/coachingschools.html

2

A HISTÓRIA DO *COACHING*: AS PESSOAS

"O mundo está cheio de coisas mágicas esperando pacientemente que nossos sentidos se agucem."

Bertrand Russell

A EVOLUÇÃO DO *COACHING*

O *coaching* envolve duas pessoas que se reúnem com o intuito de crescer e aprender psicologicamente. Portanto, sempre existiram *coaches*. Sócrates foi um dos precursores – seu método de fazer perguntas com a finalidade de ajudar aqueles que o procuravam a encontrar respostas para os seus casos até hoje conserva o seu nome (o método socrático). Através dos tempos, porém, muitas pessoas passaram a exercer o papel de *coaches* através dos tempos: párocos e filósofos, artistas e professores, e, naturalmente, os pais.

O movimento do *coaching* que hoje conhecemos não surgiu do nada, tendo se desenvolvido como uma metodologia de mudança desde a década de 1980. O presente é moldado a partir do passado, e para compreender o *coaching* precisamos ver a sua história. Assim como os animais se desenvolvem para se adaptarem ao seu ambiente, os movimentos sociais, como o *coaching*, se desenvolvem para ocupar um nicho ambiental. Neste e no próximo capítulo, exploraremos um pouco da história, o registro fossilizado que nos ajudará a compreender o que o *coaching* é hoje. Existe muito poucas publicações sobre as origens do *coaching*, talvez por este ser demasiadamente jovem para estar preocupado com o seu passado.

Entretanto, existem várias maneiras de se explorar a história do *coaching*. Uma delas é perguntando às pessoas que ajudaram a fazê-la e ouvir seus depoimentos subjetivos. O que a experiência representou para elas? Quais as suas recordações da época em que estiveram envolvidas no processo? O que elas pensavam e o que procuravam alcançar?

Uma segunda maneira é descrevendo o processo a partir de uma perspectiva externa que possa nos dar uma visão geral do processo. Como a estrutura do *coaching* se desenvolveu? Quais os seus elementos constituintes? Neste caso, a abordagem será diferente dos depoimentos subjetivos, visto que as conquistas individuais nem sempre correspondem àquilo que cada um deseja alcançar.

Por fim, podemos olhar o contexto, o ambiente social em que o *coaching* se desenvolveu. Quais as forças sociais envolvidas, qual a cultura e a época que o incentivaram a crescer?

Essas três perspectivas nos ajudarão a compreender como o *coaching* se desenvolveu, podendo, talvez, nos fornecer uma pista sobre a sua direção futura. Utilizaremos os três métodos para falar sobre o *coaching* neste e no próximo capítulo.

O *COACHING* COMO UM *MEME*

O biólogo evolucionista Richard Dawkins[1] inventou o termo *"meme"* para designar uma unidade de informação cultural que pode ser transferida de uma mente a outra. Exemplos simples são a moda e a música; as ideias são transmitidas e as pessoas agem de acordo com as informações recebidas. As pessoas têm contato com elas, gostam delas, utilizam-nas e passam-nas adiante, tanto através de exemplos quanto dizendo a outras pessoas.

O *coaching* foi (e ainda é) um *meme*. Os *memes* se espalham como mutações biológicas: se forem compatíveis com os costumes e valores culturais, eles florescem; se incompatíveis, fenecem e desaparecem. São como sementes que crescem se estiverem no ambiente certo. Os *memes* necessitam também de um meio através do qual possam circular. Nem toda metodologia de mudança chegou tão longe, espalhando-se com tanta rapidez e sucesso para outros países.

O *COACHING* NO ESPORTE

Avançando cinco séculos a partir de nossa cidade húngara, durante os quais as pessoas ajudaram umas às outras a aprender e desenvolver-se das mais diversas formas, chegamos ao século XX, quando o *coaching* se deteve à área esportiva. Um *coach* era um treinador qualificado que prestava assistência aos atletas, uma espécie de professor de esportes. Não se tinha um professor de tênis ou *squash* – tinha-se um *"coach"*, que era uma combinação de mentor, motivador e treinador mental. As equipes também tinham *coaches*, que eram sempre bons jogadores, embora não necessariamente os melhores, uma vez que as habilidades exigidas de um treinador ou motivador nem sempre combinam com alto rendimento em um determinado esporte.

O JOGO INTERIOR

Um *coach* esportivo dizia aos seus jogadores o que fazer, monitorava os resultados, fornecia o *feedback* necessário e os "orientava" a melhorar, através de um misto de incentivo e orientação estruturada. Até que, em 1974, um livro extremamente influente foi publicado – *The Inner Game of Tennis*, de Timothy Gallwey[2]. Esse foi o marco fundamental para o início do *coaching* que conhecemos hoje.

O livro de Gallwey foi uma obra revolucionária em sua abordagem ao tênis. Posteriormente, o autor aplicou uma abordagem semelhante a diversas áreas. *The Inner Game of Work, of Golf* e *of Music* foram, desde então, publicações de sucesso, todas de autoria ou coautoria de Gallwey.

Em *The Inner Game of Tennis*, Gallwey argumenta que o tenista enfrenta dois adversários. Um é o adversário externo do outro lado da rede. A sua função é derrotá-lo, e a dele é extrair o que há de melhor em você. O adversário interior é muito mais traiçoeiro e difícil de derrotar, porque ele conhece todos os seus pontos fracos e problemas. Esse adversário interior possui um arsenal de armas, como autodúvida, distração e conversas interiores, que impedem os jogadores de alcançar seu máximo desempenho. É algo que fica cochichando em seu ouvido, "Ah, não, o meu adversário está indo bem e eu, não, posso perder..." ou, às vezes, "Puxa, estou jogando muito bem, acho que vou ganhar esse jogo...". Em ambos os casos você é desviado do momento presente quando precisa se concentrar em acertar a bola que vem do outro lado da rede em sua direção. Qualquer grande atleta irá lhe dizer que os autoelogios por estar no "clímax" é exatamente o que o tira desse estado. Você é distraído e sabotado pelo seu adversário interior, que passa a lhe dizer como jogar, em vez de simplesmente deixar que você jogue. O jogo interior se desenvolve na mente do jogador e o adversário é ele mesmo.

O livro de Gallwey reuniu elementos da psicologia humanística, do pensamento budista e da psicologia esportiva e a ideia de programação do inconsciente, mesclando habilidosamente o aconselhamento prático com uma estrutura simples. A obra teve uma enorme influência, tendo supostamente representado o primeiro e vacilante passo da incipiente profissão de *coaching*. Entretanto, Gallwey nunca chegou a treinar *coaches*, tarefa que deixava para os outros.

ESALEN E EST

Gallwey se formou em literatura inglesa pela Universidade de Harvard, onde atuou também como capitão da equipe de tênis. Após servir como oficial da Marinha dos Estados Unidos, ele trabalhou como treinador de tênis na década de 1970. No John Gardiner Tennis Ranch, Gallwey iniciou o que chamou de tênis "yoga", no centro esportivo que fazia parte do Instituto Esalen. Rodeado pela espetacular paisagem de uma floresta de montanha em Big Sur, ao sul de São Francisco, Califórnia, na costa do Pacífico, Esalen era o centro mais importante da psicologia humanística e dos estudos multidisciplinares na época. Fundado em 1962 por Michael Murphy e Dick Price, o Instituto era (e ainda é) o lar espiritual do movimento pelo potencial humano, tendo logo se tornado conhecido por realizar *workshops* experimentais utilizando uma combinação de filosofias orientais e ocidentais. O corpo docente do Instituto incluía nomes como Aldous Huxley, Abraham Maslow, Carl Rogers e B. F. Skinner. As três principais influências sobre a programação neurolinguística, Fritz Perls, Virginia Satir e Gregory Bateson, lecionaram lá, assim como Richard Feynman, Moshe Feldenkrais, Joseph Campbell, Carlos Castaneda, Fritjof Capra, Deepak Chopra e Bob Dylan.

A declaração de propósito do Instituto Esalen é a seguinte:

"O Instituto Esalen existe para promover o desenvolvimento harmônico da pessoa como um todo. É uma instituição de aprendizado permanente dedicada a explorar continuamente o potencial humano, resistindo a dogmas religiosos, científicos e outros. O Instituto incentiva a teoria, a prática e a criação de instituições com o intuito de facilitar a transformação pessoal e social, patrocinando seminários para o público em geral; conferências com a participação de convidados especiais; programas de pesquisas; residências para artistas, acadêmicos, cientistas e professores religiosos; programas de estágios, e projetos semiautônomos".

Em 1971, Werner Erhard criou o treinamento EST no Instituto Esalen. O EST ("é" em latim) era um programa de treinamento de conscientização para grandes grupos. Muito popular, o programa contou com a participação de cerca de um milhão de pessoas, sendo substituído em 1981 pelo "The Forum". Nesse novo treinamento, as pessoas orientavam individualmente umas às outras. O programa passou a ser conhecido como "The Landmark Forum". A Landmark Education comprou os direitos intelectuais da Werner Erhard and Associates e continua a ministrar sessões de treinamento em muitos países. Fernando Flores ingressou no EST e conheceu Erhard. Suas ideias foram mais tarde desenvolvidas por Julio Ollala e passaram a formar a base do *coaching* ontológico.

As ideias de Werner Erhard e sua abordagem ao treinamento do autodesenvolvimento foram muito importantes na época. Um de seus lemas era "Crie o seu futuro a partir do seu futuro, não do seu passado". Timothy Gallwey era o treinador de tênis de Erhard. Entretanto, embora tendo introduzido o termo "*coaching*" no EST, Erhard não tinha interesse em treinar *coaches*. Werner Erhard é considerado o segundo mais importante influenciador do *coaching* de todos os tempos[3]. Somente uma pessoa no mundo do *coaching* é mais aclamada: Thomas Leonard.

THOMAS LEONARD

Thomas Leonard[4], considerado o maior colaborador para a fundação da disciplina do *coaching*, era diretor de orçamento da Landmark Education nos Estados Unidos, no início da década de 1980, e estava inteiramente familiarizado com os treinamentos ministrados pela instituição. Entretanto, a Landmark trabalhava com grupos, e Leonard queria trabalhar com indivíduos. Leonard era consultor financeiro por profissão e, quando prestava assessoria individual às pessoas em seus assuntos financeiros, ele percebia que elas queriam mais do que um aconselhamento financeiro. As finanças normalmente eram apenas a ponta do *iceberg*. As pessoas queriam arrumar suas vidas e suas finanças. Lançando mão de seus conhecimentos psicológicos provenientes de muitas áreas, Leonard começou a trabalhar com clientes individuais que buscavam ajuda para melhorar suas vidas. E, durante essa experiência, começou a se formar uma metodologia do *coaching*.

Em 1988, Leonard começou a ministrar um curso denominado *Design Your Life* (Projete a Sua Vida) e fundou, no ano seguinte, o que chamou de College for Life Planning (Universidade para o Planejamento da Vida). O *coaching* se desenvolveu a partir de um planejamento de vida e não teve suas origens na pesquisa, mas na criatividade de um grupo homogêneo de pessoas liderado por Thomas Leonard, no início da década de 1990. Apaixonado pelo assunto, o grupo trabalhou no tema do *coaching*. Entre seus integrantes estava Laura Whitworth – participante do primeiro seminário de planejamento de vida promovido por Thomas Leonard, em 1988, e que também trabalhou no departamento contábil do EST –, Henry Kimsey-House, Katherine House, Frederick Hudson, Cheryl Richardson, Sandy Vilas, Peter Reding, Terrie Lupberger, Pam Weiss, Kathleen Merker, Pamela Richarde e Fran Fisher. Julio Olalla criou a Newfield Network em 1991 e, junto com Rafael Echeverria, trabalhou com o *coaching* ontológico, que se disseminou pela Espanha e pela América do Sul.

O *coaching* se desenvolveu principalmente nos Estados Unidos na década de 1990, difundindo-se especialmente através da propaganda boca a boca – havia pouca venda ostensiva. Thomas Leonard era um brilhante criador de ideias e teorias, aplicando-as de maneira extremamente analítica e prescritiva. Um clássico gênio da criação, ele era prolífico com as ideias e costumava se retirar de tempos em tempos para "recarregar as baterias" e se recuperar. Leonard não queria treinar *coaches*, fechando o Institute of Life Planning em 1991. Um ano mais tarde, Laura Whitworth abriu o Coach Training Institute (CTI), ocasião em que um grupo de *coaches* profissionais se reuniu pela primeira vez. Leonard fundou a CoachU em 1992, criando entre a nova instituição e o CTI uma vantagem competitiva e uma energia que mantinha ambos alertas, embora Laura e Thomas continuassem amigos e colegas de profissão.

Leonard fundou também a International Coach Federation – ICF (Federação Internacional de *Coaches*) em 1994, mas várias outras pessoas queriam uma associação profissional de *coaches*, dando à ICF um rumo diferente daquele pretendido por Leonard. Desse modo, Leonard deixou a ICF, que se fundiu em 1997 com a Personal and Professional Coaches Association – PPCA (Associação de *Coaches* Pessoais e Profissionais), para criar a atual ICF em 2007. A visão de *coaching* como entidade profissional era muito importante. Já houve muitos movimentos pela causa do desenvolvimento pessoal, mas quase todos resultantes de ações particulares que nunca alcançaram a notoriedade do *coaching*. A Association of Coach Training Institutes – ACTO (Associação dos Institutos de Treinamento de *Coaches*)[5] foi fundada em 1999 por oito dos institutos de treinamento originariamente existentes nos Estados Unidos.

No início, as sessões de *coaching* e treinamento de *coaches* eram ministradas principalmente através de aulas por telefone. Tratava-se de uma iniciativa inovadora. Até então, a maioria dos treinamentos era conduzida de forma presencial, com grandes grupos, mediante a utilização do modelo do EST. Com as teleaulas, o treinamento podia ser ministrado à distância, permitindo, assim, que um número muito maior de pessoas tivesse acesso às sessões, com menor dispêndio de energia e custo. O *coaching* continua a utilizar as teleaulas e hoje utiliza também o sistema de webconferência.

Embora tendo se desenvolvido primeiro nos Estados Unidos, o *coaching* está longe de ser um movimento americano, e o *coaching* ontológico, em particular, está bem desenvolvido na Espanha e nos países latinos. Sir John Whitmore levou as ideias do jogo interior e do *coaching* para a Europa e o Reino Unido na década de 1990, aplicando-as especificamente ao mundo dos negócios[6]. Em 1999, foi fundada no Reino Unido a Coaching Academy (Academia de *Coaching*), em 2000, foi criado o European Coaching Institute (Instituto Europeu de *Coaching*), e, em 2001, foi fundada no Brasil a International Coaching Community – ICC (Comunidade Internacional de *Coaching*).

Thomas Leonard era um empreendedor de ideias e fundador de instituições, mas, após criá-las, pouco se interessava por dirigi-las. Ele vendeu a CoachU para Sandy Vilas em 1996 e fundou a Coachville em 2001. Tanto a Coachville quanto a CoachU continuam operando como institutos de treinamento de *coaches*. Thomas Leonard morreu em 2003 aos 47 anos.

Ideias de *coaching* começaram a aparecer também na cultura popular na década de 1980. Em 1984, por exemplo, o filme *Karatê Kid* mostrou Daniel, um jovem que recebia orientação de um misterioso Sr. Miyagi para se tornar um campeão de karatê. O Sr. Miyagi não é um treinador esportivo comum. Ele ensina Daniel atribuindo-lhe tarefas banais, como pintar uma cerca e polir um automóvel, que o ajudem a desenvolver suas habilidades de luta. E, o que é mais importante, ele ensina a Daniel que a maior habilidade é a habilidade do autodomínio, sem a qual todas as demais perdem a importância. O Sr. Miyagi ajuda Daniel a dominar seu orgulho e impaciência, e somente então Daniel é capaz de derrotar seu adversário de karatê – o encrenqueiro que o atormentava.

Um livro popular que abordou o mesmo tema das artes marciais orientais foi *Zen in the Art of Archery*[7], publicado originariamente em 1953 e reeditado em 1981 à medida que o *coaching* ganhava força. O autor é um professor alemão de filosofia chamado Eugen Herrigel, que lecionou filosofia no Japão na década de 1920 e estudou *kyudo*, a arte japonesa do tiro com arco.

Em seu livro, Herrigel diz: "O arqueiro deixa de se ver como o indivíduo comprometido em atingir o alvo à sua frente. Esse estado de inconsciência só é percebido quando, completamente destituído e livre do 'ser', ele se transforma em um indivíduo determinado a aperfeiçoar seus conhecimentos técnicos, embora isso implique algo de ordem bastante diferente que não pode ser alcançado por qualquer tipo de estudo progressivo da arte". As ideias de Herrigel são perfeitamente compatíveis com o *coaching* – derrotar o adversário interior para atingir o mais alto desempenho.

O MARCO FUNDAMENTAL

A ideia de um "marco fundamental" foi introduzida na cultura popular por Malcolm Gladwell[8]. Um marco fundamental é um evento crucial que gera a ampla disseminação de um *meme*. É o início da epidemia do *meme*, originária de uma causa ou de algumas causas relativamente pequenas. A mudança parece ocorrer em um momento crítico. No marco fundamental, existe um aumento repentino, e aparentemente inesperado, de popularidade, onde o *meme* se espalha de forma exponencial.

Em seu livro *The Tipping Point*, Gladwell distingue três tipos de pessoas necessários para a disseminação rápida e bem-sucedida de uma ideia: conectores, peritos (especialistas, em outras palavras) e profissionais de vendas.

Os conectores são pessoas que conhecem muitas pessoas influentes. Werner Erhard parecia ser um conector. Ele conhecia e reuniu uma galáxia de estrelas da psicologia humanística.

Os peritos sabem muito; são indivíduos que acumulam conhecimentos. Thomas Leonard, além de ser uma pessoa altamente criativa, parecia ser um perito. Ele tinha conhecimentos de diversas áreas e os reunia de formas novas e interessantes.

Os profissionais de vendas são bons em vendas. Mas vender não significa apenas fazer um bom discurso sobre o seu produto. Envolve também a capacidade de satisfazer aos valores do outro, mostrando-lhe que o produto que você vende o beneficia do ponto de vista *dele* próprio. Não existem vendedores patentes na história do *coaching*, visto que os *coaches* lidam com os valores e as metas dos outros. Achamos que o *coaching* se vendeu através de seus *coaches*. No caso de um produto intangível, o vendedor representa o produto, e os *coaches* não apenas venderam o *coaching*, como também o incorporaram.

O marco fundamental do *coaching* foi provavelmente a sua entrada no setor empresarial por volta de 1955, nos Estados Unidos e na Europa. A IBM foi a primeira grande empresa a utilizar o *coaching*, que, com isso, deixou de ser um veículo de desenvolvimento pessoal individual para se transformar em um meio de desenvolvimento de pessoas no mundo dos negócios. Até então, as psicologias humanísticas pareciam úteis no sentido de ajudar as pessoas a ser mais felizes em suas vidas, mas havia pouco ou nenhum interesse na área empresarial. O setor não demonstrava hostilidade em relação a essas ideias psicológicas – um funcionário mais feliz e desenvolvido provavelmente trabalharia melhor e seria mais produtivo, mas isso parecia impossível de ser provado. Em muitos aspectos, o *coaching* empresarial é a versão corporativa do movimento pelo potencial humano.

DIVERSIDADE DE INFLUÊNCIAS CULTURAIS

O que mais contribui para o marco fundamental do *coaching*? Bem, nós sabemos que o *coaching* foi influenciado por diversos elementos de natureza geográfica e cultural. Existe uma óbvia influência dos Estados Unidos através de Timothy Gallwey e Thomas Leonard, com uma abordagem ocidental de cunho prático e utilitário. Gallwey, por sua vez, sofreu forte influência da filosofia budista, especialmente em sua ênfase à consciência não discriminatória. Desse modo, existe uma influência oriental no *coaching*, com sua equilibrada ênfase no *ser* e no *fazer*. Outras escolas aderiram a essa abordagem. Dois exemplos são a ICC e o *coaching* ontológico. O livro de John Whitmore e o modelo GROW representam a influência do Reino Unido. Fernando Flores, Francisco Varela e Humberto Maturana influenciaram o desenvolvimento do *coaching* ontológico. Portanto, o *coaching* tem também influência sul-americana.

Essas muitas e variadas influências tornam o *coaching* mais sedimentado do que muitas abordagens empresariais. Já existiram muitas abordagens gerenciais "da moda"; porém, todas limitadas – a um mês. O *coaching* é autossustentável; nunca fez quaisquer afirmações irreais ou absurdas, nem foi propagado como a panaceia para todos os males gerenciais (embora, infelizmente, isso já esteja começando a acontecer).

O *coaching* não tem gurus – nenhuma figura carismática que o divulgue de modo que as pessoas associem o método a um determinado representante, e não aos seus resultados. Os gurus carismáticos chamam a atenção e conseguem disseminar rapidamente suas ideias, mas nenhum é perfeito. E, se prestar atenção, você verá que os gurus têm pés de barro ou, até mesmo, de material mais básico, porque são humanos. Daí, seus seguidores perpetuarem não apenas as suas virtudes, mas também os seus defeitos. Normalmente, a situação é ainda pior quando existem dois fundadores, porque eles inevitavelmente divergem e se separam, criando duas abordagens paralelas e hostis, ambas afirmando ser o caminho "certo". Mesmo havendo apenas um guru, tende a existir uma atitude de defesa do "único verdadeiro tempo" do guru, o que acaba dando origem a facções e conflitos. O *coaching* não tem gurus, o que consideramos uma grande vantagem.

Outra importante influência foi a aceitação do *coaching* pelo mundo acadêmico e pelas instituições de educação profissional. As pessoas envolvidas com o tema no início da década de 1990 tinham uma visão e fé em sua incipiente profissão, razão pela qual o *coaching* possui uma base teórica comum e um conjunto de normas e padrões éticos, dois importante critérios para uma profissão. Hoje, vários cursos de *coaching* são oferecidos por respeitadas universidades na América, na Europa e na Australásia, e o que começou como uma iniciativa empírica e experimental está amadurecendo como técnica comprovada.

A Cronologia do *Coaching*

Antes de 1971	Aplicação do *coaching* ao treinamento de atletas individuais ou de equipes
1971	Criação do EST por Werner Erhard no Instituto Esalen
1974	Publicação do livro *The Inner Game of Tennis*
1975	
1976	Fundação da PNL
1977	Fernando Flores lança o *coaching* ontológico
1978-1980	Substituição do treinamento EST pelo The Landmark Forum
1981-1982	Thomas Leonard é Diretor de Orçamento da Landmark Education
1983-1987	Thomas Leonard lança o curso *Design Your Life*. Laura Whitworth é uma das primeiras participantes
1988	Julio Olalla desenvolve o *coaching* ontológico Julio Olalla fundou o Instituto Newfield

1989-90	Thomas Leonard cria a CoachU Laura Whitworth inaugura a CTI Publicação do livro *Coaching for Performance* Disseminação do jogo interior e do *coaching* para o Reino Unido e a Europa
1991	Thomas Leonard funda a ICF
1992-1993	Aceitação do *coaching* no mundo dos negócios
1994	Thomas Leonard vende a CoachU para Sandy Vilas
1995-1996	
1997	
1998-2001	O *coaching* se estabelece na Europa e se expande para a Australásia O *coaching* ontológico se estabelece na América do Sul e na Espanha
2001	Fundação da ICC Proliferação dos cursos de *coaching* em nível de graduação e pós-graduação
2003	Morre Thomas Leonard Aplicação dos modelos integrais na área de *coaching*. Tem início o *coaching* integral.
2004-2007	O *coaching* comportamental se estabelece no mundos dos negócios Início do *coaching* da psicologia positiva com Martin Seligman Crescente aceitação do *coaching* em universidades nos Estados Unidos, na Europa e na Australásia Crescente ascensão do *coaching* como técnica comprovada

REFERÊNCIAS

1 Dawkins, R. *The Selfish Gene*, 1976.
2 Gallwey, T. *The Inner Game of Tennis*, 1974.
3 Brock, V. *Who's Who in Coaching – Executive Summary (privately published)*, 2006.
4 www.thomasleonard.com
5 www.acto1.com/
6 Whitmore, J. *Coaching for Performance*, 1992.
7 Gladwell, M. *The Tipping Point*, 2001.
8 Herrigel, E. *Zen and the Art of Archery*, 1953.

3

A HISTÓRIA DO *COACHING*: AS ÉPOCAS

"Todo ser humano deveria saber antes de morrer de onde e para onde fogem, e por quê."

James Thurber

As quatro disciplinas centrais do *coaching*
Psicologia humanista
Filosofia oriental
Construtivismo
Estudos linguísticos

Muitas pessoas criativas participaram da iniciação e disseminação do *coaching* ajudadas pelo contexto cultural. O *coaching* cresceu de forma rápida e bem-sucedida não apenas por causa das pessoas envolvidas e da força da metodologia, mas também graças ao clima e à cultura em que estava inserido. Já houve várias psicologias do "*semicoaching*" que nunca chegaram a reproduzir o sucesso do verdadeiro *coaching*.

O contexto é importante. É o que Malcolm Gladwell chama de "fator de adesão" em *The Tipping Point*[1]. Às vezes, esses fatores podem ser pequenos aspectos aparentemente insignificantes. Em outras ocasiões, o *meme* se encaixa perfeitamente no contexto e atende à necessidade exatamente no momento em que esta se cria. É o que acreditamos ter acontecido com o *coaching*, que cresceu em terreno fértil para alcançar a posição em que se encontra hoje.

No último capítulo, abordamos a questão do crescimento do *coaching* por uma perspectiva interna – as pessoas que o criaram e suas realizações.

Este capítulo aborda a questão a partir de seus aspectos externos, a cultura e o contexto em que o *coaching* se desenvolveu, o que o influenciou e como a técnica combinou com ideias semelhantes que se desenvolviam na época. Se o *coaching* hoje é um grande rio, quais os afluentes que nele desaguaram conferindo-lhe suas dimensões atuais? As pessoas que trabalharam no *coaching* no início não poderiam ter a mesma visão geral, visto que estavam envolvidas em um processo de *brainstorming* e fazendo experiências na medida do possível. A visão externa elimina as emoções e mostra a forma e o crescimento. Quais as influências sobre o *coaching*? Quais as suas raízes intelectuais e que outros fatores sociais levaram ao seu crescimento? A profundidade das raízes nos dará uma ideia da altura e da resistência da árvore.

PSICOLOGIA HUMANISTA

A psicologia humanista é uma das principais raízes do *coaching*. Era chamada de terceira força pelo fato de, durante a primeira metade do século XX, a psicologia americana ter sido dominada por duas escolas de pensamento: o comportamentismo e a psicanálise. O comportamentismo via os seres humanos a partir de uma perspectiva externa, estudando o que eles *faziam*, não o que *pensavam*. Os psicanalistas, por sua vez, focalizavam os aspectos internos, os motivos profundos que se mantinham ocultos até mesmo para a própria pessoa e a maneira como moldavam seu comportamento. Nenhuma das duas vertentes via a pessoa pelo prisma de suas próprias experiências, valores e metas, tampouco pela sensação de ser humano. Na década de 1950, psicólogos liderados por Carl Rogers e Abraham Maslow queriam criar um sistema de psicologia que focalizasse a maneira como as pessoas se sentiam e pensavam a seu próprio respeito, e o que elas consideravam importante do ponto de vista subjetivo. Esse estudo era a psicologia humanista; lidava com questões como autorrealização, saúde, esperança, amor, criatividade e significado – compreender o que significa ser humano.

A psicologia humanista possui vários princípios fundamentais. O primeiro é a sua visão otimista das pessoas, baseada no pressuposto de que as pessoas desejam crescer e se desenvolver, e que o caminho natural para os seres humanos é seguir em frente. Elas querem se realizar. A natureza humana é algo digno de confiança, e não uma massa de impulsos básicos em ebulição à espera de uma oportunidade para se afirmarem. Abraham

Maslow[2] sintetizou a questão da seguinte maneira: "Um músico deve compor músicas, um artista deve pintar, um poeta deve escrever, e todos devem estar em paz consigo mesmos. O que um homem pode fazer, ele deve fazer. Essa é a necessidade a que podemos dar o nome de autorrealização... Refere-se ao desejo de realização do homem; especificamente, à sua tendência a realizar todo o seu potencial, ou seja, vir ser tudo aquilo que uma pessoa é capaz de ser".

Isso significa que os auxiliares devem facilitar o potencial natural de crescimento de seus clientes, e não impor uma agenda ou obrigá-los a seguir uma determinada direção. Essa ideia é claramente representada no *coaching*, onde o *coach* não adota nenhuma agenda preestabelecida para seus clientes e acredita na capacidade deles de solucionar seus próprios problemas.

Princípios da psicologia humanista
1 A maneira como as pessoas se sentem é uma perspectiva psicológica válida.
2 Uma visão otimista da natureza humana – as pessoas querem se realizar.
3 Cada pessoa forma um todo singular.
4 Cada pessoa é um ser único e valioso.
5 É preferível ter alguma opção do que nenhuma. Toda pessoa tem escolhas e deseja exercer essa prerrogativa.

A psicologia humanista trata as pessoas como um todo. Trata-se de uma psicologia integrativa, não analítica. Embora reconheçamos que dividir as pessoas em partes – mente, corpo e emoções – possa ser útil, nunca se pode prever as qualidades do todo a partir de um estudo de suas partes. Um estudo de anatomia jamais irá lhe permitir compreender uma pessoa, que tem vida e respira, mas apenas a forma como as partes do corpo estão interligadas. O *coaching* também vê as pessoas como um todo. O *coaching* pessoal as ajuda a estabelecer ligações entre as diferentes partes de suas vidas, enquanto o *coaching* empresarial se ocupa mais do aspecto funcional da vida do cliente.

A psicologia humanista enfatiza também a singularidade do indivíduo. Para o *coaching*, não existem fórmulas, ou seja, não há tamanho único. O cliente é o especialista em sua própria experiência; cada um é um, e essas diferenças devem ser respeitadas. E a psicologia humanista acredita que as pessoas têm opções e desejam fazer essas opções. Os *coaches* convidam os clientes a ser os arquitetos de suas próprias futuras personalidades fazendo escolhas e assumindo a responsabilidade por essas escolhas.

Esses princípios se refletiam na maneira como os psicólogos humanistas (envolvidos principalmente com a terapia) interagiam com os clientes. Carl Rogers foi o pioneiro dessa nova forma de relacionamento com os clientes, a qual denominou "consideração positiva incondicional". Em outras palavras, significa aceitar e valorizar os clientes como eles são sem lhes impor quaisquer das ideias ou escolhas do terapeuta. Rogers[3] dizia: "Se eu for capaz de oferecer um determinado tipo de relacionamento, a outra pessoa descobrirá em si a capacidade de utilizar o relacionamento para crescer e mudar, o que resultará em desenvolvimento pessoal".

Rogers enfatizava que a personalidade do terapeuta era importante. Os terapeutas precisam ser genuínos e autênticos, para ajudar o cliente, por sua vez, a ser autêntico. "Somente oferecendo a genuína realidade que existe dentro de mim posso ajudar a outra pessoa a ser bem-sucedida em sua busca pela realidade que existe dentro de si. Constatei que isso ocorre mesmo quando as atitudes que sinto não são necessariamente atitudes que me agradem ou atitudes que me pareçam propícias a um bom relacionamento. Ser verdadeiro parece algo extremamente importante."[4] Autenticidade, empatia e valorização da singularidade do cliente estão presentes no *coaching*; todos os modelos enfatizam a importância de um relacionamento de *coaching* aberto e confiável.

As ideias de Rogers tiveram profunda influência na maneira como vemos o relacionamento entre cliente e terapeuta, *coach* e cliente, pais e filhos e entre quaisquer seres humanos, por assim dizer. Trata-se de um relacionamento em que cada pessoa é o próprio fim, não um meio para se chegar a um fim.

Rogers procurava ser completamente indiretivo em sua terapia. O *coaching* é mais diretivo, mas, ainda assim, o *coach* precisa valorizar a pessoa como mais um indivíduo único e semelhante. Os *coaches* não julgam os clientes, embora não concordando necessariamente com eles. "Compreender", como disse Rogers, "é perdoar".

A psicologia humanista foi a base do movimento pelo potencial humano na década de 1960. Todos os psicólogos humanistas importantes ensinaram no Instituto Esalen: Maslow chegou ao Instituto em 1962, onde conduziu muitos *workshops*, e Carl Rogers também lecionou lá na década de 1970. A psicologia humanista constitui uma das bases do *coaching*, e Carl Rogers e Abraham Maslow são considerados os avôs do *coaching*.

FILOSOFIA ORIENTAL

O *coaching* cresceu inicialmente nos Estados Unidos, com sua pragmática abordagem ocidental às mudanças, orientada para metas e resultados. Desse modo, pode parecer estranho que levemos em consideração a filosofia oriental como fator de influência para o *coaching*, mas o fazemos por muitas razões.

A década de 1960 testemunhou um enorme ressurgimento do interesse pelo Budismo e pelo pensamento oriental no ocidente, coincidindo com a ascensão da psicologia humanista e do movimento pelo potencial humano. A filosofia e a religião ocidentais, na sua maior parte, enfatizavam a ação e a realização, enquanto as abordagens orientais enfatizavam o ser. A mentalidade ocidental procurava Deus no mundo exterior, material (tentando, ao mesmo tempo, conquistá-lo). A abordagem oriental olhava para o íntimo da pessoa e enfatizava a experiência direta. O Ocidente busca Deus no plano exterior, enquanto o Oriente se volta para Deus no plano interior. O movimento pelo potencial humano demonstrava muita afinidade com a abordagem oriental. Muitas formas de meditação alcançaram popularidade. A mais influente é a meditação transcendental (MT) como meio para acalmar a mente e buscar o âmago silencioso e tranquilo do ser interior quando toda forma de diálogo interior silencia. A abordagem oriental, especialmente o Zen Budismo, evitava manifestações exteriores de adoração, preferindo abordagens paradoxais e adeptas do autoconhecimento.

O *coaching* tem muitas relações diretas e indiretas com o pensamento oriental. Muitas abordagens orientais eram ensinadas no Instituto Esalen e integradas à filosofia ocidental. Michael Murphy, cofundador do Instituto Esalen em 1962, praticava meditação em Sri Aurobindo Ashram, no sul da Índia, na década de 1950. Timothy Gallwey, autor de *The Inner Game of Tennis*[5], era seguidor do líder religioso Maharaj Ji, hoje conhecido como Prem Rawat e fundador da Divine Light Mission nos Estados Unidos durante sua adolescência, na década de 1970. Gallwey inclusive dedicou *The Inner Game of Tennis* a Maharaj Ji, bem como aos seus pais.

O *coaching* ontológico (ou "*coaching* do ser"), que teve início com Fernando Flores e foi mais tarde desenvolvido por Julio Olalla, utiliza muitos exercícios de autoconhecimento típicos do Budismo, em forma e intenção. Autoconhecimento significa observar com isenção sem identificar-se com qualquer aspecto da experiência observada. Identificando-se com o que está sendo observado, você acaba se deixando influenciar. A isenção é a base do Budismo. No livro de James de Flaherty sobre o *coaching* ontológico[6], há uma seção sobre auto-observação que estaria bem de acordo com um livro sobre meditação. O *coaching* incentiva os clientes a buscar respostas dentro de si e enfatiza a consciência não discriminatória. Um budista poderia dizer que o *coaching* se desenvolveu como uma forma de libertar as pessoas de suas ilusões autogeradas e incentivá-las a adotar uma atitude de isenção em relação aos seus problemas.

CONSTRUTIVISMO

"O homem não tem uma natureza, mas uma história. O homem não é um objeto, mas um drama. Sua vida é algo a ser escolhido, inventado ao longo de sua trajetória, e um ser humano é fruto dessa escolha e invenção. Cada ser humano é seu próprio romancista, e, embora podendo optar entre ser um escritor original ou um plagiarista, não pode escapar da escolha... Ele está condenado a ser livre."

Heinz von Foerster[7]

O construtivismo desenvolve a ideia de que fazemos ou "construímos" ativamente o nosso mundo a partir de nossas experiências. Não somos receptores passivos do que vem de fora, mas criadores ativos de nossas experiências. Somos atores na trama, não espectadores por trás dos bastidores. A ideia de que lá fora existe uma realidade aguardando para ser descoberta e em relação à qual você pode estar certo ou errado é chamada de "mito da concessão". Não vemos o mundo como ele é, mas como somos.

Os modernistas da área científica se veem como cidadãos de um universo independente, cujas regras e costumes eles podem acabar por descobrir. Os construtivistas se veem como participantes de uma conspiração, cujos costumes, regras e regulamentos eles estão ajudando a inventar.

Eis uma situação que ilustra perfeitamente esse fato.

Três árbitros de tênis estão sentados em um bar tomando um vinho e assistindo a um jogo na televisão. Eles lamentam o fato de que ninguém os admira ou compreende bem o seu trabalho.

O primeiro diz com certa hesitação: "Quando estou apitando uma partida, ajo de acordo com o que vejo. É tudo o que faço".

O segundo toma um gole de vinho e diz orgulhoso: "Tudo bem, mas eu concedo pontos como eles são". O primeiro árbitro olha para ele com admiração.

Os dois, então, olham para o terceiro árbitro, que, após uma pausa de efeito, diz: "Eles nada são até que eu os conceda".

O primeiro árbitro provavelmente é um subjetivista – nada existe fora da mente humana que a vivencia. O segundo acredita no mito da concessão, embora provavelmente reconhecendo que ele pode estar enganado em relação ao que é concedido. O terceiro árbitro, por sua vez, é um construtivista.

Nascemos em um mundo estranho, criado à medida que o exploramos e descobrimos. Fazemos sentido de nossas experiências e interpretamos o que acontece através de nossa história. Observamos o mundo. É inconcebível um mundo sem um observador. O mundo necessita dele e os dois caminham juntos. O que existe sem o observador para observar e descrever? Além disso, o observador também faz parte do mundo que observa.

Não somos observadores isentos que ficam assistindo ao mundo passar; somos atores na trama da interação mútua, no dar e receber das relações humanas. Não existe um único mundo a ser conhecido, de modo que o *coach* não procura dar ao cliente a "resposta certa". Ele não sabe, entre todas as possíveis respostas, qual seria "certa" para o cliente. A resposta certa não existe – nem lá fora, nem em lugar algum. E uma sessão de *coaching* não é uma tentativa desesperada de encontrá-la. Ao contrário, a resposta passa a existir e é construída a partir da interação entre o *coach* e o cliente, do aprendizado que os dois vivenciam e do conhecimento decorrente do fato de o cliente estar atuando de outra forma no mundo.

Alguns clientes chegam às sessões de *coaching* sentindo-se inoperantes, exercendo pouca influência no curso de suas vidas. O *coach* não tenta melhorar suas vidas, tampouco lhes diz como fazê-lo. Ao contrário, o *coach* os ajuda a ver, primeiro, que eles estão contribuindo para criar a vida que estão levando, e segundo, de que maneira o estão fazendo. E assim eles podem mudar suas vidas fazendo algo diferente.

O construtivismo enfraqueceu completamente a ideia da objetividade científica, onde o observador realiza uma experiência, mas não participa dessa experiência. A física quântica já demonstrou que o observador é parte de toda experiência. O exemplo mais claro é a experiência realizada na tentativa de descobrir a "verdadeira" natureza da luz. Uma experiência destinada a constatar que a luz se comporta como uma onda demonstra que a luz *é*, de fato, uma onda. Quando a experiência é realizada com o objetivo de provar que a luz é formada por partículas, certamente esse é o resultado obtido. Na física quântica, o observador condensa um mundo de possibilidades em uma só no ato da observação.

O equivalente no plano humano é o chamado "viés confirmatório", segundo o qual buscamos (e encontramos) provas confirmatórias que respaldem nossas convicções e ignoramos ou reinterpretamos outras provas. Um budista vê o viés confirmatório como um dos principais sustentáculos da ilusão da certeza. O que acontece no cérebro durante o viés confirmatório foi demonstrado através de imagem por ressonância magnética funcional (IRMF) por Drew Western e uma equipe da Universidade de Emory. Foi realizado um estudo com homens antes das eleições presidenciais de 2004 nos Estados Unidos[8]. Metade dos participantes testados se descrevia como republicanos ferrenhos. A outra metade, como democratas convictos. Foi pedido que todos os participantes avaliassem as declarações contraditórias feitas pelos candidatos de sua preferência. Durante esse processo, as ondas cerebrais dos participantes foram monitoradas através de IRMF. Os resultados mostraram que a parte do cérebro associada à argumentação (o córtex prefrontal dorsolateral) não atuava durante o processo de avaliação das declarações. As regiões mais ativas do cérebro eram aquelas envolvidas no processamento das emoções (córtex frontal orbital), na resolução de conflitos (córtex cingulado anterior) e na emissão de julgamentos a respeito da responsabilidade moral dos candidatos (córtex cingulado posterior).

Western sintetizou os resultados da seguinte maneira: "Nenhum dos circuitos envolvidos na argumentação consciente foi especificamente engajado. Essencialmente, os partidários parecem manipular o caleidoscópio cognitivo até chegar às conclusões que desejam e, então, obter sólido reforço para sua posição, eliminando os estados emocionais negativos e ativando os positivos... Todos, de executivos e juízes a cientistas e políticos, podem tecer argumentações com base em julgamentos influenciados pelas emoções quando têm direito adquirido sobre a forma de interpretação dos 'fatos'".

Construímos o nosso mundo e temos direito adquirido sobre a manutenção de nossa obra. Daí, normalmente, a razão de sentirmos uma velada satisfação com o insucesso dos outros, desde que o tenhamos previsto. O prazer não está no insucesso das pessoas, mas no fato de termos acertado em nossa previsão.

Construtivismo subentende ação, dado que a ação é capaz de mudar não apenas o mundo, mas você também. Todas as vezes em que agimos, mudamos o mundo e a nós mesmos. A única maneira de termos pleno entendimento é agindo. O *coaching* enfatiza a ação; não basta ter discernimento (os budistas dizem: "O discernimento é a derradeira ilusão"). Os *coaches* pedem aos clientes que ajam no sentido de mudar suas circunstâncias e, consequentemente, a si próprios. Daí a atribuição de tarefas (combinar com o cliente pequenas atitudes a serem tomadas) ser tão importante no *coaching*.

Qual a implicação disso para o *coaching*? A visão de nossos limites é o limite de nossa visão. Ou seja, nós enxergamos os nossos próprios limites, não os limites do mundo. Olhando cada vez mais longe, você consegue enxergar além do horizonte, depois mais longe ainda, e assim sucessivamente. E o que acontece? O que você vê? A sua nuca. Quanto mais longe olhamos, mais nos deparamos com nossos próprios limites. A única maneira de enxergarmos mais longe é deixando de bloquear nosso próprio caminho.

O que isso significa para o *coaching*? Significa que o *coaching* desafia o viés confirmatório de seus clientes. Significa que os *coaches* devem estar sempre pedindo a seus clientes que forcem seus limites, a fim de melhorar suas situações e mudar o seu mundo. O *coach* deve servir de modelo nesse ponto. Os limites do *coaching* dependem, até certo ponto, dos limites do *coach*. É extremamente difícil os *coaches* ajudarem seus clientes a explorar um nível que eles próprios ainda não tenham alcançado.

ESTUDOS LINGUÍSTICOS

A linguagem é o meio pelo qual nos comunicamos e, provavelmente, uma das mais notáveis invenções humanas. Estudos linguísticos realizados nos últimos 20 anos demonstraram o papel crucial da linguagem na construção de nossa realidade. A linguagem nos proporciona grande liberdade – mas isso tem um preço. Através da linguagem, comunicamos nossas experiências de formas que dependem da construção da própria linguagem, e não da experiência que lhe deu origem. Construímos nosso mundo em função da relação existente entre as coisas e de seu significado, utilizando a linguagem para nos comunicar.

Enxergamos, ouvimos, tocamos, provamos e cheiramos através de nossos sentidos. Até mesmo a maneira como escrevemos este texto é um exemplo de como a linguagem distorce o mundo. O que são os "sentidos"? Eles existem como entidades distintas de nossas experiências? Os sentidos são atalhos para a forma como captamos nossas experiências; são abstrações extraídas do fluxo de atividade do mundo e utilizadas como algo preexistente. Normalmente confundimos a palavra com a coisa propriamente dita. Eu poderia dizer "Você me faz feliz", mas isso não é o mesmo que "Você fez um café para mim" ou "Você fez o carro virar à esquerda", embora a construção linguística seja a mesma. O café e o carro não tinham opção, mas as pessoas podem escolher seus sentimentos. Embora "você" seja o sujeito dessa oração, a questão toda está na experiência do orador. O *coaching* ontológico e o *coaching* PNL, especificamente, adotam ricos modelos sobre o fato de que a maneira como utilizamos a linguagem tanto pode limitar quanto expandir o nosso mundo.

A maneira como vivenciamos o mundo depende de nossos interesses, nossa atenção e nossa saúde. Nem tudo o que vivenciamos somos capazes de registrar. Existem coisas que sequer notamos, e outras que esquecemos imediatamente. Interpretamos aquilo de que nos lembramos e comprimimos essa rica experiência sensorial em uma camisa de força linguística, escassas palavras que requerem tempo e sequência para fazer sentido.

Refletir sobre a magia da linguagem é pensar sobre o modo de funcionamento do cérebro. Precisamos de um cérebro para pensar sobre o cérebro, assim como precisamos da linguagem para analisar a linguagem. A linguagem, de fato, produz "encantos", e o seu feitiço sempre impedirá que você o compreenda.

Muitos clientes de *coaching* ficam à mercê da maneira como descrevem verbalmente suas experiências. Eles são os servidores, não os mestres, da linguagem. Quando os clientes contam suas história, os *coaches* não sabem, tampouco jamais saberão, como tudo "realmente" se passou, porque a experiência já se foi. Os *coaches* ouvem seus clientes descreverem suas experiências criadas pela linguagem com a própria linguagem. Eles precisam ouvir o que existe por trás da linguagem, ou seja, a mensagem subjacente e a pessoa como um todo – linguagem corporal, tom de voz, o que é dito, o que não é dito e *o que não pode ser dito*. Para o *coach* e o cliente, a linguagem é tanto a doença quanto o remédio. Os *coaches* ressaltam essa questão de forma implícita ou explícita e utilizam palavras para gerar distinções novas e mais úteis. A função do *coach* consiste em utilizar as palavras para ajudar os clientes a refletir sobre si, a adotar uma nova perspectiva e, assim, ver o mundo de outra forma. Refrasear é rever. Quando conseguimos ver as palavras, elas se tornam objetivas – ou seja, passam a fazer parte do mundo exterior –, deixando de nos controlar. Consequentemente, o que elas representam também deixa de exercer controle sobre nós.

A linguagem utilizada pelos clientes reflete a sua realidade. Alguns descrevem suas experiências no tempo passivo, dizendo algo como "Isso aconteceu comigo, aquilo aconteceu comigo, eu tive sorte". Eles se veem como se estivessem sendo levados pelos acontecimentos e por outras pessoas, não lhes restando nenhuma opção. A voz passiva ("foi feito") na língua portuguesa não faz referência a quem está falando, enquanto a voz ativa inclui a pessoa que está falando ("eu fiz"). Em hebraico, a palavra "sorte" é formada por dois símbolos, um que significa "lugar" e o outro, "linguagem". Isso representa a interessante ideia de que o uso das palavras certas, na hora certa e no lugar certo lhe confere sorte. Ao fazer muito uso da linguagem passiva, os clientes se esquecem de que eles são os próprios criadores de suas experiências, e o *coach* irá ressaltar isso, pedindo-lhes que reflitam sobre o fato e, talvez, que utilizem a voz ativa, para que eles vejam a diferença que isso faz.

Ao aprender um novo idioma (e ambos os autores já passaram por essa experiência – Andrea com o inglês e o espanhol, e Joseph com o português), você aprende a fazer novas distinções e ver o mundo de outra forma. O aprendizado de uma nova língua cria uma nova perspectiva em relação ao mundo. Retornaremos a este ponto na Terceira Parte, quando falarmos sobre o *coaching* transcultural.

A DISSEMINAÇÃO DO *COACHING*

O *coaching* empresarial e o *coaching* pessoal se disseminaram rapidamente sem a intervenção de quaisquer figuras carismáticas para vendê-los, e ambos se difundiram principalmente através da propaganda boca a boca. Quais as tendências sociais que alimentaram esse crescimento?

Tendências sociais de disseminação do *coaching*
Isolamento social
O indivíduo soberano
A ascensão da Internet
Aceleradas mudanças sociais

Primeiro, as pessoas estão à procura de apoio, uma vez que os meios tradicionais de apoio ruíram. A importância da família caiu na cultura ocidental. Os papéis estão confusos e a família típica não é mais formada por pai, mãe e filhos. Muitas pessoas não conseguem mais receber da família o apoio de que necessitam.

A religião organizada também sofreu um declínio radical e não oferece mais a certeza e o sentido de outrora. Existe maior pressão sobre as pessoas e um deslocamento substancial para as grandes cidades. Antigamente elas possivelmente recorriam ao seu pároco ou aos amigos. Hoje elas procuram um *coach*. O *coaching* é uma das maneiras pelas quais as pessoas podem encontrar sentido e afinidade em suas vidas, tanto como clientes quanto se tornando *coaches*.

O INDIVÍDUO SOBERANO

Essa é a geração "I" do mundo ocidental. As pessoas querem ser reconhecidas e ter controle sobre suas vidas. "O indivíduo soberano", a pessoa que tem poder sobre seu próprio destino, é uma proposta atraente, e o *coaching* promete realizá-la. As pessoas querem investir tempo e dinheiro em si; elas acham que merecem. Elas podem investir em si sem serem vistas com estranheza ou como egoístas, tampouco achando que existe algo de errado com elas que precisa ser corrigido. As pessoas querem se realizar e acham que merecem ser felizes. Elas querem dar sentido a suas vidas. Depois de um século de ênfase na realização, no "ser" como instrumento para se alcançar algo, as pessoas agora querem aproveitar, encontrar seu próprio significado em si mesmas, e não em suas realizações. Isso pode ser constatado na tendência à "regressão", onde as pessoas deixam um emprego lucrativo, mas desgastante, por um mais simples, com uma remuneração muito menor, onde elas possam trabalhar por conta própria fazendo algo de seu agrado. As pessoas querem dirigir, não ser dirigidas.

Muitas pessoas alcançam suas metas profissionais e financeiras, porém, não se sentem realizadas. Está faltando algo; elas sabem que podem ser mais bem-sucedidas e realizar mais, por isso procuram o *coaching* como forma de auxílio para alcançar seu potencial pessoal. O aumento de riqueza nos Estados Unidos, na Europa e na Australásia significa também que as pessoas têm como pagar o preço.

O *coaching* deixou de ser um movimento pelo autodesenvolvimento para ser embalado e comercializado como muitos cursos de autodesenvolvimento. "Você merece viver o seu sonho – agora" é a poderosa mensagem transmitida por muitos canais, o que beneficia o *coaching*. O *coach* está à sua disposição, e de mais ninguém, para trabalhar, com você, a sua vida e as suas metas de se transformar na pessoa que você deseja ser.

Outra tendência que alimenta o desejo das pessoas de aproveitar todo o seu potencial é a crescente ingerência do poder público na vida cotidiana. O Estado adquiriu o enorme poder de observar, controlar e influenciar o cidadão nos últimos dez anos. Trata-se de uma forte tendência na medida em que os governos tentam controlar seus cidadãos, agravada por ações e ameaças terroristas, pelo crescente aumento do crime organizado e pelas vultosas quantias envolvidas. A maioria dos países vê a repressão de suas liberdades civis como o inevitável preço a ser pago pela segurança. As câmeras de vídeo e circuito fechado de TV estão por toda parte. A frase "Sorria, você está sendo filmado" pode ser vista em centenas de idiomas em milhões de prédios no mundo inteiro. As ligações telefônicas que você faz para o seu banco são rotineiramente gravadas "para monitorar a qualidade" ou para "fins de treinamento". Qualquer pessoa que deseje fazer um depósito em dinheiro em sua conta bancária é vista de forma suspeita e, se o valor for alto, automaticamente denunciada às autoridades competentes.

Cada vez mais aceitamos a indefinição da linha divisória entre público e privado, daí o valor de se ter um espaço privado só para si. O *coaching* é confidencial, pelo menos para os *coaches* profissionais que seguem um conjunto de princípios éticos. Cada vez mais, os mundos virtuais *on-line*, como Second Life[9] (Segunda Vida), onde você pode ser quem você quiser e agir de maneira que jamais agiria na sua "primeira vida", crescem e despertam interesse. Os mundos virtuais podem ser um *playground* onde as pessoas se permitem fazer experiências com segurança. O *coaching* é uma maneira de as pessoas explorarem seu próprio ser de forma segura e confidencial.

A INTERNET

A ascensão da internet coincidiu exatamente com a ascensão do *coaching*, que começou utilizando a alta tecnologia de sua época – o telefone e o fax – e, à medida que foi crescendo, passou a se beneficiar da internet de maneira que outros movimentos pelo autodesenvolvimento não se beneficiaram. Grande parte dos profissionais que atuam na área de *coaching* divulga seus serviços através da internet. *Coaches* individuais, serviços de *coaching* empresarial e cursos de treinamento de *coaches* são comercializados na internet. E uma avalancha de e-mails nos bombardeia com afirmações absurdas de que os *coaches* podem alcançar rendimentos na casa de seis dígitos em pouco tempo. Embora o *coaching* tenha a sua participação nesse universo de afirmações ridículas, propagandas estranhas e *spams* gerados pela internet, esta também contribuiu para a divulgação legítima do *coaching* em nível internacional como nenhuma outra metodologia de desenvolvimento comercial ou de autodesenvolvimento da história.

Embora a internet seja um meio de rápida divulgação, pode faltar precisão – rumores e inexatidões também se espalham com rapidez. Nos últimos cinco anos, formou-se um sério corpo de pesquisa para neutralizar essa tendência. As pesquisas são conduzidas por acadêmicos e órgãos de pesquisas, e não por *coaches* ou empresas de *coaching* com uma agenda preestabelecida, o que ajuda as pessoas a melhorar a sua ideia de *coaching*.

O RITMO DAS MUDANÇAS

A internet tanto sinaliza quanto determina o ritmo historicamente sem precedentes em todos os campos do conhecimento nos últimos 30 anos. Muitas pessoas se sentem desconectadas daquilo que conhecem; o mundo que elas aprendem na escola não guarda nenhuma semelhança com o mundo que as espera quando elas saem da escola. O programa curricular das escolas e universidades é elaborado com pelo menos um ano de antecedência e, por essa razão, normalmente já está defasado antes que os alunos iniciem seus estudos. O *coaching* oferece ajuda *just in time*, onde e quando necessário.

O ritmo das mudanças passou a exercer pressão sobre muitas pessoas. A sociedade exige mais, tecnologia significa que podemos fazer mais em menos tempo, e logo isso passa ser normal. As ambiguidades e os paradoxos são muitos, e, apesar do vasto volume de informações existente, normalmente é difícil encontrar o que realmente interessa para o seu caso. Experimente digitar a palavra *"coaching"* no Google (quando fizemos isso, apareceram mais de 78 milhões de ocorrências).

Em tempos turbulentos, o conhecimento se torna incerto. As crenças religiosas e seculares são desafiadas todos os dias. Diariamente, temos que lidar com circunstâncias que nos dizem respeito, mas sobre as quais não temos influência. Precisamos nos adaptar a prazos mais curtos e responder a novas situações sem quaisquer modelos anteriores que possam nos servir de orientação. A adaptação e o sucesso não dependem mais daquilo que você aprendeu, mas da sua capacidade e velocidade de aprendizado. O que importa não é o que você fez, mas a sua criatividade para continuar fazendo e para aproveitar sucessos passados. Com a internet "aplanando o mundo"[10], a segurança no emprego é cada vez menor; temos que correr para permanecer no mesmo lugar. Um *coach* pode ajudar as pessoas a lidar com essa turbulência.

FATORES COMERCIAIS NA ASCENSÃO DO *COACHING*

Fatores comerciais na ascensão do *coaching*
Incerteza corporativa
Necessidade de inovação
Crescente pressão do tempo
Necessidade de desenvolver as pessoas
Necessidade de evitar a substituição e o retreinamento
Necessidade de novas habilidades para os gerentes
Necessidade de as pessoas aprenderem rapidamente novas habilidades
Desenvolvimento individual específico *just in time*
Coaching como suporte ao treinamento
Suporte aos altos executivos

Por que o *coaching* passou tão rapidamente na década de 1990 de uma técnica de ajuda individual a um serviço setorial? Primeiro, as rápidas mudanças geram problemas específicos no setor empresarial. Nas palavras da consultora de gestão Rosabeth Moss Kanter[11], "o tempo transcorrido entre as decisões é maior do que aquele transcorrido entre as surpresas" (o que abreviaremos como MTBD > MTBS. Com isso, existe estresse no ambiente de trabalho. A incerteza corporativa tem exercido uma pressão cada vez maior para que os funcionários trabalhem mais horas e alcancem resultados cada vez melhores. No passado, a família podia ajudar e prestar apoio àqueles que enfrentavam pressões no trabalho, mas hoje as famílias estão mais fragmentadas. De certa forma, os empresários que buscam a ajuda de um conselheiro ou um terapeuta sempre foram estigmatizados. A ideia é de que existe algo de errado com eles que precisa ser corrigido, e que talvez eles não tenham capacidade para desempenhar bem suas funções. Onde as pessoas vão buscar apoio e ajuda?

O *coaching* pode ajudar um indivíduo a lidar com o estresse no trabalho; o *coaching* do estresse é uma das áreas que mais cresce no momento. A Austrália é o país com a maior jornada de trabalho do mundo. E também o que apresenta as maiores taxas de crescimento do número de *coaches*. Será coincidência?

A pressão do tempo é um fator significativo do estresse. A capacidade de aprender e de se adaptar rapidamente é mais importante do que a capacidade de trabalhar rápido. O *coaching* é muito específico e precisamente direcionado; aborda uma determinada questão envolvendo pessoas-chave e as ajuda a ser mais criativas e a se adaptar com mais rapidez. As pessoas precisam estar sempre aprendendo, e o *coaching* consegue prestar suporte a diferentes tipos de aprendizado com mais facilidade do que o treinamento. Os gerentes devem rotineiramente estar aptos a orientar seus funcionários e fazer tudo o que eles tenham feito no passado. Às vezes, o *coaching* no ambiente de trabalho é uma forma de terceirização das responsabilidades dos gerentes. Isso tem levado à criação de muitos cursos de treinamento de *coaching* dentro das empresas, bem como à ampla utilização do *coaching* nas universidades corporativas.

As pessoas deixaram de ser fieis às suas empresas para ser fieis às suas carreiras. Em média, as pessoas mudam de profissão três vezes ao longo de sua vida profissional. Paradoxalmente, a única maneira de as empresas conseguirem reter as pessoas é treinando-as e munindo-as das habilidades necessárias, embora plenamente conscientes de que essas habilidades podem ser colocadas a serviço de seus concorrentes. Todavia, se não lhes forem oferecidos caminhos para o desenvolvimento, elas certamente deixarão a empresa. As empresas precisam se fazer atraentes para as pessoas e reter o pessoal existente. O recrutamento e o treinamento de pessoas qualificadas é extremamente dispendioso, e se o *coaching* for capaz de proporcionar essa economia de custo vale a pena. O custo de se encontrar e treinar um substituto, evitando, ao mesmo tempo, uma consequente queda na qualidade do trabalho, é importante e faz do *coaching* um bom investimento. Além disso, o *coaching* é uma excelente maneira de demonstrar a fidelidade de uma empresa a seus funcionários, desenvolvendo-os e tornando-os mais eficientes. Para o mercado, é um sinal de que a empresa se preocupa com os seus colaboradores.

EMPRESAS HORIZONTAIS

As empresas horizontais requerem um desenvolvimento *just in time* individualizado e específico. Os gerentes precisam ter um repertório de habilidades muito mais amplo e lidar com um número e uma diversidade maior de pessoas. Os indivíduos recém-promovidos têm que aprender novas habilidades e assumir novas responsabilidades, e tudo muito rápido. As empresas utilizam o *coaching* para ajudar as pessoas a se adaptar com mais facilidade e rapidez. Um alto executivo não pode simplesmente assumir um novo cargo e, desde o primeiro dia, operar em nível máximo de desempenho sem qualquer suporte. O *coaching* é uma abordagem flexível e sensível ao desenvolvimento executivo, podendo ser prestado individualmente. Muitos executivos estão trabalhando como *coaches* ou mentores de executivos mais jovens.

Além disso, o *coaching* está sendo cada vez mais utilizado como ferramenta de suporte ao treinamento. Uma pesquisa realizada pelo Chartered Institute of Personnel and Development – CIPD[12] (Instituto Colegiado de Pessoal e Desenvolvimento) do Reino Unido revelou que o aprendizado no trabalho – e não em uma sala de treinamento – vem ganhando popularidade. O *coaching* é capaz de focalizar as questões funcionais e melhorar o desempenho no ambiente de trabalho. Quando as pessoas recebem treinamento fora do local de trabalho, na maioria das vezes, as mudanças se perdem rapidamente depois elas retornam. O entusiasmo e as novas ideias não sobrevivem à mentalidade do "negócios como sempre". Logo (normalmente depois de dois meses), a nova iniciativa se esvai juntamente com a energia dos treinandos, e tudo volta a ser como antes do treinamento. A gerência poderá pensar, injustamente, que o treinamento não tenha sido eficaz e acabar embarcando em outro tipo de treinamento. E, assim, o ciclo continua. Daí a razão de muito treinamento sem o subsequente suporte do *coaching* gerar resultados frustrantes. De modo que o treinamento seguido do *coaching* produz resultados muito melhores, uma vez que ajuda os participantes a manter as ideias e a motivação, bem como a procurar maneiras de mudar o sistema, em vez de ser vítima dele.

A IMPORTÂNCIA DOS ALTOS EXECUTIVOS

Em uma época em que os altos executivos são negociados entre as empresas como jogadores de futebol disputados por seus clubes, existe um reconhecimento cada vez maior de que eles fazem uma enorme diferença para o sucesso de uma empresa. O custo financeiro de um executivo de baixo desempenho é enorme. Os altos executivos precisam tomar decisões importantes com pouca orientação e, normalmente, envolvendo muito dinheiro. Há poucas pessoas em que eles possam confiar, e eles devem saber o que fazer, em vez de discutir quaisquer questões. O alto escalão é solitário, e um *coach* executivo pode ser uma caixa de ressonância objetiva e fundamental para o pensamento dos executivos. Os *coaches* executivos externos estão sendo cada vez mais requisitados para ajudar os executivos a tomar suas decisões.

O *coaching* se desenvolveu e veio preencher um nicho criado pelas amplas mudanças na prática empresarial e no estilo de trabalho. Na próxima seção deste livro, veremos seis dos modelos de *coaching* mais divulgados, destilando-os na tentativa de chegar ao coração do *coaching*, a metodologia que funciona em todo modelo.

REFERÊNCIAS

1. Gladwell, M. *The Tipping Point*, 2000.
2. Maslow, A. *Toward a Psychology of Being*, 1998.
3. Rogers, C. *A Way of Being*, 1980.
4. Rogers, C. *Client-Centered Therapy: Its Current Practice, Implications and Theory*, 1951.
5. Gallwey, T. *The Inner Game of Tennis*, 1974.
6. Flaherty, J. *Coaching – Desenvolvendo Excelência Pessoal e Profissional*, Qualitymark Editora, 2010.
7. von Foerster, H. Ethics and Second-Order Cybernetics, *SEHR* 4(2): *Constructions of the Mind*, 1994.
8. Western, D. Confirmation Bias (não publicado), apresentado à Conferência Anual da Society for Personality and Social Psychology (Sociedade de Psicologia da Personalidade e Social), 2006.
9. www.secondlife.com/web
10. Friedman, T. *The World is Flat*, 2005.
11. Kanter, R. Moss. *The Change Masters: Innovation and Entrepreneurship in the American Corporation*, 1983.
12. "Who Learns at Work?", pesquisa do CIPD, março de 2005.

COACHING PARA O DESENVOLVIMENTO

TREINAMENTO MENTAL INTEGRADO E PSICOLOGIA POSITIVA

por Lars-Eric Unestahl

PERFIL

O *coaching* – especialmente o *coaching* para o desenvolvimento – é baseado na mesma filosofia e utiliza os mesmos princípios da psicologia positiva e do treinamento mental integrado (IMT – Integrated Mental Training). As diferenças estão mais nos métodos de aprendizado e desenvolvimento. Enquanto o *coaching* enfatiza o "aprendizado pela ação" e o "aprendizado através do *feedback*", a ênfase da psicologia positiva está no "aprendizado reflexivo" e a do treinamento mental integrado no "aprendizado inconsciente".

A psicologia positiva vê os seres humanos como entidades adaptativas auto-organizadas e autodirigidas, e direciona o foco da psicologia para duas áreas negligenciadas:

⇨ o desenvolvimento de pessoas normais com o objetivo de aumentar a produtividade e o bem-estar;

⇨ a utilização de recursos desenvolvimentais para a prevenção de problemas.

O IMT é um treinamento sistemático de longo prazo destinado a desenvolver habilidades mentais, atitudes e processos. Trata-se de um treinamento cognitivo e emocional com ênfase nas imagens, não nas ideias, cujo foco está mais voltado para a detecção de recursos e para o desenvolvimento do que para a solução de problemas. Desenvolvi o IMT na década de 1960 com base em pesquisas realizadas nos seguintes campos:

⇨ estados alternativos de consciência;
⇨ relação entre corpo e mente.

Os programas de treinamento foram testados em cooperação com as diversas equipes nacionais e olímpicas da Suécia na década de 1970 e introduzidos no sistema escolar sueco no final da mesma década como treinamento de habilidades de vida. Os programas foram aplicados às áreas de saúde e trabalho na década de 1980 e, a partir do início dos anos 1990, ganharam popularidade entre a população em geral como método de desenvolvimento pessoal.

Como os estudos não mostram nenhuma correlação entre o sucesso na escola ou universidade e o sucesso na vida, o treinamento mental e o *coaching* passaram a ser as maneiras mais importantes de transformar conhecimento abstrato em competência real para lidar com a vida.

Tanto o *coaching* quanto o IMT são orientados para o futuro, focados nas soluções, dirigidos para a ação e baseados na experiência. O *coaching* para o desenvolvimento é a integração que fizemos entre o IMT e o *coaching* na última década.

COACHING PARA O DESENVOLVIMENTO E *COACHING* PARA A SOLUÇÃO DE PROBLEMAS

Essas duas abordagens têm pressupostos diferentes. O *coaching* para a solução de problemas pressupõe que o cliente possua todos os recursos necessários para solucionar o problema, enquanto o *coaching* para o desenvolvimento parte do princípio de que o cliente normalmente precisa desenvolver novos recursos, habilidades e comportamentos para alcançar o objetivo. O *coaching* para o desenvolvimento é baseado na mesma filosofia de mudança encontrada no treinamento mental e na psicologia positiva, embora a maioria dos setores da sociedade ainda siga o modelo baseado na solução de problemas ou clínico. No modelo de *coaching* para a solução de problemas, as pessoas querem mudar por causa de um problema ou crise. O *coaching* para o desenvolvimento é baseado no modelo esportivo, ou seja, você pode estar satisfeito com o presente e, ainda assim, querer alcançar uma melhor situação – e estar trabalhando e treinando para isso.

De modo que, no modelo de *coaching* para a solução de problemas, a direção das mudanças é distinta do problema, o que significa que, às vezes, o resultado pode ser ainda pior (é a emenda pior do que o soneto). A base emocional para a mudança é representada, principalmente, pela insatisfação, e a resistência pode ser forte à medida que os clientes veem as sugestões de mudança como críticas.

No *coaching* para a solução de problemas, o progresso é seguido pela manutenção, e a solução do problema, pela inatividade. O *coaching* para o desenvolvimento vê a vida como uma trajetória em melhoria contínua.

No *coaching* para a solução de problemas, as mudanças sugeridas normalmente evocam resistência, pelo fato de serem interpretadas como culpa, descrença e a ideia de que algo está errado. No *coaching* para o desenvolvimento, a segurança não está na zona de conforto do cliente, mas na própria mudança, o que proporciona o estímulo e o desafio necessários e importantes para uma alta qualidade de vida.

O *coaching* é orientado para a ação e tem sua base no aprendizado através da ação. A atribuição de tarefas cria experiências, que através do *feedback* geram as mudanças adequadas. Enquanto o objetivo no *coaching* para a solução de problemas é o retorno a uma situação anterior ao problema (principalmente com o auxílio de ações retroativas), o *coaching* para o desenvolvimento utiliza métodos proativos para criar uma situação não apenas melhor do que o presente, mas também melhor do que as condições existentes antes do problema. Isso inclui a "solução de problemas", mas sem a necessidade de tratar dos problemas.

Nosso cérebro se prende mais facilmente a pensamentos e imagens relacionados aos problemas. Existem três razões para isso:

1 Um mecanismo evolucionário de sobrevivência.
2 Os componentes emocionais (emoções como o medo dominam nossa mente com muita facilidade).
3 Normalmente, os problemas são mais concretos do que os objetivos.

Para mudar essa percepção, o *coaching* para o desenvolvimento trabalha no sentido de reduzir a influência do medo e de outras emoções negativas, tornando os objetivos mais claros e atraentes. Uma das partes desse processo consiste em aprender a pensar e falar de maneira positiva, substituindo as palavras que denotam problemas por termos de natureza desenvolvimental.

O *COACHING* PARA O DESENVOLVIMENTO E A PSICOCIBERNÉTICA

No intuito de propiciar um progresso ainda maior, o *coaching* para o desenvolvimento combina tarefas de treinamento mental com programação de objetivos. Enquanto o *coaching* para a solução de problemas normalmente cessa quando os objetivos dos clientes são claros e fundamentados em valores, o *coaching* para o desenvolvimento traduz os objetivos intelectuais em imagens, com a subsequente integração e programação dos objetivos. Esse mecanismo parece iniciar um processo automático. O cliente quase sempre afirma estar mais criativo, sentindo-se capaz de encontrar soluções facilmente sem buscar uma solução consciente para os problemas. Eles alcançam objetivos sem saber o que os levou até esses objetivos.

RESUMO

O *coaching* para o desenvolvimento e o autocoaching desenvolvimental complementam os métodos comuns de *coaching* de várias maneiras. Por exemplo:

⇨ O *coaching* para o desenvolvimento funciona da mesma maneira com clientes que buscam a solução de problemas e clientes em busca da melhoria contínua. Os objetivos de desenvolvimento geralmente incluem a solução automática de problemas.

⇨ O *coaching* para o desenvolvimento utiliza tarefas de treinamento mental como exercício prático, a fim de detectar e desenvolver os recursos necessários para alcançar objetivos atraentes.

⇨ O *coaching* para o desenvolvimento lança mão da imaginação para programar objetivos e, com isso, iniciar um processo cibernético como complemento do plano de ação e dos exercícios práticos.

Lars-Eric Unestahl, PhD, reitor da Universidade Internacional Escandinava e professor de psicologia aplicada e treinamento mental, é autor de 18 livros e muitos artigos de pesquisa, tendo desenvolvido vários programas de treinamento orientados para o desenvolvimento de indivíduos, equipes e empresas.

SEGUNDA PARTE

VISÃO GERAL: MODELOS DE *COACHING*

"Às vezes, é preciso ir longe para se descobrir o que está perto."

Uri Shulevitz

Quando começamos a escrever este livro, discutimos se seria preferível verificar primeiro os principais modelos de *coaching* e fornecer a síntese depois ou começar fornecendo a síntese e depois ver os modelos. A primeira opção seria de natureza indutiva e produziria um modelo geral a partir de exemplos específicos. A segunda seria dedutiva, partindo-se do modelo para se chegar aos exemplos. Seguimos o processo de pensamento indutivo. Começamos pelos diferentes modelos de *coaching*, dos quais extraímos um conjunto de princípios gerais. Lemos bastante, reunimo-nos, debatemos e conversamos com *coaches* de Xangai a Sydney, de Seattle a Santiago, e vimos que, subjacente a todas as formas de *coaching*, existe uma forma espectral que as inspira.

Desse modo, forneceremos os modelos e depois as conclusões a que chegamos por considerarmos mais natural você seguir o mesmo processo que seguimos. Você pode acompanhar a história de detetive que vivenciamos – embora uma história de detetive talvez não seja a metáfora certa, visto que não foi cometido nenhum crime. Talvez seja mais como uma busca ao estilo Indiana Jones à procura do tesouro. O tesouro existe e nós os encontramos? Ou será que nós criamos o tesouro ao embarcar em nossa investigação, acreditando que ele existia? Não importa. Uma coisa é certa: o *coaching*, de fato, funciona, todos os diversos modelos funcionaram e, portanto, tinha que haver uma metodologia básica.

Nos capítulos que se seguem, examinaremos diferentes modelos de *coaching* considerados importantes e representativos à época em que este livro estava sendo escrito. Existem outros modelos, mas de menor importância no momento. Todos seis são representados por profissionais experientes e compromissados, com influência internacional na área e inspiradores do bom *coaching*. Os *coaches* seguem o modelo que melhor lhes convém e devem ser congruentes com o modelo que estão utilizando.

Inevitavelmente, todos os modelos são mais completos e sofisticados do que a nossa síntese poderá demonstrar. Todavia, sintetizaremos os elementos essenciais, fornecendo uma visão geral razoável de cada um. Procuramos ser objetivos e deixar que cada modelo falasse por si; queremos que todos sejam igualmente ouvidos. Entretanto, estamos apenas descrevendo os modelos, não procurando ensinar como utilizá-los para prestar orientação.

Primeiro, veremos o jogo interior, o modelo GROW e o *coaching* coativo. Agrupamos os três juntos por terem surgido simultaneamente e possuírem muitos elementos em comum. Em seguida, virá o modelo do *coaching* integral, seguido pelo modelo de *coaching* baseado na programação neurolinguística (*coaching* PNL). O modelo seguinte é baseado na nova disciplina da psicologia positiva, depois o *coaching* comportamental e, por fim, o *coaching* ontológico.

Nenhum modelo pode ser considerado completamente certo ou errado. Os modelos são como diversas luzes, todas iluminando a multifacetada disciplina do *coaching*, cada uma por um ângulo diferente e com uma intensidade de brilho diferente.

Após fornecer esses modelos, sintetizaremos as distinções comuns básicas de *coaching* que extraímos a partir de cada um e de nossas pesquisas.

Ilustramos aqui uma história sufi como preâmbulo do que virá a seguir. Para sua surpresa, Nasrudin, um homem santo que aparece em todas as histórias da tradição sufi, foi nomeado juiz. O primeiro caso submetido ao seu arbítrio é a disputa pela propriedade de um rebanho de camelos. O caso é ouvido em uma sala do tribunal. Nasrudin é o único juiz, mas conta com a assistência de um experiente assessor jurídico que o acompanha durante o pleito, registrando tudo. Todos os amigos e parentes de ambas as partes estão presentes na sala, expondo ruidosamente seus pontos de vista.

Como de praxe, cada querelante tem dez minutos para expor o seu caso ininterruptamente perante o juiz. O primeiro homem entra e demonstra muita eloquência. Ele conta a Nasrudin como comprou os camelos e os deu a seu amigo como garantia de um empréstimo. Depois que ele terminou de pagar o empréstimo, seu amigo (não mais um amigo) ficou com os camelos. Ele tem várias testemunhas que juram isso ter acontecido.

Nasrudim ouve e fica impressionado.

– Esse homem está certo – ele cochicha para o assessor.

– Talvez – diz o assessor. – Mas você precisa ouvir os outros homens também.

O segundo homem entra e é igualmente eloquente. Ele conta detalhadamente como comprou os camelos de seu amigo por um preço justo e nega tratar-se de um empréstimo. Ele também tem testemunhas.

Nasrudin novamente se impressiona.

– Esse homem tem razão – ele exclama.

– Mas, Excelência – sibila o assessor –, os dois não podem estar com a razão.

Nasrudin faz uma breve pausa e diz:

– Você tem razão!

Em seguida, ele baixa os olhos e completa:

– A verdade é mais difícil do que parece.

Ao final de cada modelo de *coaching*, utilizaremos o mesmo estudo de caso para dar uma ideia de como cada modelo abordaria o mesmo problema. Eis o estudo de caso:

ESTUDO DE CASO

Brian, 41 anos, é gerente de uma nova empresa de cosméticos. Coreano, ele trabalha em uma filial da empresa americana em Londres e anglicizou seu nome para se adequar melhor. Brian é formado em química, trabalhou três anos em uma farmácia e depois em várias drogarias, antes de assumir o cargo de gerente sênior em sua atual empresa. Ele está na empresa há cinco anos e comanda uma equipe de dez pessoas encarregada de desenvolver um novo produto. Devido aos seus produtos inovadores (embora caros), a empresa é considerada líder no mercado de cosméticos.

Brian joga xadrez, lê muito (principalmente material técnico) e aprecia romances históricos. Ele se matriculou em três academias nos últimos cinco anos, mas em nenhuma conseguiu ficar mais de dois meses e, todas as vezes, deixou que o prazo da inscrição se expirasse.

Recentemente, Brian anda disperso, cada vez mais se perguntando se estaria no emprego certo. Ele gostava de seu trabalho, mas agora não mais; sente-se constantemente cansado e, além disso, há um membro da equipe que o está sempre enervando. Ele acha que essa pessoa está querendo o lugar dele.

Brian foi preterido em uma promoção no ano passado e, este ano, não sabe se deve deixar a empresa ou candidatar-se a uma nova promoção; ele não sabe se merece ser promovido com base em seu recente trabalho.

Brian foi criado em uma família coreana com sólida ética profissional. Ele estudava em uma escola inglesa e frequentava também uma escola coreana aos sábados, além de ter aulas de flauta e tênis durante a semana.

Casado há 12 anos com Anne, uma inglesa, Brian é pai de dois filhos, um menino de oito anos e uma menina de seis. Sua esposa é higienista dental e trabalha em regime de meio expediente em uma clínica de cirurgia dentária. Ela gostaria de trabalhar em tempo integral quando as crianças estivessem maiores. Recentemente, o casal tem tido algumas divergências porque o trabalho de Brian tem exigido mais de seu tempo e os dois pouco se veem, a não ser nos fins de semana.

Brian é tranquilo e busca a cooperação, não o confronto, mas, quando não consegue, pode perder as estribeiras com certa facilidade. Até agora, ele tem conseguido manter a situação sob controle, mas ultimamente tem estado constantemente irritado e se sentindo estressado. Sua empresa instituiu um programa de *coaching* para os gerentes seniores, e ele aproveitou a oportunidade para ter uma reunião com um *coach*. Com o intuito de se sentir menos irritado e estressado, Brian está pensando em procurar outro emprego, mas tem dúvidas se deixar a empresa seria uma boa decisão, seja do ponto de vista pessoal ou profissional.

1

O *COACHING* NA EUROPA E NOS ESTADOS UNIDOS: O JOGO INTERIOR, O MODELO GROW E O *COACHING* COATIVO

> "Todo homem toma os limites de seu próprio campo de visão pelos limites do mundo."
>
> *Arthur Schopenhauer*

A publicação de *The Inner Game of Tennis*[1], de Timothy Gallwey, representou um marco fundamental no *coaching*. E a metodologia do jogo interior foi um dos primeiros modelos de *coaching* a saltar a barreira entre a área esportiva e o mundo dos negócios. O que é o jogo interior e qual a razão de sua importância? É importante porque lida com os adversários externo e interno. O mundo dos negócios sabe tudo sobre o adversário externo – a concorrência –, mas até então não havia prestado atenção no adversário interno. A metodologia do jogo interior é a maneira como você pode extrair o melhor de si, e, em negócios, traduz-se em como extrair o melhor de seu pessoal.

Essa é a tese do jogo interior. Timothy Gallwey propôs que o jogador é dividido em dois seres, denominando o ser número 1 "o que fala" e o ser número 2 "o que faz". O ser número 1 tem bom senso de julgamento e é muito bom para detectar erros, bem como para apontá-los e dizer como evitá-los. O ser número 1 é o adversário interno; é a mente do ego, da autoconsciência e da necessidade premente de controle. O ser número 2 não tem autoconsciência, isto é, representa a "sabedoria do corpo", que age sem refletir e se sai bem, desde que tenha aprendido o que fazer. A relação entre os dois seres é o ponto mais importante do jogo interior.

Como escritores, vivenciamos o exemplo perfeito dos seres 1 e 2. O ser 1 é o editor, o ser 2, o escritor. O ser 2 necessita de aprendizado e prática, mas a melhor maneira de se escrever é simplesmente ... escrevendo e deixando a energia fluir. Deixe o ser número 2 fazer o trabalho. É fácil falar, mas não tão fácil fazer. Todo livro sobre redação criativa irá lhe dizer isso, e todos oferecem sugestões de ajuda. O problema é o ser número 1, editor interno que está sempre interferindo. Ele quer que a redação saia perfeita na primeira tentativa e procura analisar cada frase enquanto você escreve, dizendo-lhe o que está errado praticamente antes de você terminar. Muito poucos autores escrevem com perfeição logo na primeira tentativa. O objetivo do rascunho é colocar as ideias no papel *sem alterações*. Somente então o editor deve entrar em cena e arrumar o texto. Se o ser número 1 (o editor) estiver sempre em ação, o escritor irá se esforçar para ter autocrítica, e talvez desistir (chegando até a considerar o problema um "bloqueio do escritor"). O editor é essencial, mas ele tem que ser controlado e interferir no momento certo. Grande parte desse primeiro rascunho não serve para nada, mas o ser número 2 precisa ter permissão para escrever bobagens e cometer erros; do contrário, a boa redação não tem como fluir. Somente permitindo-se errar você pode escrever algo além do banal.

Outra maneira de se ver esses dois seres é como o cavalo e o cavaleiro. O cavaleiro (ser número 1) precisa definir o destino e a direção e deixar que o cavalo (ser número 2) faça o trabalho. Não cabe ao cavaleiro dizer ao cavalo onde pisar, mas isso é exatamente o que acontece quando tentamos utilizar o nosso consciente ser número 1 para fazer aquilo que cabe melhor ao inconsciente ser número 2.

O filósofo chinês Chuang Tzu (350 a.C.) escreveu sobre o tema há muito tempo[2]: "Quando o seu objetivo em uma competição de tiro com arco são as placas de azulejo, você atira com habilidade; quando são as bonitas fivelas de cinto, você se preocupa com a sua pontaria. Agora, quando está competindo pelo verdadeiro ouro, você treme nas bases. A sua habilidade é a mesma nos três casos, mas, como um dos prêmios tem um significado maior para você do que os demais, você permite que as considerações exteriores influenciem o seu estado mental. Aquele que se detém demais aos aspectos exteriores torna-se inepto por dentro".

O ser número 1 gera a inépcia exterior e interior do jogador. Os elogios e cumprimentos do *coach* podem funcionar no jogo exterior, mas não no jogo interior, porque o cliente tentará corresponder às expectativas do *coach* para receber mais elogios. O elogio é uma crítica sutil que subentende haver algo de errado (embora esse não seja o caso no momento). O ser número 1 imediatamente aproveita e lança mão dessa situação.

O trabalho do *coach* no jogo interior consiste em ajudar o jogador a programar os dois seres, de modo que os dois funcionem juntos da melhor maneira possível. Na prática, isso significa tirar o ser número 1 do caminho nos momentos críticos em que o jogador está em ação. Gallwey criou um modelo simples para tirar o racional ser número 1 de cena.

AUTO-OBSERVAÇÃO

Primeiro, os jogadores decidem o que querem realizar, mudar ou melhorar. Eles podem ter um objetivo muito geral – tornarem-se melhores jogadores – ou um objetivo muito específico de melhorar um determinado golpe de tênis. Segundo, eles precisam observar o que está acontecendo na ocasião e que os poderia estar impedindo de alcançar o resultado desejado. Parece fácil, mas é difícil sem o julgamento. O julgamento rotula; você não vê o que acontece e só consegue enxergar o próprio julgamento – "bom" ou "mau" –, que ofusca os acontecimentos e, se você não souber o que está acontecendo, não conseguirá mudar a situação.

A consciência aberta lhe permite o melhor *feedback* para que você saiba o que está acontecendo naquele momento. E como poder contar com essa consciência aberta e receber esse *feedback* objetivo e de qualidade quando você realmente necessita? Essa é uma questão fundamental para o *coaching*. O *coach* precisa fornecer *feedback* objetivo, porém – o que é mais importante –, ele precisa ajudar os clientes a desenvolver a capacidade de fornecer *feedback* objetivo *a si próprios*. Os clientes copiarão a forma como o *coach* fornece *feedback*, e o resultado do *coaching* não será apenas uma mudança no cliente em decorrência desse *feedback*, mas também uma maneira de permitir que o cliente se veja com mais clareza e, consequentemente, dependa menos do *coach*. O bom *coaching* ensina o cliente a ser seu próprio *coach*. O cliente aprende os princípios do *feedback*, e não apenas a fornecer *feedback* sobre uma determinada questão.

O *feedback* deve ser objetivo e isento de julgamentos. O *coach* precisa ignorar o ser número 1 do jogador, o que pode não ser fácil. Muitas pessoas têm o forte hábito de se julgar em tudo o que fazem. Os hábitos não podem simplesmente ser abandonados, dado o esforço empenhado em adquiri-los. A força bruta não funciona, e você tem que recorrer ao *aikidô* mental para contorná-los. Por mais incomodativo que o ser número 1 seja, sua intenção é positiva – ele está procurando ajudar a pessoa a ser mais bem-sucedida; apenas não o está fazendo de maneira muito eficaz.

A maioria dos profissionais de tênis diz aos alunos: "Observem a bola!". Mas os alunos *sabem* que devem observar a bola. Eles *tentam* observar, mas a tentativa atrapalha a observação. E, então, eles executam mal um determinado golpe e concluem que não são bons jogadores. O problema é que "observar a bola" é uma instrução muito genérica. Observar para quê? Como? Além disso, a bola que o aluno está observando tem um significado imenso para a sua autoestima quando é lançada em sua direção. Gallwey encontrou uma maneira de ajudá-lo a observar a bola de maneira objetiva e sem fazer julgamentos, ignorando, portanto, o ser número 1. Ele dizia que os alunos observassem a costura da bola que vinha se aproximando para ver a direção em que ela girava. Essa é uma ótima instrução porque funciona em vários níveis. Primeiro, exige mais concentração do que de costume. Segundo, a resposta será uma descrição, e não um julgamento, porque *não* depende do golpe que o aluno planeja executar. Seu golpe não o desviará do momento presente. Quando o aluno não está preocupado com o seu saque, mas apenas em observar atentamente a bola, paradoxalmente seu golpe acaba sendo melhor. Terceiro, existe um circuito de *feedback* direto para o *coach*, que também está observando a bola girar. Automaticamente, essa consciência isenta de julgamentos ajuda o jogador a responder de maneira não-consciente – o ser número 2 está atuando.

PROGRAMAÇÃO

Em seguida, o jogador deve mudar sua atitude com base no *feedback*. Ele deve fazer algo diferente. Se já souber o que fazer, ele deve "*deixar rolar*" e não interferir. "Deixar rolar" não é "fazer acontecer", de modo que talvez seja necessário aprender e praticar o golpe primeiro. Gallwey se refere a esse aprendizado como "programação" do ser número 2, utilizando o mesmo vocabulário da programação neurolinguística, que adquiriu popularidade na Califórnia simultaneamente com o jogo interior.

Gallwey escreveu que o ser número 1 aprende melhor através de imagens e exemplos. O jogador precisa ver o golpe executado pelo profissional e depois criar uma imagem mental da cena. Como isso se aplicaria a um *coach* que estivesse trabalhando uma habilidade cognitiva com um cliente. Novamente, seria importante que o cliente visse o *coach* demonstrar a habilidade durante a sessão. Mil palavras não produzem o impacto de uma demonstração. O *coach* precisa demonstrar as habilidades que ele solicita do cliente. A maneira de programar o ser número 2 é dizendo-lhe o que você quer e criando imagens mentais convincentes exatamente daquilo que você quer.

Quando você sabe o que quer, e sabe o que tem sem quaisquer interferências ou julgamentos, depois de programar o ser número 2 através de imagens para que ele faça o que você quer, saia de cena e deixe que as coisas aconteçam.

```
                    Objetivo

Deixar que aconteça          Você sabe o que tem de forma
                             objetiva e sem julgamentos

            Programação através de imagens
```

O processo do jogo interior

Os jogadores normalmente reagem a um erro com autocrítica, intenso diálogo interior e exortações no sentido de melhorar. Esse é o ser número 1 causando tumulto e destruindo a concentração. A concentração é uma habilidade mental que precisa ser praticada. Gallwey escreveu que a prática da meditação fora da quadra poderia ajudar.

A metodologia do jogo interior pode ser aplicada a qualquer situação. Os objetivos não são mais algo a ser alcançado, mas um meio de *autoconquista*. Somente sendo o melhor adversário possível esse adversário passa a ser um verdadeiro amigo. Qualquer que seja o jogo exterior escolhido, seja tênis, golfe, gestão, vendas, liderança ou *coaching*, você pode utilizá-lo na prática do jogo interior para se desenvolver. A vida é o maior jogo de todos. Outro livro influente na época (citado por Gallwey) é *The Master Game*, de Robert De Ropp, publicado em 1968[3]. De Ropp dizia que as pessoas não buscam essencialmente a riqueza, o conforto e a autoestima, mas um jogo que valha a pena ser praticado – e isso depende de como você o pratica e dos riscos envolvidos.

A DISSEMINAÇÃO DO JOGO INTERIOR

O jogo interior chegou rapidamente à Europa. John Whitmore era um piloto de corrida profissional no Reino Unido na década de 1960 que treinava com Timothy Gallwey. Whitmore levou o jogo interior para o Reino Unido na década de 1990 e retrabalhou seus princípios para utilização no campo empresarial. Seu livro *Coaching for Performance*[4] é um livro voltado para a área de negócios. O objetivo era melhorar o desempenho nos negócios através do *coaching*, liberando o potencial das pessoas com finalidade de maximizar seu desempenho. O *coaching* ajuda as pessoas a aprender – em vez de ensiná-la –, transcendendo ao estilo de gestão baseado no controle. As empresas querem alto desempenho, mas divergem quanto à maneira de alcançá-lo. Como Whitmore diz: "O verdadeiro desempenho exige que se excedam os padrões esperados; significa que você deve estabelecer os seus mais altos padrões a ponto de exceder as exigências ou expectativas dos outros".

No livro, Whitmore também enfatiza a consciência e a responsabilidade como formas de ajudar o cliente a alcançar seu melhor desempenho. Consciência significa saber o que está acontecendo à sua volta, e autoconsciência é saber o que está acontecendo em seu íntimo. Ambos são estimulados através de perguntas, não de afirmações ou comandos. Quando se diz algo às pessoas, elas não precisam pensar, gerando baixo nível de consciência, motivação ou criatividade. Perguntas de efeito produzem os três elementos. O *coach* empresarial precisa encontrar uma pergunta equivalente a "Em que direção a bola está girando?" para ajudar seus clientes da área a compreender a situação do ponto de vista interno e externo, de forma objetiva e sem julgamentos. Em sua contribuição para este livro, John Whitmore desenvolve essas ideias e aborda a questão do uso do *coaching* na psicologia transpessoal.

O MODELO GROW

O modelo GROW é apresentado em *Coaching for Performance* como uma base para o *coaching*. O modelo foi criado originalmente por Graham Alexander, que também levou o jogo interior para a Europa no início da década de 1980. GROW é uma sigla e significa Meta, Realidade, Opções e O Quê (fazer), do inglês **G**oal, **R**eality, **O**ptions e **W**hat.

META

Uma meta é um sonho concreto; é aquilo que o cliente almeja, e subentende mudança. Uma vida sem metas é um deserto vazio, sem futuro.

Existem dois tipos de metas. A *meta final*, que é o objetivo final e não está sob o seu controle porque envolve muitas outras pessoas e sistemas mais amplos, e a *meta processual*, que é o nível de desempenho de que você necessita para alcançar a meta final.

Todos nós temos uma área de interesse, ou seja, assuntos que nos interessam e para onde convergem vários sistemas mais amplos. Dentro dessa área de interesse, temos uma área de influência, na qual podemos atuar e fazer a diferença. Por exemplo, pode ser que tenhamos interesse na situação econômica e no nível salarial, o que resulta de muitos sistemas diferentes, como os sistemas econômicos, políticos e locais em vivemos e trabalhamos, e de fatores específicos do setor. Entretanto, podemos votar uma ação que esperamos poder fazer alguma diferença. Podemos fazer *lobby*, aderir a um partido político, escrever artigos para um jornal, tentar persuadir os amigos a compreender o nosso ponto de vista e ser politicamente ativos de um modo geral. Tudo isso está dentro da nossa área de influência.

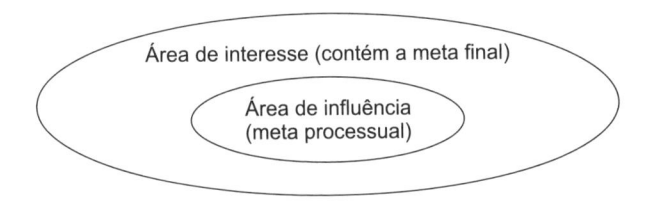

```
     Área de interesse (contém a meta final)
              Área de influência
              (meta processual)
```

Área de influência e área de interesse – meta final e meta processual

A meta processual está inserida na área de influência – é o nível de desempenho de que você necessita para alcançar a sua meta final. Se a sua meta final for uma promoção a gerente sênior, você precisa elevar o seu desempenho a esse nível. Whitmore diz que a meta final é uma inspiração; a meta de desempenho, a especificação. E nós acrescentaríamos que a meta de desempenho significa transpiração também. O *coaching* empresarial reforça o desempenho estabelecendo metas processuais no nível de desempenho necessário para a realização das metas finais da empresa.

O estabelecimento de metas é um aspecto importante do mundo dos negócios e existem muitas maneiras de fazê-lo. Muitas empresas utilizam a sigla SMART, do inglês **S**pecific, **M**easurable, **A**greed, **R**ealistic e **T**imed (Específica, Mensurável, Consensual, Realista e Com Prazo Determinado).

Whitmore acrescenta a sigla PURE, ou seja, *Positively stated, Understood, Relevant* e *Ethical* (Expressa no modo afirmativo, Compreendida, Relevante e Ética) – e, ainda, que as metas precisam ser desafiadoras, legais, ambientalmente sãs, adequadas e registradas.

A qualidade das perguntas dos *coaches* é sempre importante. Whitmore afirma: "Limitando-se a perguntar e receber respostas a partir do nível normal de consciência, o *coach* pode estar ajudando o cliente a estruturar seu pensamento, mas não está sondando níveis novos e mais profundos do consciente".

REALIDADE

Você precisa conhecer a situação presente para poder mudá-la; portanto, você precisa saber por onde começar. Existe uma piada a esse respeito. Um turista está caminhando por uma estrada rural. Os pingos de uma chuva leve tamborilam insistentemente sobre seu chapéu. Ele recorre a seu mapa a cada instante, deixa-o de lado, exasperado, e segue penosamente seu caminho em uma clara demonstração de quem está perdido. Um habitante local abrigado sob uma grande árvore vê o turista se aproximando. O turista o avista e apressa o passo. "Com licença", ele diz. "Estou tentando chegar a Metatown. Você saberia me dizer se estou no caminho certo?" O sujeito olha para baixo, coça a cabeça e diz: "Ihhh, meu senhor. Se eu quisesse ir para Metatown, certamente eu não partiria daqui".

Mas você tem que partir do ponto em que você se encontra, e por isso você precisa saber onde está, sem pretensões, julgamentos, opiniões, esperanças ou temores que possam embaçar a sua visão. O *coach* ajuda a definir a realidade presente do cliente da forma mais objetiva possível.

Imagine, por exemplo, um cliente dizendo: "Resolvi ir para a academia na sexta-feira à tarde, mas, na hora H, acabei desistindo e fiquei em casa assistindo à TV. Eu estava cansado". Essa descrição é mais objetiva do que "Eu realmente queria ir para a academia na sexta-feira, mas não fui por preguiça. Fiquei à toa, assistindo à TV. O que me falta é disciplina!" Existe uma solução proposta (autodisciplina) sem uma apreciação das circunstâncias presentes ou da meta. Essa autodisciplina abstrata sempre será ilusória.

Quanto mais objetiva e específica a descrição da realidade, mais útil ela será ao cliente.

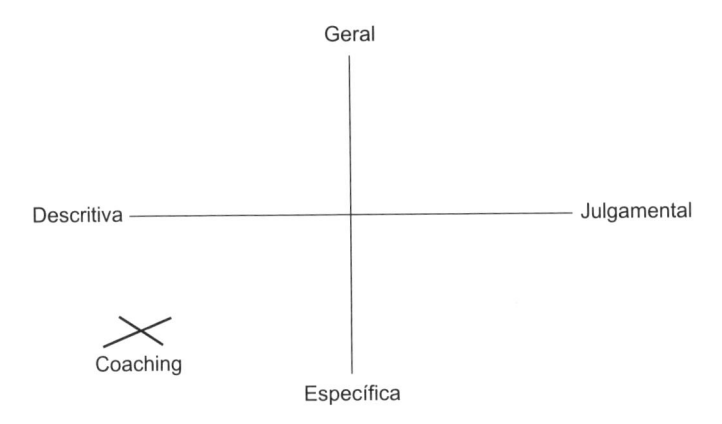

```
                    Geral
                      │
                      │
                      │
Descritiva ───────────┼─────────── Julgamental
                      │
          ╳           │
       Coaching       │
                  Específica
```

Grade específico-descritiva

Quanto melhor o cliente conhecer a sua condição presente em termos descritivos e específicos (canto inferior esquerdo da grade), melhor será o *coaching*. Se o cliente começar a enveredar por outras áreas da grade, o *coach*, então, deve conduzi-lo de volta ao descritivo e específico.

O tênis é um esporte físico, mas os princípios do jogo interior podem ser aplicados a qualquer atividade. A mente, o corpo e as emoções estão interligados. Os pensamentos transmitem emoção, as emoções se refletem no corpo e as sensações corporais desencadeiam pensamentos. O alto desempenho descreve os resultados do comportamento, as ações das pessoas, desencadeadas, por sua vez, por seus pensamentos e emoções. O foco básico do *coaching* é de natureza cognitiva. Whitmore sugere que o *coach* talvez precise trabalhar a consciência corporal, mas não fornece detalhes.

OPÇÕES

A etapa das opções consiste em se fazer um *brainstorming* das opções, não encontrar a resposta certa. Nem o *coach* nem o cliente sabem a resposta certa nesse momento. Essa fase tem por objetivo criar mais opções sobre o que deve ser feito.

Essa fase pode ser difícil se o cliente tiver pressupostos negativos em relação às possibilidades, à sua própria capacidade ou à confiabilidade das pessoas. É possível também que o cliente tenha dúvidas em relação aos recursos de que dispõe. Ele não sabe se suas ideias negativas procedem, mas, ainda assim, as pressupõe. É importante que o *coach* insista em um *brainstorming*: o que você poderia fazer *se não houvesse quaisquer limitações?*

O QUÊ (VOCÊ FARÁ)?

Agora temos uma meta, uma condição presente e algumas opções. Nesta fase, o *coach* fará muitas perguntas com o intuito de ajudar a esclarecer a ação e seus consequências.

Definida a ação, a pergunta-chave é: "Quando você irá colocá-la em prática?". Existem dois tipos de respostas. Uma delas é uma data específica, por exemplo: "Será na quarta-feira". O outro tipo de resposta é um prazo, por exemplo: "Não sei exatamente o dia, mas será antes do final da semana".

Uma pergunta útil é: "A sua ação satisfaz à sua meta?". É improvável que a ação alcance integralmente a meta, mas deve ser um primeiro passo, e o cliente precisa conectar o resultado da ação à meta final. A pergunta pode também gerar efeitos colaterais inesperados.

"Que obstáculos você poderia encontrar?" é outra pergunta valiosa. "De que tipo de suporte você necessita e como irá consegui-lo?" é uma pergunta de ordem prática para ajudar o cliente a se empenhar na busca dos eventuais recursos de que possa necessitar.

Por fim, quando o cliente tiver certeza quanto ao seu plano de ação, o *coach* pode lhe pedir que classifique em uma escola de 1 a 10 o seu nível de compromisso com a ação. Se a resposta não for 10, o *coach* e o cliente precisarão explorar um pouco mais o plano de ação, ou ampliar o prazo.

O CICLO DE APRENDIZADO DE KOLB

O modelo GROW se encaixa no ciclo de aprendizado de Kolb, um modelo básico de aprendizado experimental desde 1984[5], quando foi proposto.

Existem quatro fases de aprendizado no ciclo. A primeira é a experiência concreta, que fornece a base para a segunda fase – a observação e a reflexão para que se compreenda o que aconteceu e formular generalizações a partir da experiência. Essas reflexões são assimiladas pelos conceitos abstratos – princípios gerais que parecem governar o que está acontecendo e podem ser utilizadas para prever o que irá acontecer no futuro. A quarta e última fase é o planejamento de uma nova ação destinada a testar as hipóteses e, desse modo, permitir que se ingresse novamente no ciclo (porém, com mais conhecimento e experiência).

```
                    Experiência
                       ↙    ↘
   Planejamento e teste      Reflexão
                       ↖    ↙
                  Conceitualização
```

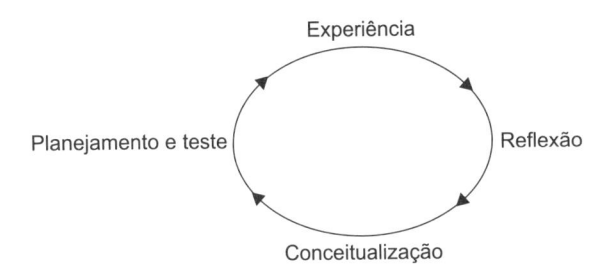

Ciclo de aprendizado de Kolb

Kolb dizia que o ideal é que o aprendiz se engaje inteiramente em cada uma das quatro fases. Ele sugeria também que pessoas diferentes têm estilos de aprendizado diferentes e se destacam em diferentes fases do ciclo (e, por dedução, são mais fracas em outras).

De que maneira o modelo GROW se encaixa nesse ciclo? O estabelecimento de metas é a experiência proposta. A realidade é explorada através da reflexão e da observação. As opções provêm da conceitualização, e a ação é a experiência planejada para o teste das hipóteses. O processo de *coaching* se encaixa no modelo de Kolb, mas somente mediante ação do cliente. Sem ação não há *feedback* nem experiência a ser testada por reflexão. O ciclo se interrompe, sem completar, sequer, uma revolução.

COACHING COATIVO

O *coaching* se desenvolveu rapidamente e, nos Estados Unidos, alcançou uma estágio que é sintetizado em outro livro importante, *Co-Active Coaching*[6], de Laura Whitworth, Henry Kimsey-House e Phil Sandahl, com introdução de John Whitmore. Esse livro, que teve influência para o desenvolvimento do *coaching* nos Estados Unidos e na Europa, explora o tipo específico de *relacionamento* gerado pelo *coaching* e focaliza mais a perspectiva do cliente, enquanto *The Inner Game* e *Coaching for Performance* focalizam mais o ponto de vista do *coach*. *Co-Active Coaching* traduz o relacionamento de *coaching* em uma série de ferramentas inteligíveis que o *coach* pode utilizar. A ênfase se transferiu da condição de ser um *coach* eficaz para a criação de uma sólida relação com o foco no cliente. E o poder de uma pergunta não está na pergunta em si, mas no seu impacto no cliente.

O livro tem início a partir do ponto de vista do cliente. O *coaching* é definido como um relacionamento de possibilidades. "Imagine um relacionamento em que o foco seja totalmente direcionado para você... para o que você almeja na vida e o que o ajudará a alcançar os seus intentos... Imagine um relacionamento com uma pessoa até mais comprometida com o que você deseja do que você mesmo... Imagine um relacionamento com alguém absolutamente capaz de lhe dizer a verdade... Esse relacionamento de *coaching* é verdadeiro, sigiloso e seguro".

O livro relaciona as quatro pedras fundamentais do *coaching* coativo:

1 O cliente é naturalmente criativo, engenhoso e íntegro.
2 O *coaching* coativo aborda integralmente a vida do cliente.
3 A agenda provém do cliente.
4 O relacionamento de *coaching* é uma aliança projetada.

Em seguida, são estabelecidos cinco contextos de *coaching*: capacidade de ouvir, intuição, curiosidade, ação/aprendizado e autogestão.

CAPACIDADE DE OUVIR

Ouvir não é escutar. Escutar é um processo passivo. É o que acontece quando as ondas sonoras chegam aos nossos ouvidos e o nosso cérebro registra o som. Ouvir é um processo ativo; prestamos atenção quando ouvimos. E o ouvir existe em diferentes níveis.

No primeiro nível, o ouvir coloca tudo no plano pessoal. O que escutamos se confunde com as associações que fazemos e o nosso diálogo interior. "O que isso significa para *mim*?" é a única pergunta que fazemos neste nível do ouvir. "Qual a próxima pergunta inteligente que posso fazer ao cliente?" normalmente é o pensamento do *coach* neste primeiro nível.

O segundo nível focaliza o ouvir propriamente dito. Você focaliza o seu cliente, o que ele diz e o como o diz, seguindo as pistas que ele lhe fornece.

O terceiro nível é definido como um ouvir global. Você ouve o seu cliente, ao mesmo tempo em que está ciente do ambiente e de suas próprias sensações e sentimentos. Neste nível, você está aberto a qualquer tipo de informação que possa receber, podendo sentir-se vulnerável, mas com mais acesso à sua intuição do que no segundo nível e não deixando nenhuma margem mental para mensagens emitidas pelo seu inconsciente.

Ao ouvir no nível mais profundo, os *coaches* conseguem articular o que está acontecendo com os seus clientes. Articular é ressaltar de maneira sucinta as preocupações do cliente. Cabe ao cliente tomar as devidas providências de acordo com a situação. Com uma boa capacidade de ouvir, os *coaches* podem também esclarecer o que seus clientes dizem. Muitos clientes ficam fazendo rodeios e acabam presos na teia que eles próprios tecem, por vezes, omitindo informações, tirando conclusões prematuras ou fazendo julgamentos precipitados. Os *coaches* prestam esclarecimentos que ajudam os seus clientes a se conhecer melhor, ao mesmo tempo em que passam a compreender melhor e acompanhar as histórias de seus clientes.

INTUIÇÃO

Com o ouvir global vem a intuição. É interessante ver a intuição definida como uma ferramenta de *coaching*, quando, para a maioria das pessoas, parece tratar-se de ideias vagas, sem qualquer controle ou respaldo. A intuição pode ser uma ferramenta, e os *coaches* podem aprender a utilizá-la e a confiar nela, de modo que seus clientes também passem a confiar em sua própria intuição.

O que é intuição? São mensagens das profundezas. Uma intuição é uma ideia destituída de informações racionais que a respaldem e questionem os seus méritos. Mas isso não a invalida. Ao ouvir de maneira global, os *coaches* recebem enormes volumes de informações que eles desconhecem – ou às quais não estão respondendo de maneira consciente. Essas informações são processadas em um nível inconsciente e as conclusões podem se manifestar na mente consciente em forma de intuição ou pressentimento. Pode ser um palpite; pode ser uma voz interior. E estaria correto? Talvez. Mas essa não é a pergunta a ser feita. Intuição não é uma questão de certo ou errado; é um sinal indicador. Podemos optar por levá-la em consideração e exprimi-la por meio de palavras. Ao expressar sua intuição, os *coaches* normalmente dizem algo como "Tenho a impressão de que...", "Pressinto que..." ou "Pode não fazer muito sentido, mas pense nisso...".

CURIOSIDADE

Ouvir implica curiosidade – exatamente a atitude necessária para uma avaliação imparcial da realidade. Os *coaches* precisam ser curiosos para ajudar seus clientes a estabelecer metas e enxergar a realidade. Os *coaches* não têm as respostas; os clientes é que as têm. Demonstrando interesse por seus clientes, os *coaches* os ajudam a nutrir interesse por si mesmos. Às vezes, os clientes não se levam a sério, talvez porque os outros não os levem a sério. A atitude de um *coach* é fundamental para ajudar o cliente a contar sua história. Além disso, a curiosidade gera poderosas perguntas isentas de qualquer tipo de julgamento.

APRENDIZADO ATRAVÉS DA AÇÃO

O aprendizado provém da ação, e os *coaches* sempre pedirão a seus clientes que ajam. Essas ações, normalmente chamadas de tarefas ou atribuições, são negociadas entre o *coach* e o cliente. O *coach* pode propor, mas cabe ao cliente assumir um compromisso com a tarefa, responsabilizando-se tanto pela tarefa quanto por seus resultados. A tarefa corresponde ao "O Quê?" no processo GROW, ou seja, "O que você fará?".

AUTOGESTÃO

Agora o foco se transfere para o *coach*. Os *coaches* precisam estar prontos a desempenhar seu papel na relação de *coaching*. Não se trata de uma etapa do processo de *coaching*, mas de uma etapa do processo de preparação dos *coaches*. A autogestão consiste em dois aspectos.

Primeiro, os *coaches* precisam ter um compromisso com o sucesso de seus clientes. De nada adianta exigir compromisso dos clientes se os próprios *coaches* se mostrarem em dúvida. Os clientes perceberão a incongruência, e o *coaching* não irá funcionar. Os *coaches* devem acreditar no potencial de seus clientes e, ao mesmo, estabelecer seus próprios limites. Por exemplo, o *coach* não deve aceitar um cliente que, em sua opinião, deva consultar um médico, um terapeuta ou um mentor.

A segunda parte da autogestão é denominada "saneamento". Os *coaches* devem excluir do processo seus sentimentos negativos ou infundados. Os *coaches* que ouvem no primeiro nível veem as questões pelo lado pessoal, reagindo ao que seus clientes dizem – concordando ou discordando –, e isso não tem qualquer relevância para os clientes. Nesse caso, os sentimentos são do *coach*, e o cliente está agindo de forma automática (não de forma consciente).

Sanear é perceber quando isso está acontecendo e deixar os sentimentos de lado, limitando-se a ouvir o cliente. Isso pode levar apenas alguns segundos. Entretanto, eventualmente, os clientes podem abordar questões delicadas e acabar envolvendo o *coach*. Talvez o próprio *coach* também já tenha vivenciado essas mesmas questões. Quando isso acontece, é muito difícil o *coach* manter a isenção profissional, cabendo-lhe decidir se seria ético ou não continuar orientando o cliente em tal questão. Contudo, o *coach* precisa sanear as emoções acumuladas, talvez ao final de uma sessão, respirando fundo ou relaxando. O saneamento é uma habilidade pessoal destinada a ajudar os *coaches* a administrar seu estado interior, não uma ferramenta direta de *coaching*. Muitos *coaches* prepararam uma sessão através de um curto ritual de meditação ou relaxamento, encerrando-a da mesma maneira, a fim de garantir que estão em perfeitas condições de continuar, deixando o cliente anterior e seus problemas para trás para que possam se concentrar no cliente seguinte.

O *COACHING* VISTO DE DENTRO E DE FORA

O *coaching* coativo complementa o modelo GROW. O modelo GROW focaliza o procedimento de *coaching* a partir de uma perspectiva *externa*, descrevendo o processo e a estrutura do que está acontecendo, enquanto o *coaching* coativo focaliza o aspecto *interior*, lidando com as atitudes e habilidades que o *coach* precisa aplicar ao modelo GROW ou a qualquer modelo de *coaching*. A capacidade de ouvir e a curiosidade se aplicam a cada etapa do processo, enquanto a autogestão proporciona um circuito de *feedback* para que o *coach* tenha a maior quantidade de recursos possível.

O processo de *coaching* coativo visto a partir de uma perspectiva externa se desenvolve da seguinte maneira:

1 Ajudar o cliente a perceber que ele está avaliando uma questão por um prisma limitado.

2 Ajudar o cliente a assumir outras perspectivas (esta poderia ser uma etapa interessante de opções no modelo GROW – escolher perspectivas para avaliar o problema, não ações para solucioná-lo).

3 Ajudar o cliente a penetrar nas diferentes perspectivas, de modo que estas se tornem reais e não meros exercícios acadêmicos.

4   Ajudar o cliente a escolher as perspectivas que deseja.

5   Ajudar o cliente a criar um plano para abordar a situação.

6   Zelar pelo compromisso do cliente com o plano.

7   Apoiar o cliente a tomar as ações necessárias.

ESTUDO DE CASO

Podemos examinar rapidamente a situação de Brian combinando as metodologias do jogo interior, do modelo GROW e do *coaching* coativo para ver as principais formas pelas quais elas podem ser úteis. Quem é o adversário interior de Brian? Parece ser aquele que o distrai, aborrece e irrita, impedindo-o de persistir em seus planos, como frequentar uma academia de ginástica, por exemplo. O primeiro passo para a aplicação do método do jogo interior seria incentivar Brian a ser objetivo e imparcial em relação à sua situação. Ele é muito autocrítico? O que as suas vozes interiores estão lhe dizendo? O que acontece exatamente quando ele se irrita com seus colegas de trabalho? Brian acha que deve enfrentá-los? Que deve ser mais incisivo? Brian deve ir além de sua autocrítica e de seu autojulgamento e descrever de forma objetiva o que está ocorrendo. Ele precisa ser claro em relação às suas pretensões, esclarecer se deseja continuar na empresa ou deixá-la, e, neste último caso, procurar onde iria se empregar.

O modelo GROW tornará essas etapas mais definitivas. Qual a meta de Brian? Quais as suas prioridades? Ele deseja trabalhar primeiro o seu cansaço e a sua irritação e ver se as coisas melhoram ou prefere, de fato, deixar a empresa? Se optar pela segunda alternativa, ele precisa saber exatamente que tipo de emprego deseja. Brian precisa explorar de forma objetiva e específica a realidade de sua situação no momento. Fazendo isso, ele provavelmente irá se sentir melhor e, por conseguinte, irá reduzir seu nível de autocrítica, alimentado por sua sólida ética profissional e seu senso de obrigação. Um *coach* o ajudará a fazer um *brainstorming* de suas opções diante da situação e a identificar seus recursos, tanto em termos de qualidades pessoais quanto de amigos e familiares. O *coach* o ajudará, ainda, a tomar ações específicas destinadas a remediar a situação, bem como a identificar os obstáculos que o possam estar bloqueando e resolvê-los um a um.

O *coaching* coativo ajudaria Brian a desenvolver sua curiosidade e intuição. Curiosidade em relação a si mesmo – como ele se vê? As suas raízes coreanas têm algo a lhe ensinar? O que a sua intuição lhe diz sobre essa situação quando ele a avalia de forma objetiva e isenta de qualquer autocrítica?

> Talvez Brian se considere uma vítima dos acontecimentos, e não um protagonista ativo. Que outra posição ele poderia assumir? De futuro gerente da empresa? De marido? De pai? De executivo requisitado? Como ele se imagina nesses papéis? Que posição ele almeja? Por fim, como toda técnica de *coaching*, o *coaching* coativo o ajudaria a elaborar um plano de ação para lidar com os diversos aspectos de sua situação, sem pressioná-lo a tomar qualquer decisão antes que ele tivesse certeza do que quer.

REFERÊNCIAS

1. Gallwey, T. *The Inner Game of Tennis,* 1974.
2. Chuang Tzu. *Basic Writings,* traduzido por Burton Watson, 1964.
3. De Ropp, R. *The Master Game,* 1968.
4. Whitmore, J. *Coaching for Performance,* 1992.
5. Kolb, D. *Experimental Learning: Experience as the Source of Learning and Development,* 1984.
6. Whitworth, L.; Kimsey-House, H.; Sandahl, P. *Coactive Coaching,* 1998.

REFLEXÃO SOBRE O *COACHING*

por John Whitmore

O *coaching* como profissão está chegando à idade adulta. Agora está na hora de arranjar um emprego – e produzir. O *coaching* está diante de uma escolha entre continuar sendo um serviço periférico para o mercado de trabalho ou tornar-se um exemplo para esse mesmo mercado. Em sua fase de formação, o *coaching* assumiu uma postura introspectiva; agora está na hora de aparecer e tomar a dianteira. A técnica teve um começo muito bom e possui as credenciais certas, visto que representa a próxima onda evolucionária da psicologia em ação. Agora o *coaching* precisa ser integrado às áreas de gestão, educação e liderança, de modo a transformar a forma de atuação desses setores e, consequentemente, sua eficácia.

Os *coaches* há muito defendem a teoria de que um *coach* deve honrar e acompanhar sempre a agenda de seus clientes, o que, na prática, é o que eles fazem, ou normalmente tentam fazer. Entretanto, um *coach* sempre influencia tanto o processo quando outros *coaches* com sua presença ou com as dimensões da visão que ele defende. Por analogia, quando dávamos aulas de esqui com base na técnica do jogo interior, sempre incentivávamos os alunos a fazer, de forma consciente, o que eles gostavam, mas, por questão de segurança, estabelecíamos os limites do terreno a ser utilizado. O mesmo acontece com o *coaching* profissional ou pessoal. Quanto mais ampla a nossa visão, mais vasto o terreno em que nossos clientes podem atuar e aprender.

Por essa razão, considero imperativo que todo aspirante a *coach* aprenda a utilizar técnicas transpessoais, o que somente é possível se ele também seguir a sua própria trajetória transpessoal. Transpessoal significa "além do pessoal", que é uma abordagem do tipo sistema integral que inclui o reino espiritual do desenvolvimento pessoal. Essa é a matéria interior, mas os *coaches* precisam também manter-se a par do que acontece no mundo exterior, agora em constantes mudanças. Como podemos ajudar os clientes se não tivermos um profundo conhecimento da evolução individual e coletiva vivenciada pela humanidade, e de que maneira isso se manifesta nas mudanças ocorridas na sociedade?

Recomendo este livro porque será de grande valia para que o leitor contextualize o *coaching*, mas quero reforçar a importância do contexto mais amplo e acrescentar o seguinte. Do ponto de vista histórico, a maioria das culturas com as quais temos familiaridade tem por base o poder hierárquico vertical ou estruturas de riqueza, ou ambos. Já se iniciou, em muitas partes do mundo, a transição para um modelo mais horizontal de comportamentos sociais, com um número muito maior de pessoas demonstrando senso de responsabilidade pessoal e desfrutando oportunidades de participar do processo decisório. A humanidade chegou a esse ponto em sua trajetória de evolução social coletiva. A questão vem tocando sutilmente cada setor da vida e envolvendo áreas como educação, gestão, psicoterapia, criação infantil, artes cênicas e esportes, mas o *coaching* é a primeira e única profissão a englobar inteiramente os princípios segundo os quais todos nós viveremos no futuro – e, como tal, tem uma grande oportunidade e uma grande responsabilidade.

O setor público e as liderança políticas estão passando por um processo paralelo, mas com um atraso de aproximadamente uma década. Existe um vínculo e uma similaridade cada vez maiores entre *coaching* e liderança. Os *coaches* precisam não apenas ajudar a criar novos líderes, mas também a tornarem-se líderes. Os líderes do futuro devem ter mais do que a astúcia característica de alguns dos líderes de hoje: eles precisam ter consciência também, algo que poucos hoje têm. Isso requer um aprendizado contínuo sobre os planos interior e exterior. Os *coaches* podem tomar a iniciativa e oferecer suporte contínuo para o desenvolvimento desse processo.

Ser um grande *coach* está se tornando um desafio cada vez maior, porém, muito mais recompensador, uma vez que podemos ter herdado a tarefa de parteiras durante um período muito importante de transformação social. De fato, o *coaching* tem um grande futuro, se todos nós tivermos a coragem de participar ativamente, assumir o nosso poder e sustentar a nossa autoconvicção.

Sir John Whitmore, Presidente Executivo da Performance Consultants International Limited, escreveu cinco livros sobre esportes, liderança e *coaching*, dos quais *Coaching for Performance* é o mais conhecido.

Whitmore acredita que o nosso objetivo organizacional consiste em partilhar a melhor liderança, responsabilidade social e as aptidões das pessoas entre os diferentes países e culturas para um futuro sustentável para todos.

COACHING INTEGRAL

"O que vemos depende principalmente daquilo que procuramos."

Sir John Lubbock

Nosso segundo modelo é o *coaching* integral. A palavra "integral" significa completo, inclusivo, equilibrado e abrangente. Os *coaches* de todas as especialidades fazem tal afirmação em relação ao seu *coaching*, mas o termo "*coaching* integral" passou a ser intimamente associado à estrutura do modelo integral, originário principalmente da obra do escritor e filósofo Ken Wilber[1-4] nos Estados Unidos e desenvolvido por ele e outros estudiosos na década de 1980. Muitos *coaches* estão criando sua metodologia e prática utilizando essa estrutura ou uma variação dela – o modelo integral oferece muitas distinções úteis para o *coaching*.

Os clientes precisam conhecer as distinções do modelo integral para tirar o máximo proveito do *coaching*, por isso, começaremos descrevendo brevemente alguns dos seus pontos importantes e, depois, como esses pontos podem ser utilizados no *coaching*.

O modelo integral tem início a partir de uma ideia simples de perspectivas e tem por finalidade ser um modelo abrangente do indivíduo, da sociedade e da cultura. Existem três perspectivas, ou pontos de vista, que podemos adotar em qualquer situação, e quase todas as línguas fazem essas distinções, o que as fazem parecer embutidas na mente humana.

A primeira perspectiva é "eu". Esse é ponto de vista do observador, a pessoa que está falando, conhecida como a primeira pessoa.

A segunda perspectiva é "você", a pessoa com quem se está falando, conhecida como a segunda pessoa.

O terceiro ponto de vista é "ele" ou "ela" – a pessoa ou a coisa sobre a qual se está falando, conhecida como a terceira pessoa.

Quando eu falo com você, eu quero compartilhar com você o meu ponto de vista. Se você me ouve e compreende, você e eu formamos um "nós". "Nós" somos você e eu em mútuo entendimento. O ponto de vista compartilhado é aquele que o *coach* deseja criar com o seu cliente. Isso significa que ele deve falar com o cliente como outra pessoa, um "você" – alguém diferente de "eu", porém igual. Somente então o *coach* pode estabelecer uma conexão e explorar a gama de possibilidades entre ele e o cliente. É bem diferente de se tratar alguém como uma terceira pessoa, uma vez que, se a outra pessoa for uma "coisa", passa a haver uma divergência, não um entendimento, e a outra pessoa passa a ser um meio para se alcançar um fim, não um fim em si.

No modelo integral, a visão da primeira pessoa está ligada à estética, à beleza que está nos olhos ("eu") do contemplador. A visão da segunda pessoa tem relação com os princípios morais, à maneira como tratamos as pessoas. E a visão da terceira pessoa é associada à verdade objetiva, ao mundo "lá fora", investigado através das ciências. Desse modo, as três perspectivas estão ligadas ao bom, à verdade e ao belo.

A partir dessas perspectivas, então, o modelo integral desenvolve um modelo constituído por quatro quadrantes. Existe uma primeira pessoa do singular ("eu") e uma primeira pessoa do plural ("nós") que incorpora a segunda pessoa. Existe também uma terceira pessoa do singular ("ele" ou "ela") e uma terceira pessoa do plural ("eles" ou "elas"). Cada uma dessas perspectivas pode ser vista a partir do plano interior ou exterior, o que nos fornece um modelo com quatro quadrantes.

PERSPECTIVA INDIVIDUAL A PARTIR DO PLANO INTERIOR (QUADRANTE SUPERIOR ESQUERDO)

O quadrante superior esquerdo é o espaço interior individual – você se vê a partir de uma perspectiva interna, ou seja, é a maneira como você se sente do ponto de vista subjetivo. Este é o reino das convicções, valores, metas, sentimentos, esperanças e sonhos que você vivencia. O quadrante foi colonizado pela psicologia humanista. Somente você pode ter *esse* entendimento, porque só você desfruta esse ponto de vista privilegiado. O *coaching* se arrisca a fazer desse quadrante um lugar mais ordenado e confortável para se viver.

	Interior	Exterior
Individual	Realidade subjetiva interior individual. "Eu" como me vejo. Metas, valores e ideias vivenciados. Estados de consciência.	Realidade objetiva exterior individual. "Ele" ou "ela" visto a partir do plano exterior. Ciência. Comportamentismo.
Coletivo	Pontos de vista compartilhados. O "nós" entendido a partir do plano interior. Cultura. Valores compartilhados. Visão de mundo.	Sistemas sociais. Ciências sociais. Ambientes construídos por seres humanos. Sociologia.

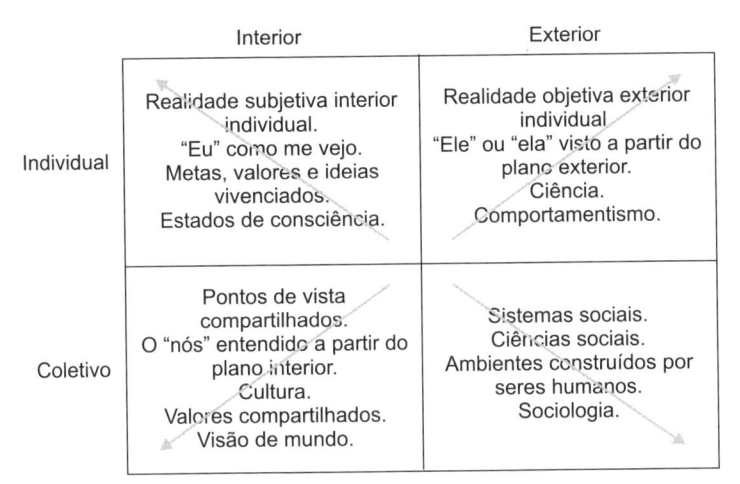

O modelo integral – os quatro quadrantes

PERSPECTIVA INDIVIDUAL A PARTIR DO PLANO EXTERIOR (QUADRANTE SUPERIOR DIREITO)

O quadrante superior direito é o indivíduo visto a partir de uma perspectiva externa. É o que você consegue ver, ouvir e sentir – a realidade concreta como normalmente a entendemos. Esse é o quadrante da terceira pessoa "ele" ou "ela" visto de fora. Trata-se do reino do comportamento observável, e o estudo das pessoas dentro deste quadrante é o comportamentismo. É a maneira como estudamos o mundo através da ciência empírica. Tudo o que vivenciamos no quadrante superior direito pode ser estudado. Os estados cerebrais podem ser descritos como ondas *alfa* e *theta* e medidos por uma máquina de EEG. As variações de humor e as emoções podem ser controladas pelos níveis dos hormônios e por neurotransmissores. A sensação interior de se contar uma mentira pode ser vista em um detector de mentiras. Os remédios do quadrante superior direito, como medicamentos, por exemplo, podem ser utilizados para tratar depressão e doenças mentais, assim como a psicanálise e a terapia cognitiva (ambas remédios do quadrante superior esquerdo). Sabemos que podemos influenciar os nossos estados de espírito mudando nossa maneira de pensar, e sabemos que podemos fazê-lo também tomando medicamentos. Podemos até alterar o nosso estado ingerindo diferentes tipos de alimentos. Um não invalida o outro; cada fenômeno do quadrante superior esquerdo possui algum aspecto que pode ser estudado de forma objetiva no superior direito. Não existe visão errada nesse caso; apenas perspectivas diferentes.

Julgamo-nos principalmente com base em nossas intenções, que se encontram no quadrante superior esquerdo. "Eu não quis dizer isso; eu não estava mal intencionado". As pessoas nos julgam por nosso comportamento, representado no quadrante superior direito: "Veja o que você me fez". Elas não podem julgar nossas intenções porque não as conseguem ver.

PERSPECTIVAS COLETIVAS (QUADRANTES INFERIORES ESQUERDO E DIREITO)

Os quadrantes inferiores são pontos de vista de mais de um indivíduo. São os quadrantes coletivos. O quadrante inferior esquerdo é coletivo a partir do plano interior, representa o reino do entendimento e dos sentimentos compartilhados, ou seja, o quadrante do "nós". É o ponto de vista cultural.

O quadrante inferior direito é o sistema social – é visto a partir de uma perspectiva externa e pode ser estudado pelas ciências sociais. O sistema financeiro faz parte deste quadrante, assim como os sistemas das relações familiares.

Tudo o que está do lado direito pode ser visualizado. Tudo o que está do lado esquerdo deve ser interpretado.

O *COACHING* NOS QUADRANTES

Vejamos um exemplo para ilustrar a diferença entre os quadrantes. Estivemos na Dinamarca há dois anos e ministramos uma sessão de treinamento de *coaching* em um hotel maravilhoso situado em uma floresta de pinheiros ao norte de Copenhague. Estávamos um pouco nervosos por ser a nossa primeira sessão de treinamento na Dinamarca. Queríamos, e era importante para nós, que tudo transcorresse bem. Nossos pensamentos, sentimentos e valores fazem parte do quadrante superior esquerdo. O Joseph teve uma dor de cabeça na primeira noite em decorrência do *jet lag* (fadiga provocada por voos de longa duração) e estava inquieto. Ele relaxou fazendo um exercício de visualização (quadrante superior esquerdo), que ajudou, mas depois ele tomou uma aspirina (quadrante superior direito).

Do nosso ponto de vista, correu tudo bem com o treinamento, e o *feedback* dos participantes foi muito bom. A sessão foi gravada em vídeo e depois assistimos à fita. O *feedback* escrito e a fita constituíram um registro do curso no quadrante superior direito. Todos os manuais, papéis, equipamentos de informática e projetores de suporte ao treinamento também fazem parte ao quadrante superior direito.

Todos nós sabemos que o sistema social da Dinamarca é muito diferente do sistema do Brasil, onde moramos. As pessoas são mais reservadas, querem mais tempo para refletir, demonstram menos suas emoções e são mais pontuais. Ouvíamos os sons da língua dinamarquesa, mas não compreendíamos o que estava sendo dito. Algumas das piadas dinamarquesas não nos pareciam ter muita graça quando traduzidas, enquanto algumas das nossas se perdiam em meio à nossa plateia dinamarquesa. Todos esses aspectos estão relacionados à cultura e fazem parte do quadro inferior esquerdo. A maneira como o treinamento foi organizado, a estrutura dos exercícios para os participantes e a organização geral do curso estão inseridas no quadrante inferior direito.

Toda experiência humana contém aspectos nos quatro quadrantes. A questão do ponto de vista do *coaching* integral é: quais delas merecem a sua atenção e quais requerem ação? Se alguém estivesse nos orientando de modo a nos ajudar a dar o melhor treinamento possível, que aspectos essa pessoa levaria em consideração?

Deveríamos ser claros em relação aos nossos valores e metas e nos preparar com um exercício de relaxamento (quadrante esquerdo)? Com certeza.

Deveríamos verificar se todos os equipamentos estão funcionando bem e se o nosso comportamento e a nossa linguagem corporal estão de acordo com o que estamos dizendo (quadrante direito)? Sem dúvida. Até mesmo o curso mais interessante pode provocar sono nas pessoas se for ministrado em um tom monótono por um palestrante chato.

Deveríamos verificar se tudo está claro em relação à maneira como o treinamento será realizado, como os assistentes irão atuar, quando serão feitos os intervalos e como será conduzido o aspecto financeiro (quadrante inferior direito)? Claro.

E, talvez, da próxima vez, devêssemos aprender algumas palavras em dinamarquês para estabelecer um *rapport*, procurar saber com o nosso anfitrião dinamarquês quais os valores importantes na cultura do país e aprender um pouco sobre o humor local (quadrante inferior esquerdo). Excelente ideia! Um *coach* integral levaria em consideração todos esses aspectos.

Os quatro quadrantes se aplicam também ao *coaching* empresarial. No momento, existem quatro teorias principais sobre gestão empresarial. A teoria X, que enfatiza o comportamento individual (quadrante superior direito), e a teoria Y, que enfatiza a motivação individual (quadrante inferior esquerdo). Existem ainda a gestão empresarial, que lida com a cultura empresarial (quadrante inferior esquerdo), e a gestão de sistemas (quadrante inferior direito), que trata dos processos dos sistemas de negócios. Cada um focaliza um dos quadrantes. Qual deles é o certo? Pergunta errada. A resposta é: "todos". Qual é o mais importante no momento? Depende do contexto empresarial.

As perguntas de *coaching* podem ser classificadas por quadrante. Por exemplo, se estivéssemos utilizando a abordagem integral para orientar um cliente a se tornar um melhor vendedor, poderíamos:

– Fazer perguntas do quadrante superior esquerdo, como:
⇨ Qual a importância dessa meta para você?
⇨ Como você irá se sentir depois de alcançá-la?
⇨ Quais as suas qualidades internas que lhe serão úteis?

– Fazer perguntas do quadrante superior direito, como:
⇨ O que você faria de outro modo?
⇨ Você poderia me mostrar como aborda um cliente?
⇨ Você já leu esse estudo sobre o que faz um bom vendedor?

– Fazer perguntas do quadrante inferior esquerdo, como:
⇨ Como as pessoas definem um bom vendedor nessa empresa?
⇨ De que maneira a sua meta coaduna com a visão e os valores da empresa?
⇨ Como o seu chefe vê a sua meta?

– Fazer perguntas do quadrante inferior direito, como:
⇨ Que sistemas você utiliza para qualificar os seus clientes?
⇨ Como você gerencia o seu canal de vendas?
⇨ De que maneira você estabelece a ligação com outros departamentos?

No *coaching* pessoal integral, o *coach* e o cliente podem discutir como trabalhar de maneira equilibrada o desenvolvimento do cliente em todos os quadrantes. O trabalho no quadrante superior direito poderia envolver dieta, yoga ou suplementos vitamínicos. O trabalho no quadrante superior esquerdo poderia envolver visualizações, mediações e afirmações. No âmbito do quadrante inferior esquerdo, o cliente poderia participar de obras educacionais filantrópicas, viagens ou estudos culturais, e, no quadrante inferior direito, trabalhar as suas relações e a área de serviço comunitário, bem como a sua carreira e sua condição financeira.

Os quadrantes constituem apenas um dos aspectos do modelo integral, que também lida com estados, estágios, linhas e tipos. Esses são aspectos comuns a todos os quadrantes.

ESTADOS

São estados temporários de consciência que estão sempre mudando. Vivenciamos três estados naturais – o despertar, o sonho e o sono profundo. Os estados não são situações do tipo tudo ou nada; eles se confundem uns com os outros. Muitas pessoas estão oficialmente acordadas, porém, imersas de forma tão profunda em sua própria realidade que respondem às suas próprias ideias, e não ao que está acontecendo à sua volta – elas estão em estado de transe. Todos nós temos momentos em que "despertamos" para o que está acontecendo à nossa volta. As variações de humor também são estados e constituem a soma de tudo o que está acontecendo com a pessoa em cada quadrante e que a influencia e faz sentir de determinada maneira – feliz, triste, entusiasmada, ansiosa etc. Existem estados de energia e estados de depressão. As variações de humor são importantes no *coaching* ontológico. Tendemos a ter predileção por determinados tipos de humor, nem todos agradáveis. E quanto mais nos entregamos a eles, mais acessíveis eles se tornam. Seguimos o caminho da menor resistência.

O *coach* integral pode trabalhar com seus clientes nos diferentes quadrantes, de modo a ajudá-los a mudar seu humor caso ele seja desagradável ou esteja afetando negativamente as pessoas. Existem muitos outros tipos de estados, inclusive experiências extremas em que vislumbramos emoções maravilhosas e possibilidades que extrapolam nossos sentimentos normais, como uma súbita rajada de vento que abre momentaneamente a cortina para que o sol ilumine o nosso rosto de manhã cedo. Essas experiências são exploradas em detalhes pelo *coaching* da psicologia positiva.

ESTÁGIOS

No diagrama, cada quadrante aparece atravessado por uma seta. Isso porque o modelo integral pressupõe estágios de desenvolvimento em cada quadrante. Os indivíduos e a sociedade evoluem através de níveis definitivos. Existe evolução e mudança em todos os quadrantes, supostamente para melhor. Os estágios se desdobram sucessivamente e levam tempo. Uma vez alcançado um determinado estágio, é definitivo.

As culturas (quadrante inferior esquerdo) se desenvolvem através de diferentes visões de mundo. O antropólogo Jen Gebser[5] criou uma classificação das culturas de acordo com a sua evolução: arcaica, mágica, mítica, mental e integral. Esse desdobramento ocorre em paralelo ao desenvolvimento do pensamento humano.

As estruturas sociais (quadrante inferior direito) evoluíram da cultura da caça e da coleta para a cultura agrária e, por fim, para a cultura industrial. Hoje, estamos no alvorecer da era da informação. No quadrante superior direito, a nossa linguagem, a nossa ciência e o nosso comportamento se tornam cada vez mais coordenados e complexos. Esta parece ser a era da biotecnologia.

A dinâmica espiral é um importante modelo de estágios identificado por valores dominantes nas sociedades e nos indivíduos e utilizado no *coaching* integral, bem como na área de consultoria empresarial e de planejamento de cenários políticos. A melhor referência para esse modelo é o livro de Don Beck e Christopher Cowan[6] ou o *website* correlato[7]. O modelo propriamente dito foi desenvolvido a partir do trabalho pioneiro do psicólogo Clare Graves[8,9].

Em nosso mundo interior (quadrante superior esquerdo), passamos por alguns estágios bem definidos de consciências à medida que crescemos, antes de sermos capazes de fazer generalizações e captar conceitos abstratos. A maturidade envolve a capacidade de se enxergar e respeitar os pontos de vista das pessoas. Essa condição leva ao desenvolvimento moral e social. No mínimo, podemos dizer que o desenvolvimento de um ser humano passa por três estágios: egocêntrico (tudo faz referência ao ser), convencional (aprendizado e cumprimento das normais sociais de comportamento) e pós-convencional, quando existe uma preocupação com todos, não apenas com o grupo social específico da pessoa. Cada estágio incorpora aquele que o precede e cada um é mais complexo do que o anterior.

Quando pensamos em estágios, existem duas formas possíveis de mudança. A primeira é a transacional. Significa que você se torna mais competente e mais bem adaptado no mesmo estágio. Uma boa metáfora é de que você está insatisfeito com o seu apartamento e deseja fazer algumas mudanças. A mudança transacional envolveria a mudança da arrumação dos móveis, talvez a compra de alguns móveis novos, e até mesmo a criação de um novo cômodo, mas o apartamento continuaria a ser o mesmo.

A segunda forma de mudança é de natureza transformacional. Isso ocorre quando você ascende um nível, o que lhe proporciona toda uma gama de possibilidades que antes não existiam. Em nossa metáfora, seria como mudar-se de casa. Você pode levar alguns móveis com você, mas o novo local nunca será o mesmo que o antigo. Os estágios adultos de desenvolvimento são importantes e serão examinados em detalhes na Terceira Parte, porque, embora o *coaching* integral faça distinções entre os estágios, a maioria das modalidades tem negligenciado as implicações importantes.

LINHAS DE DESENVOLVIMENTO

O *coaching* integral lida também com as linhas de desenvolvimento. Todos nós reconhecemos ser bem desenvolvidos em algumas áreas e não em outras. E a maiorias das pessoas não desenvolve seus talentos de maneira equilibrada – por exemplo, o nerde arquetípico que vive em seu mundo mental, negligenciando sua saúde física, ou um atleta que passa a maior parte do tempo treinando e não tem vida social. Um exemplo comum é: o empresário que atinge o ápice de sua profissão e perde o contato com sua família. Esses são casos extremos que, às vezes, ocorrem por opção das pessoas, outras, parecem simplesmente ser casuais.

Howard Gardner[10] foi quem primeiro trouxe à tona a ideia de inteligências múltiplas, embora a inteligência emocional, resultante dos trabalhos de Daniel Goleman[11], hoje prevaleça onde há 20 anos dominava a inteligência intelectual. Existem diferentes tipos de inteligência – todos nós as desenvolvemos em maior ou menor escala. Quando alguém possui muito de um determinado tipo de inteligência diz-se que essa pessoa tem "talento" naquela área. Alguns exemplos incluem a inteligência musical, a inteligência física e a inteligência matemática. A abordagem integral relaciona cinco tipos principais de inteligência, mas os clientes podem trabalhar outros tipos se desejarem. Os cinco tipos principais são:

1 A linha cognitiva – capacidade de pensar de modo claro e eficaz.
2 A linha moral – capacidade de assumir o papel da outra pessoa e conviver em sociedade.
3 A linha emocional – capacidade de administrar e expressar emoções de forma positiva.

4   A linha interpessoal – capacidade de lidar com as pessoas, comunicar-se bem, ser apreciado e digno de confiança.

5   A linha psicossexual – capacidade de manter relacionamentos sexuais felizes e saudáveis e integrar a energia sexual de forma benéfica para si e para os outros.

Todos esses tipos são importantes. O *coaching* integral normalmente envolve a tarefa de buscar o equilíbrio e desenvolver os clientes em suas áreas de deficiência.

Coaches e clientes podem elaborar uma psicobiografia das linhas importantes que os clientes têm na vida, onde estes se atribuem uma pontuação para o seu nível de desenvolvimento naquela área. Eles podem trabalhar a área em questão e os resultados podem ser medidos pela psicobiografia. Eis um exemplo de psicobiografia:

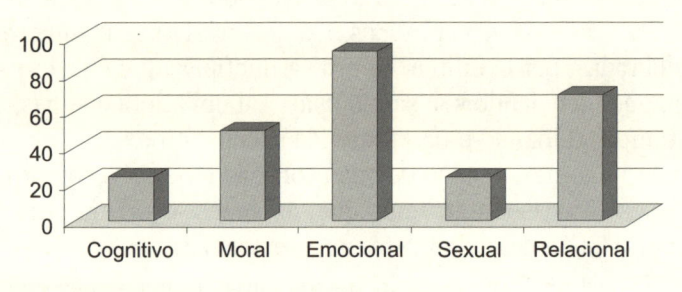

Psicobiografia

A psicobiografia mostra potenciais. O que precisa ser desenvolvido? Essa é a psicobiografia de um cliente que está muito satisfeito com a sua vida emocional, mas não tão satisfeito com a sua vida sexual. Ele acha que a sua linha cognitiva poderia ser mais bem desenvolvida. Um *coach* integral também poderia fazer uma psicobiografia nesses mesmos moldes, dependendo do seu grau de desenvolvimento e de acordo com diferentes critérios, não apenas no que diz respeito à satisfação subjetiva (que constitui uma medida apenas no quadrante superior esquerdo). O *coaching* integral visa ao equilíbrio e, portanto, não tem por finalidade apenas desenvolver as linhas mais fracas, mas também buscar melhor equilíbrio e harmonia entre as linhas.

As linhas de desenvolvimento passam por estágios. A linha emocional, por exemplo, se desenvolve através do estágio egocêntrico, onde todas as emoções das crianças se restringem à satisfação de suas próprias necessidades. Em seguida, vem o estágio convencional, onde elas se sentem membros imediatos de suas famílias e comunidades, e, por fim, o estágio pós-convencional, onde elas se preocupam com as pessoas, onde quer que estejam.

É importante notar que você pode ter um estado nessas linhas de desenvolvimento em algum nível; os estados são efêmeros, mas os estágios são permanentes. A partir do momento em que alcança um estágio, você o tem como algo confiável e normalmente não se desvia dele (exceto, talvez, em circunstâncias extremas). Você pode, por exemplo, ter um estado de intensa apreciação musical até mesmo sem tocar um instrumento ou aprender música, mas não uma experiência extrema de ser um pianista-concertista, porque essa condição envolve muitas horas de treino e é um estágio, não um estado.

TIPOS

Um tipo é a maneira como nos referimos a uma determinada maneira de se fazer algo. Por exemplo, dizemos que alguém é um tipo extrovertido se essa pessoa for muito sociável, tiver um bom relacionamento com os outros e gostar de sair com outras pessoas. Existem muitos modelos de tipos. Os principais testes psicométricos delineiam diferentes tipos, como Disc[12], MBTI[13], Birkman[14]. Os tipos mostram diferentes maneiras de se fazer algo, não identidades fixas e imutáveis. Não existe desenvolvimento nos tipos nem nos estágios dos tipos. Nenhum tipo é melhor do que o outro; é apenas diferente. Os tipos podem ser úteis para que se entenda como as pessoas pensam de modos diferentes, especialmente em um contexto de negócios.

Um tipo afeta a todos e é muito importante – o gênero. Existe uma crescente e influente literatura sobre a biologia evolutiva e a maneira como homens e mulheres pensam de formas diferentes e têm valores e interesses diferentes. Desse modo, podemos dizer que existem tipos, ou maneiras de pensar e de se comportar, masculinos e femininos distintos. Carol Gilligan[15], em particular, escreveu sobre o tipo feminino e destacou o valor do feminino quando a maioria dos registros históricos supervalorizavam a maneira masculina de se fazer as coisas.

Existem algumas diferenças de consenso geral entre os tipos masculino e feminino. O pensamento masculino tende a ser abstrato, objetivo e dedutivo, isto é, parte de um princípio geral para exemplos específicos, com tendência também a ter como ponto central a autonomia, a justiça e os direitos. Os homens tendem ao individualismo; as mulheres, ao relacionamento. Normalmente, o pensamento feminino é mais centrado nas pessoas, prático e indutivo; ou seja, parte de casos específicos para o princípio geral, lidando com o relacionamento, o cuidado e a responsabilidade. Os homens ferem sentimentos para seguir as regras, enquanto as mulheres infringem as regras para preservar sentimentos.

Masculino e feminino são dois tipos iguais e diferentes. O equilíbrio e a harmonia são importantes; buscar os extremos de qualquer tipo é algo perigoso e patológico. Em qualquer aspecto da vida é possível ser demasiadamente "masculino", agindo com isenção e lidando apenas com princípios e abstrações. Isso leva ao egoísmo extremo, à dominação, não à força, à alienação e ao receio do compromisso, não à independência. Homens e mulheres podem cair nessa armadilha, mas é mais comum acontecer com os homens. No extremo oposto está a possibilidade de sermos demasiadamente femininos, excessivamente influenciados pelas pessoas e suas emoções, o que nos leva a nos perdermos nas preocupações dos outros. Esta condição também pode ocorrer com homens e mulheres em qualquer aspecto da vida.

O *coaching* é uma atividade secular, mas a abordagem integral lida também com o lado espiritual do ser humano – nossa maior preocupação e a maneira como nos relacionamos com as pessoas e o mundo no nível mais profundo. Já vimos que a autoconsciência é um valor sólido e uma importante habilidade em todas as modalidades de *coaching*. O *coaching* integral perguntaria: Qual o seu nível de consciência? Você está consciente no nível rústico do corpo físico? Ou no nível sutil da mente? Ou, ainda, no nível causal do espírito? Qual o significado de cada um desses níveis? Muitos clientes recorrem ao *coaching* integral em busca de ajuda para o seu desenvolvimento espiritual.

RESUMO

O modelo integral não foi desenvolvido como um modelo de *coaching* – o *coaching* é apenas um aplicativo. Sintetizamos aqui as implicações que consideramos importantes. O modelo foi desenvolvido como uma visão de mundo, um parâmetro que servisse como ponto de partida para a ação, razão pela qual funciona como uma estrutura inicial para a exploração do *coaching*. A abordagem integral cultiva essencialmente o corpo, a mente e o espírito nos planos individual, cultural e natural. É importante que o cliente compreenda o modelo e suas distinções para utilizá-lo. Parte do trabalho do *coach* integral, portanto, consiste em explicar o modelo para que este seja plenamente compreendido.

O *coaching* integral faz algumas distinções também de gênero, daí, talvez, o *coaching* aplicado a um homem ser diferente daquele válido para uma mulher. Retornaremos a este tópico na Terceira Parte. Qualquer pessoa interessada em aprofundar o seu desenvolvimento espiritual pode buscar a assistência de um *coach* integral.

Os elementos-chave do modelo integral para o *coaching* consistem em assumir diferentes perspectivas e estabelecer o equilíbrio entre elas. O *coach* integral irá trabalhar com o cliente aquelas linhas, níveis e estados em que ele demonstrar mais potencial, na expectativa de que isso o faça um ser humano mais feliz, completo e realizado.

ESTUDO DE CASO

Um *coach* integral procuraria obter uma visão ampla das dificuldades e metas de Brian, observando como elas se encaixam em sua vida. Primeiro, ele poderia observar o nível de equilíbrio da vida do cliente nos diferentes quadrantes. Brian gosta de jogar xadrez e ler (esses são interesses mais introspectivos) e tem negligenciado os exercícios físicos. Um *coach* integral ajudaria Brian a planejar a prática integral de modo a ajudá-lo em diferentes áreas. Um exercício de relaxamento ou meditação poderia ajudar a aliviar suas variações de humor e sua irritação, condição inserida no quadrante superior esquerdo. No momento, Brian não pratica qualquer atividade física, nem se alimenta bem, o que poderia estar contribuindo para a sua falta de energia e irritação. Começar a fazer alguns exercícios simples, como caminhar regularmente e, talvez, jantar com a família pelo menos duas vezes por semana, poderia ajudar nessa área. Um *coach* integral poderia também indagar sobre o papel da cultura coreana no perfil de Brian – o que ele sabe sobre o assunto, de que maneira ele poderia fazer jus a esse perfil e que recursos essa condição poderia lhe proporcionar para ajudá-lo no momento.

Além disso, um *coach* integral ajudaria Brian a controlar suas variações de humor e estar mais atento a elas, sem necessariamente tentar mudar qualquer coisa em um primeiro momento. O *coach* o ajudaria também a classificar e avaliar seus diferentes tipos de inteligência. O nível de inteligência cognitiva de Brian é alto, mas a sua inteligência emocional é mais baixa, assim como a sua inteligência interpessoal. Algumas práticas que o ajudassem a compreender o seu próprio humor e os sentimentos dos outros, bem como algumas habilidades de comunicação para lidar com o seu colega de trabalho, seriam úteis. Um *coach* integral procuraria estabelecer um equilíbrio entre as áreas de deficiência de Brian, fazendo, durante esse processo, com que ele conhecesse melhor a si mesmo, suas emoções, as pessoas e seus sentimentos, e soubesse lidar com tais situações. Com esse novo equilíbrio e esse conjunto de práticas, Brian provavelmente o ajudaria a ser mais claro quanto à atitude que ele pretende tomar em relação ao seu trabalho.

REFERÊNCIAS

1. Wilber, K. *Sex, Ecology, Spirituality*, 1995.
2. Wilber, K. *A Brief History of Everything*, 1996.
3. Wilber, K. *One Taste*, 1999.
4. www.kenwilber.com/web
5. Gebser, J. *The Ever-Present Origin*, 1985.
6. Beck, D. and Cowan, C. *Spiral Dynamics*, 1996.
7. www.spiraldynamics.org/web
8. www.claregraves.com/web
9. Graves, C. Levels of Existence: An Open System Theory of Values, *Journal of Humanistic Psychology*, 1970. November.
10. Gardner, H. *Frames of Reference*, 1993.
11. Goleman, D. *Emotional Intelligence*, 1997.
12. www.discprofile.com/web
13. www.myersbriggs.org/web
14. www.birkman.com/web
15. Gilligan, C. *In a Different Voice*, 1982.

3

COACHING DE PNL

"Realidade é aquilo em que, quando você deixa de acreditar, não deixa de existir."

Philip K. Dick

A programação neurolinguística teve início em meados da década de 1970, na Universidade de Santa Cruz, na Califórnia. O talento intrigava John Grinder, professor associado de linguística, e Richard Bandler, aluno de matemática na universidade. Por que algumas pessoas eram tão competentes em uma determinada área embora sem receber muito treinamento formal, enquanto outras tinham dificuldade até mesmo com muito treino? "Talento" é a resposta, mas isso é apenas uma descrição, não uma explicação. Bandler e Grinder começaram a estudar indivíduos excepcionais para descobrir como eles alcançavam seus resultados[1-4]. Eles estudaram Friz Perls[5], o psicólogo inovador e criador da terapia gestáltica, e Virginia Satir[6], pioneira da terapia familiar sistêmica. Os pesquisadores desenvolveram também um extenso estudo com Milton Erickson[7], fundador de uma escola internacional de hipnoterapia que ainda conserva seu nome – hipnoterapia ericksoniana.

Bandler e Grinder estudaram também algumas fitas de vídeo de Carl Rogers e Eric Berne[8], que deram início à análise transacional. Outra forte influência no pensamento dos pesquisadores foi o seu vizinho em Santa Cruz, Gregory Bateson[9]. Bateson foi membro-fundador das revolucionárias conferências Macy sobre a teoria dos sistemas na década de 1950 e prestou importantes contribuições para a cibernética, a psiquiatria e a teoria dos sistemas. À exceção de Milton Erickson, todos lecionaram no Instituto Esalen. Dos estudos sobre essas pessoas nasceu a PNL. A PNL é outro fruto do movimento pelo potencial humano e possui muitas raízes em comum com o *coaching*. Os *coaches* de PNL procuram compreender o mundo interior do cliente, utilizando muitas ferramentas desenvolvidas a partir de estudos sobre indivíduos excepcionais.

A PNL é definida de maneira geral como "o estudo da estrutura da experiência subjetiva", e, como tal, faz parte do quadrante superior esquerdo do modelo integral. A experiência interior não é aleatória. Você pode conhecer a si mesmo e os outros estudando o mundo interior das metas, das crenças e dos valores. A PNL afirma que toda pessoa pode aprender a pensar da mesma maneira que os indivíduos talentosos pensam e, desse modo, obter melhores resultados.

A PNL se difundiu a partir da Califórnia na década de 1970 e início da década de 1980, juntamente com o jogo interior. Os treinamentos de PNL incentivavam as habilidades de comunicação, e, como os modelos originais eram principalmente no campo da psicoterapia, difundiu-se também a terapia da PNL. Hoje, existem institutos e programas de PNL no mundo inteiro.

PNL E *COACHING*

As habilidades de PNL são perfeitamente compatíveis com o *coaching*, visto que a PNL engloba três importantes elementos em seu título. "Programação" não tem nenhuma relação com computadores, mas com a maneira como escalonamos nossas ações para alcançar as nossas metas. "Neuro" é a mente, o nosso pensamento. "Linguística" é a linguagem, a maneira como a utilizamos para influenciar os outros e a nós mesmos. Resumindo, portanto, PNL é o estudo da maneira como a linguagem afeta o nosso modo de pensar e, consequentemente, as nossas ações. A PNL afirma que as mudanças podem ocorrer de três formas: mudando-se a maneira como a pessoa fala sobre uma determinada questão, mudando-se o seu modo de pensar sobre a questão e mudando-se o seu comportamento. A PNL utiliza uma série de distinções que têm utilidade no *coaching*.

PONTOS DE VISTA

Uma das ideias básicas da PNL diz respeito às diferentes perspectivas, denominadas posições perceptivas. A primeira posição é o seu ponto de vista, os seus valores, metas, crenças, interesses e preocupações. A primeira posição é o "eu".

A segunda posição é a maneira como você imagina que uma outra pessoa pensa e se sente. É a base da empatia e do *rapport*. Ao assumir a segunda posição, você fala pela pessoa cujo ponto de vista você está assumindo. Além disso, você utiliza a fisiologia e o tom de voz dessa pessoa se os conhecer.

A terceira posição é a posição sistêmica que pode observar tanto a primeira quanto a segunda posição. Trata-se de uma visão objetiva da relação entre a primeira e a segunda pessoa, que você pode adotar sem identificar nenhuma das duas. Cada posição é um ponto de vista diferente, que utiliza uma fisiologia e uma linguagem diferente para cada caso.

O *coach* de PNL ajuda o cliente a ter contato com os seus verdadeiros valores e metas através da primeira posição. A segunda posição ajuda o cliente a compreender o ponto de vista dos outros, especialmente em questões de relacionamento. A terceira posição é utilizada como uma posição objetiva em que o cliente avalia diferentes relacionamentos, se vê a partir de uma "perspectiva externa" e é capaz de orientar a si mesmo. A terceira posição é uma ferramenta útil no sentido de ajudar o cliente a descrever o seu estado presente em termos específicos, descritivos e imparciais.

As três posições podem também representar diferentes tipos. Algumas pessoas são mais fortes na primeira posição, o que lhes proporciona força de caráter, mas pode denotar egoísmo e falta de solidariedade com as preocupações dos outros. Outras são fortes na segunda posição. Isso as torna muito empáticas, mas pode resultar em uma tendência a elas darem mais importância às necessidades dos outros do que às suas. Existem ainda aqueles que são fortes na terceira posição, o que lhes confere clareza, objetividade e habilidades analíticas, mas também falta de empatia. A abordagem da PNL consiste em desenvolver e estabelecer um equilíbrio entre as três posições. Os clientes são ajudados a ver um problema a partir de diferentes posições perceptivas para compreendê-lo melhor.

RAPPORT

Rapport é uma palavra utilizada para descrever a qualidade existente em uma relação de confiança e influência mútua. Trata-se de um requisito essencial no *coaching*. A PNL afirma que o *rapport* é alcançado por afinidade através da segunda posição. A intenção da segunda posição é compreender o outro a partir do seu ponto de vista, e uma das maneiras de se fazer isso é através de afinidade, isto é, assumindo alguns aspectos do comportamento do outro. As pessoas gostam de quem é como elas, e se sentem mais à vontade com aqueles cuja linguagem corporal e tom e ritmo de voz afinam com os seus (afinidade como entre os pares em uma dança, não cópia fiel, o que é muito chato). As pessoas estabelecem afinidades naturais e subconscientes em função das semelhanças existentes entre seus tipos de linguagem corporal e tom de voz. Isso foi demonstrado pelo trabalho de William Condon na década de 1960[10]. Condon analisou pequenos vídeos de pessoas conversando e verificou (conforme confirmado posteriormente por muitos pesquisadores) que havia harmonia de gestos e equivalência de ritmos na conversa.

O *rapport* é uma habilidade essencial para um *coach*, e um *coach* de PNL pode ensinar a seus clientes habilidades de *rapport* que os ajudem a se comunicar melhor com as pessoas.

NÍVEIS NEUROLÓGICOS

O conceito de níveis neurológicos é amplamente utilizado em PNL e foi extraído do texto do *coach* de PNL Robert Dilts[11]. Em sua contribuição para este livro, Dilts utiliza os níveis neurológicos para descrever e ilustrar diferentes tipos de *coaching*.

O primeiro nível neurológico é o ambiente – o lugar, o momento, as pessoas e as coisas presentes. No modelo integral, esses aspectos corresponderiam aos quadrantes do lado direito. Para que haja *rapport* neste nível você precisa estar vestido corretamente, de acordo com o ambiente, de modo a atender às expectativas das pessoas. Este nível lida também com a psicogeografia. Psicogeografia é a maneira como utilizamos o espaço para representar um relacionamento, algo muito importante que o *coach* deve saber. Quando um *coach* se senta com um cliente, a psicogeografia é a "oposição". É claro que o *coach* não tem essa intenção, mas o cliente pode se sentir desconfortável. Corpos em posições opostas podem representar ideias opostas. Em geral, é mais cômodo sentar-se lado a lado ou em um ângulo de 90°. Além disso, a maioria das pessoas tem uma preferência subconsciente por se posicionar ao lado de uma outra pessoa. A razão não importa; o *coach* de PNL deixará que a pessoa se sente do lado de sua preferência. Proporcionar um ambiente confortável ao cliente é mais do que oferecer uma cadeira e desligar o telefone celular.

O segundo nível é o comportamento – o que as pessoas fazem. O comportamento pode ser visto a partir de uma perspectiva externa e é resultado dos pensamentos e das emoções da pessoa. O estabelecimento de afinidade entre linguagem corporal e tom de voz é um exemplo de afinidade de comportamento. No modelo integral, essa condição está inserida no quadrante superior direito.

O terceiro nível é a capacidade – o nível regular, automático e habitual de aptidão e comportamento. A aptidão não é visível, a não ser através do comportamento. Os *coaches* devem ter a aptidão necessária para lidar com os problemas de cada cliente, sob pena de perderam rapidamente o *rapport*.

O quarto nível são as crenças e os valores – as crenças são os princípios que norteiam nossas ações; são os nossos modelos do mundo. Elas nos proporcionam segurança quando nos sentimos capazes de prever o que irá acontecer. Acumulamos crenças a partir da experiência, e elas tanto abrem quanto limitam as experiências que nos permitimos vivenciar. Os valores representam aquilo que é importante para nós; são a nossa mais profunda motivação. Afinidade neste nível significa respeitar as crenças e os valores dos clientes, sem concordar necessariamente com eles. Tanto a capacidade quanto as crenças e os valores fazem parte do quadrante superior direito no modelo integral.

O quinto nível é a identidade – o seu sentido em relação a si mesmo e ao que define a sua missão na vida. O *rapport* neste nível envolve a capacidade de ouvir o cliente como um ser humano único e oferecer-lhe um nível de atenção que o ajude a articular o problema em questão.

O sexto nível vai além da identidade – não tão bem definido quanto os demais níveis. Engloba a ética, a religião e a espiritualidade, bem como o nosso lugar no mundo e a nossa relação com as pessoas.

Os *coaches* de PNL utilizam os níveis neurológicos de várias maneiras. Primeiro, ele ajudam os clientes a pensar nos diferentes tipos de recursos disponíveis e necessários. Segundo, os níveis neurológicos podem ser utilizados como parâmetros para ajudar os clientes a detectar o nível do problema e esclarecer o nível da ação a ser tomada. Por exemplo, o cliente pode precisar de mais informações ou de ajuda em nível de ambiente; talvez a sua meta não conte com o apoio de outras pessoas importantes.

⇨ Talvez o cliente possua as informações de que necessita, mas não saiba o que fazer (comportamento) em relação ao caso. Por isso, ele precisa formular um plano de ação com o seu *coach*.

⇨ Talvez o cliente possua as informações de que necessita e saiba o que fazer, mas não possua a aptidão necessária para isso.

⇨ É possível que o cliente possua a aptidão e as informações necessárias e saiba o que fazer, mas não acredita nessa possibilidade ou não a considere suficientemente importante. O cliente e o *coach* trabalharão as crenças e os valores do cliente que possam estar impedindo de agir.

⇨ Por fim, mesmo que todos os outros níveis sejam levados em consideração, pode haver divergência com o sentido de ser ou as crenças espirituais do cliente. Os níveis neurológicos fornecem ao *coach* um parâmetro com o qual ele possa trabalhar e criar *rapport*.

REFLEXÕES SOBRE O PENSAMENTO

Quando prestamos atenção no plano exterior utilizamos nossos cinco sentidos – visão, audição, olfato, paladar e tato – para compreender o mundo. A PNL afirma que nós pensamos utilizando esses mesmos sentidos mentalmente. Se você verificar o seu pensamento no momento, provavelmente irá constatar que se trata de uma combinação de audição (você ouve essas palavras à medida que as repete consigo mesmo) e visualização. Quando lhe pedimos que imagine um buquê de flores azuis, você provavelmente cria uma imagem das flores. Se lhe pedirmos que pense em uma forte xícara de café, a sua memória provavelmente irá lhe trazer à mente o gosto e o cheiro do café. A qualidade de nosso pensamento é influenciada pela maneira como utilizamos os nossos sentidos no plano interior (são os chamados sistemas representativos na terminologia da PNL).

Essas abordagens têm muitas aplicações no *coaching*. A PNL afirma que todos nós temos um sistema representativo preferido; em outras palavras, preferimos pensar através de imagens ou sons ou de sentimentos. Isso significa que teremos habilidade para algumas coisas, mas não para outras. Por exemplo, se o cliente confia muito em seu sistema representativo visual, ele presta grande atenção ao que vê, mas não ouve com o mesmo cuidado. O *coach* pode ajudar o cliente a ficar mais atento a isso e trabalhar o sistema menos desenvolvido, contribuindo, assim, para que ele seja mais flexível em seu modo de pensar. Algumas profissões precisam ter um determinado sentido bem desenvolvido, não apenas no plano exterior, mas também no plano interior do pensamento da pessoa. Os músicos, por exemplo, precisam ouvir com cuidado, mas precisam também da capacidade de escutar os sons com clareza em suas mentes para progredir na música. O *coaching* de PNL pode ajudar o cliente a aprimorar e a desenvolver seu pensamento para obter melhores resultados.

A PNL afirma ainda que utilizamos uma sequência de sistemas representativos para pensar, aprender e tomar decisões. Os *coaches* de PNL podem descobrir a maneira como seus clientes tomam decisões e ajudá-los a desenvolver uma estratégia decisória mais eficaz que melhore a qualidade de todas as suas decisões. As pessoas não dão importância aos seus padrões e a suas estratégias de pensamento, pressupondo que todo o mundo pensa da mesma maneira e que esses padrões são imutáveis. Os *coaches* de PNL podem ajudá-las a ter uma outra visão, onde elas possam refletir sobre seu próprio processo de pensamento e melhorá-lo.

De que maneira os *coaches* de PNL passam a conhecer a forma de pensamento de seus clientes? Observando a linguagem corporal do cliente (especialmente os movimentos involuntários dos olhos) o *coach* é capaz de perceber o *modo* como o cliente está pensando (imagens, sons ou sentimentos), mas não *o quê* ele está pensando. Além disso, os *coaches* de PNL observam as palavras que os clientes utilizam. Como as palavras são um reflexo direto do pensamento, se um cliente disser algo como "não consigo *enxergar* além desse problema", ele está utilizando uma metáfora visual e essa é a sua maneira de pensar sobre o problema. O *coach*, então, pode responder recorrendo ao mesmo sistema representativo ("Vamos *ver* se conseguimos ampliar um pouco os horizontes") para estabelecer um *rapport* e talvez trabalhar no sentido de ajudar o cliente a desenvolver outras formas de pensamento para resolver o problema.

AS QUALIDADES INTERNAS DO PENSAMENTO

Ao utilizar internamente os seus sentidos, os clientes devem estar fazendo, no plano interior, os mesmos tipos de distinções que eles fazem no plano exterior. As imagens mentais, por exemplo, têm cores, tamanho, distância e brilho, tal qual no plano externo. Os sons mentais têm ritmo, tom e volume, enquanto as sensações mentais são revestidas de calor, pressão e direção. Quando mudam as qualidades de seu pensamento, os clientes mudam o significado daquilo em que estão pensando. Essas qualidades são conhecidas como submodalidades.

Uma das submodalidades mais importantes é o fato de um pensamento ser associado ou dissociado. Quando você está dentro do pensamento, você está associado. Imagine-se, por exemplo, comendo uma fruta. Você irá sentir as sensações e o gosto como se fossem reais. Quando você está fora do pensamento, por outro lado, você está dissociado. Você se vê em uma situação, o que lhe proporciona uma distância mental do evento e, desse modo, você não tem as mesmas sensações como se estivesse lá. Imagine uma outra pessoa comendo uma fruta; nesse caso, você não sentirá o gosto porque está dissociado da experiência.

Utilizando essas ferramentas, o *coach* de PNL pode ajudar o cliente a aprender com a experiência. Se uma experiência passada for negativa, ele ajudará o cliente a avaliá-la de forma dissociada para que este não volte a experimentar as mesmas sensações negativas. Uma vez basta! O cliente pode analisar objetivamente a experiência e aprender com ela. Mas se a experiência tiver sido agradável, o *coach* ajudará o cliente a associá-la à memória. Para gerar motivação, o *coach* de PNL ajudará o cliente a pensar na meta desejada como se esta já tivesse sido alcançada, de modo que o cliente se insira no quadro, associando-se e sentindo todas as boas sensações.

Alguns clientes têm dificuldade em administrar seu tempo. Neste caso, o *coach* de PNL pode ajudá-los a adotar uma visão dissociada de tempo para que eles tenham consciência da passagem do tempo, em vez de adotarem uma posição associada ao momento.

LINGUAGEM

As palavras são a maneira pela qual comunicamos nossas imagens, sons e sensações mentais às pessoas. Mas os nossos pensamentos não são a experiência, e as nossas palavras não são os nossos pensamentos, de modo que a nossa experiência pode ser extremamente distorcida quando falamos dela. Nós esquecemos, interpretamos mal os acontecimentos, mas as palavras podem parecer ser a própria realidade, ainda que não passem de fracos reflexos desta. As palavras estão duas vezes distantes da real experiência (uma da experiência propriamente dita e outra das representações mentais dessa experiência), porém, os julgamentos que fazemos e a maneira como descrevemos as coisas assumem um caráter de verdade. De acordo com o famoso ditado de Alfred Korzybski, "o mapa não é o território". Mas os clientes acreditam que os seus mapas (o que eles dizem, as suas lembranças e interpretações dos acontecimentos) são o território (eventos reais e objetivos constatados por todos os presentes na ocasião). Portanto, a linguagem é a matéria-prima com a qual criamos uma realidade para nós mesmos e para os outros. A PNL compartilha uma abordagem construtivista com o *coaching*.

A PNL possui um conjunto de distinções conhecido como modelo Meta para ajudar os clientes. O modelo Meta é um modelo de linguagem sobre a linguagem, e que utiliza a linguagem para esclarecê-la. O modelo consiste em uma série de perguntas destinadas a ajudar os clientes a destrinchar a maneira como falam de suas experiências. As palavras podem ser manipuladas e fabricadas de muitas maneiras quando os clientes expressam problemas por meio de palavras. Consequentemente, os *coaches* precisam solucionar o emaranhado *linguístico* criado pelos clientes, antes de ajudá-los em suas ações. Os *coaches* de PNL ajudam seus clientes a desvincular a linguagem da experiência e encontrar um mapa melhor de seus problemas.

Um dos padrões do modelo Meta, por exemplo, consiste em contestar os julgamentos do cliente perguntando quem faz o julgamento e baseado em que padrões. Muitos clientes tecem julgamentos (normalmente negativos) sobre si mesmos, o que pode ser contestado pelos *coaches* de PNL. Alguns clientes reagem de forma emocional quando estão à mercê dos outros; eles não têm escolha quando estão aborrecidos, tristes ou não sabem para onde apelar, e se sentem manipulados como uma bola de bilhar. Existem as leis do movimento, de Newton, mas não as leis da emoção. Os clientes podem dizer que alguém os "deixou" com raiva, mas isso é uma maneira de falar. Ninguém é capaz de forçar uma pessoa a sentir raiva. Os *coaches* de PNL ajudam os clientes a ter escolha em relação à maneira como se sentem.

Por fim, muitos clientes trabalham sob uma sufocante carga de "recomendações" sobre o que devem e o que não devem fazer em suas vidas. Eles se sentem frustrados, obrigados e, de alguma forma, querem se libertar; esses indivíduos internalizaram os comandos de outras pessoas como se fossem seus. Nesse caso, os *coaches* de PNL podem ajudar esses clientes a pensar no que, de fato, eles querem fazer. Juntos, *coach* e cliente podem transformar obrigações em metas e "recomendações" em "desejos".

Os clientes desejam alcançar suas metas, mas existem impedimentos; do contrário, eles não consultariam um *coach*. Normalmente, esses impedimentos existem na mente do cliente, não no mundo exterior. Os clientes têm crenças restritivas em relação a si mesmos, aos seus recursos ou às pessoas. A PNL, como todas as outras metodologias de *coaching*, não trata crenças como a verdade (embora elas pareçam verdade para o cliente), mas como bons palpites baseados em experiências anteriores. Essas crenças restritivas agem como profecias autorrealizáveis. Quando acreditamos em algo, seguimos nossas crenças e nunca buscamos *feedback* para questioná-las porque agimos sempre entendendo-as como verdade. Todos nós acreditamos na força da gravidade, por isso não tentamos fazer um voo desassistido, sob pena de recebermos um *feedback* muito desagradável, se não fatal. Entretanto, as crenças em relação a nós mesmos, aos outros, à maneira como homens e mulheres deveriam tratar uns aos outros, enfim, são muito diferentes daquelas que temos em relação à força da gravidade. No segundo caso, nós as aprendemos ou as copiamos de adultos que desempenham um papel importante em nossa infância ou adolescência e elas não correspondem à verdade. Essas crenças passam a ser verdade quando agimos como se o fossem. As crenças são aprendidas e, portanto, podem ser desaprendidas. Não nascemos com todos os temores e restrições que levamos para a fase adulta. Quando as crenças estão limitando o cliente, o *coach* de PNL pode ajudá-lo a vê-las outra forma, receber *feedback* e mudá-las se quiser.

Coaching implica mudança, e a PNL considera dois tipos de mudança – mudança simples ou mudança geradora.

A mudança simples ocorre em nível de comportamento ou capacidade. Os gerentes aprendem uma determinada habilidade, sabem quando utilizá-la e não utilizá-la, e são capazes de aumentar sua eficiência e eficácia. Todos comemoram. Podemos representar a mudança simples da seguinte maneira:

Problema (por exemplo, incapacidade de delegar, o que gera estresse e sobrecarga de trabalho)

Resultados — Coaching — Ação — Feedback

Mudança simples

Isso é conhecido como *coaching* de circuito simples. Existe um problema neste exemplo: o estresse e a sobrecarga de trabalho causados pela incapacidade de delegar. O gerente delega com a ajuda de seu *coach*. Os dois monitoram o *feedback*, obtêm diferentes resultados e o problema diminui até que todos se deem por satisfeitos. O trabalho do *coach* está concluído.

O segundo tipo de *coaching* funciona no nível neurológico das crenças e dos valores. O *coaching* leva o cliente a questionar suas crenças, não apenas a adquirir uma nova habilidade. Uma crença restritiva pode impedi-lo de aprender.

Isso é chamado de *coaching* de circuito duplo, porque o *coach* ajuda o seu cliente a receber *feedback* sobre a crença, não apenas sobre o problema. O *coach* não tentaria refutar ou discutir a crença, mas ajudar o cliente a obter um melhor *feedback* tomando pequenas providências em caráter experimental. Existe sempre uma crença restritiva por trás de um problema persistente. O *coaching* de circuito duplo não só resolve o problema como também muda o pensamento que lhe deu origem e continuou alimentando-o.

METAPROGRAMAS

Metaprogramas em PNL são maneiras pelas quais filtramos nossas experiências. Não temos como processar e responder todas as possíveis experiências sensoriais; a quantidade é demasiada. Por isso, habitualmente prestamos atenção a determinados aspectos das experiências, mas não a outros. Existem vários padrões de Metaprograma. Os mais conhecidos são "proativos" (uma pessoa proativa é aquela que tem iniciativa) e "reativos" (uma pessoa reativa é aquela que analisa a situação e espera que os outros tomem a primeira atitude).

Outro padrão de Metaprograma é o "geral" (focaliza a visão geral para depois mergulhar nos detalhes), ao contrário do "detalhado" (que parte dos detalhes para chegar ao quadro geral). Algumas pessoas notam semelhanças, outras observam diferenças. Os Metaprogramas não tem nada a ver com identidade, e um padrão não é melhor do que outro; tudo depende do que você deseja realizar. Os *coaches* de PNL observam os padrões de Metaprograma de seus clientes para entender como e por que eles agem da forma como agem, e moldam o seu *coaching* da maneira que for mais apropriada para os clientes.

APLICAÇÕES DO *COACHING* DE PNL

A PNL não foi desenvolvida especificamente para aplicação na área de *coaching* e tem sido utilizada extensamente em terapia. Entretanto, o *coaching* é um bom veículo para muitas ferramentas de PNL e compartilha muitas das mesmas raízes intelectuais que a PNL. Qual a contribuição da PNL para o *coaching*? A PNL é pragmática e se concentra no "como fazer" e no "o que fazer".

Primeiro, a PNL pode ser utilizada para exemplificar bons *coaches*. O que distingue os melhores *coaches* dos outros? Explorando seus padrões de pensamento, linguagem e valores, a PNL pode gerar algumas maneiras úteis de se treinar *coaches*.

Segundo, a PNL pode ser utilizada para criar *rapport* com os clientes em todos os níveis neurológicos, observando a psicogeografia, estabelecendo a correspondência com os diferentes tipos de linguagem corporal e o tom de voz na medida do possível, e respeitando valores e crenças. A correspondência com a linguagem ajuda a criar *rapport*. Se o cliente utilizar uma metáfora visual em relação ao seu problema – como, por exemplo, "Não consigo ver uma saída" –, o *coach* irá estabelecer a correspondência com a sua linguagem visual ao falar do problema. Essa atitude será um sinal reconfortante para o cliente de que o seu *coach* respeita o seu modo de pensar. Os *coaches* de PNL utilizam também uma técnica conhecida como recuo, que significa refletir sobre o que o cliente diz, utilizando as mesmas palavras-chave e gestos. Um recuo não é uma paráfrase. Uma paráfrase distorce o que o cliente disse ao utilizar as palavras do *coach*, que deixarão de ter o mesmo significado para o cliente.

O modelo Meta PNL de linguagem também é útil para trazer à tona as hipóteses existentes por trás das perguntas. Por exemplo, "*Se* você estabelecesse essa meta, o que a sua realização representaria para você?" é uma pergunta possível, mas a palavra "se" subentende incerteza. "*Quando* você estabelecer essa meta, o que a sua realização representará para você?" subentende certeza, e, do ponto de vista da PNL, portanto, ajuda a focalizar a mente do cliente na realização da meta, ajudando-o, assim, a responder à pergunta. "Você conta com algum recurso?" é uma pergunta fechada e não supõe a existência de recursos. "Dos recursos que você possui, quais seriam os melhores para lidar com essa situação?" é uma pergunta mais útil na medida em que direciona a atenção do cliente para os recursos que ele possui.

O *coach* de PNL pode suspeitar que o modo de pensar de seu cliente sobre uma determinada questão o esteja impedindo de encontrar uma solução, e pode incentivá-lo a utilizar diferentes sistemas representativos. Criar imagens mentais do futuro, por exemplo, pode ser mais útil do que ter pressentimentos sobre o futuro, além de ser algo mais específico.

A PNL utiliza também o conceito de uma "âncora". Uma âncora é uma visão, um som ou um sentimento associado a uma determinada resposta ou emoção vivenciada no passado, e que, por essa razão, desencadeia o mesmo sentimento no presente. O sentimento pode ser positivo ou negativo.

Todos nós já vivenciamos ocasiões em que um aroma familiar evoca uma lembrança, ou em que uma determinada música nos faz recordar uma ocasião especial (a maioria dos casais tem uma canção especial que os faz lembrar de quando o casal se conheceu). Da mesma forma, um tom de voz pode lhe dar arrepios porque o faz lembrar de alguém de que você não goste. Às vezes, relacionamo-nos às pessoas não em termos de quem elas são hoje, mas de quem elas nos lembram no passado. O *coach* de PNL ajuda o cliente a ver as âncoras existentes em sua vida na ocasião e se elas estão desencadeando estados de impotência. Se for o caso, o *coach* o ajudará a manter-se atento a essas âncoras, de modo que elas percam seu efeito. Conhecendo as âncoras, o *coach* pode criar lembretes para o seu cliente (normalmente são chamados de estruturas), destinados a ajudá-lo a se lembrar de uma tarefa, um passo de ação ou uma mudança de perspectiva necessária ao progresso do cliente.

ESTUDO DE CASO

Um *coach* de PNL poderia ajudar Brian de diversas maneiras. Para começar, ele poderia explorar as três posições perceptivas. Brian tem uma forte primeira posição? Ele sabe exatamente em que acredita e o que quer? Segundo, qual o seu nível de empatia? Qual o seu nível de sucesso em adotar a segunda posição? Os problemas de Brian com seus colegas de trabalho e com sua esposa sugerem que esse possa ser o seu ponto fraco. Um *coach* de PNL ajudaria Brian a assumir a segunda posição com sua esposa, seus filhos e seus colegas de trabalho, de modo a compreender melhor essas pessoas e seus pontos de vista. Isso lhe forneceria melhores informações que lhe servissem de respaldo para decidir sobre o seu futuro. O *coach* o incentivaria também, de forma metafórica, a excluir-se do problema e vê-lo a partir da terceira posição, permitindo-se ser o seu próprio *coach* por se sentir mais fortalecido.

Um *coach* de PNL poderia utilizar também os níveis neurológicos para ajudar Brian a compreender o problema. Brian possui os recursos necessários nos diferentes níveis? Ele possui as informações de que necessita e sabe o que quer? O que ele vê de importante em sua atual posição? O que ele quer de outro emprego? As suas crenças espirituais podem lhe servir de recurso nessa situação? Ao identificar o ponto fraco, ele terá como agir e solucioná-lo.

Um *coach* de PNL poderia também ensinar a Brian algumas habilidades de *rapport* que lhe permitissem estabelecer correspondências entre linguagens corporais e tons de voz e o ajudassem em seus relacionamentos. O *coach* poderia, ainda, ajudá-lo a compreender a sua estratégia decisória. Em termos de PNL, uma estratégia é uma sequência de sistemas representativos que levam a um resultado, ou seja, uma sequência de imagens, sons e sensações interiores. Qual a estratégia decisória de Brian? Uma má estratégia decisória lhe renderá decisões de má qualidade porque não irá abranger na ordem correta todas as informações de que ele necessita.

Brian aprenderia a refletir sobre seus problemas a partir de uma posição dissociada e a aprender com eles, podendo, ainda, identificar quaisquer âncoras em seu ambiente que o estejam levando a um estado de incapacidade, como raiva ou irritação. Ciente de suas âncoras (poderia ser um tom de voz ou uma determinada situação), ele poderia evitá-las e ter mais opção de respostas a tais situações. Brian poderia estar utilizando um Metaprograma "detalhado" e adotando uma postura reativa. Um *coach* de PNL, então, poderia ajudá-lo a ver a situação de forma mais ampla e ser mais proativo em sua vida.

REFERÊNCIAS

1. Bandler, R.; Grinder, J. *The Structure of Magic*, vol. 1. Science and Behavior Books, 1975.
2. _____. *The Structure of Magic,* vol. 2. Science and Behavior Books, 1976.
3. Grinder, J.; Bandler, R. *Patterns of Hypnotic Techniques of Milton H. Erickson M.D.,* vol. 1. Meta Publications, 1975.
4. _____. *Patterns of Hypnotic Techniques of Milton H. Erickson M.D.,* vol. 2. Meta Publications, 1975.
5. Perls, F. *Gestalt Therapy Verbatim*. Real People Press, 1969.
6. Satir, V.; Bandler, R.; Grinder, J. *Changing with Families*. Science and Behavior Books, 1976.
7. Erickson, M.; Rossi, E. *Hypnotic Realities*. Irvington, 1975.
8. Berne, E. *Games People Play.* Penguin, 1964.
9. Bateson, G. *Steps to an Ecology of Mind*. Ballantine Books, 1972.
10. Condor, W. Cultural Microrhythms, *in* M. Davis (Ed.) *Interaction Rhythms: Periodicity in Coomunicative Behavior*. Human Sciences Press, 1982.
11. Dilts, R. *From Coach to Awakener.* Meta Publications, 2003.

PNL E *COACHING* COM "C" MAIÚSCULO

por Robert Dilts

De um modo geral, *coaching* é o processo de ajudar pessoas e equipes a atuar no nível máximo de suas capacidades. Consiste em explorar os pontos fortes das pessoas, ajudando-as a vencer obstáculos e limites pessoais para alcançar seu melhor desempenho, e permitindo-lhes funcionar de maneira mais eficaz como membros de uma equipe. Portanto, um *coaching* eficaz requer uma ênfase tanto na tarefa quanto no relacionamento.

O *coaching* enfatiza a mudança geradora, concentrando-se na definição e na realização de metas específicas. As metodologias de *coaching* são orientadas para os resultados, não para os problemas, com forte tendência a focalizar as soluções, promovendo o desenvolvimento de novas estratégias de pensamento e ação, não de tentar resolver problemas e conflitos passados. A solução de problemas, ou mudança corretiva, está mais associada às áreas de aconselhamento e terapia.

ORIGENS DO *COACHING*

Um *coach* é literalmente um veículo que conduz uma pessoa ou um grupo de um determinado ponto de partida a um ponto desejado.

A noção de *coaching* no sentido educacional é derivada do conceito de que o tutor "conduz" ou "transporta" os alunos no decorrer de suas provas. Um *coach* educacional é definido como um "tutor particular", "um indivíduo que instrui ou treina um executor ou uma equipe de executores" ou "uma pessoa que instrui jogadores sobre os fundamentos de um esporte de competição e dirige a estratégia da equipe". O processo de ser *coach* é definido como "treinar intensamente (através de instrução e demonstração)".

Portanto, do ponto de vista histórico, o *coaching* normalmente é direcionado à consecução de melhorias em relação a um desempenho comportamental específico. Um *coach* eficaz desse tipo (como um "instrutor de voz", um "instrutor de representação teatral", um "instrutor de arremessos (beisebol)") observa o comportamento de uma pessoa, dando-lhe dicas e orientando-a para que ela melhore em determinados contextos e situações. Isso consiste em promover o desenvolvimento da competência comportamental dessa pessoa através de criteriosa observação e *feedback*.

A REVOLUÇÃO DO *COACHING*

Desde a década de 1980, a noção de *coaching* vem assumindo um significado mais generalizado e ampliado. O *coaching* nas empresas envolve diversas maneiras de ajudar as pessoas a atuar de forma mais eficaz e superar limitações pessoais. As empresas perceberam que as limitações dos funcionários limitam a empresa. As empresas adotam vários tipos comuns de *coaching*. O *coaching de projetos* envolve a gestão estratégica de uma equipe para a obtenção dos melhores resultados. O *coaching situacional* focaliza o aprimoramento ou a melhoria do desempenho dentro de um determinado contexto. O *coaching transicional* consiste em ajudar as pessoas a mudar de uma função ou de um papel para outro.

Outra área do *coaching* que vem se desenvolvendo rapidamente é a do *coaching* pessoal, destinado a ajudar as pessoas a alcançar metas pessoais, que podem ser largamente independentes dos objetivos profissionais ou organizacionais. Semelhante ao *coaching* transicional, o *coaching* pessoal incentiva as pessoas a lidar de forma eficaz com diversas questões de desempenho que elas possam enfrentar à medida que passam de uma fase da vida para outra.

COACHING COM "C" MAIÚSCULO E COM "C" MINÚSCULO

Obviamente, o *coaching* particular, o *coaching* executivo e o *coaching* pessoal oferecem suporte em diversos níveis diferentes: comportamentos, capacidades, crenças, valores, identidade e, até mesmo, no plano espiritual. Essas novas formas, mais gerais, de *coaching* – *coaching* executivo e *coaching* pessoal – podem ser chamadas de *Coaching* com "C" maiúsculo.

O *coaching* com "c" minúsculo é mais voltado para o nível comportamental e se refere ao processo de ajudar uma pessoa a alcançar ou melhorar um determinado tipo de desempenho comportamental. Os métodos de *coaching* com "c" minúsculo derivam basicamente de um modelo de treinamento esportivo, promovendo o conhecimento consciente de recursos e capacidades e o desenvolvimento da competência consciente.

O *Coaching* com "C" maiúsculo consiste em ajudar as pessoas a alcançar resultados mais eficazes em diversos níveis. Enfatiza a mudança evolutiva, concentrando-se no reforço da identidade e dos valores e transformando sonhos e metas em realidade. Esta categoria abrange as habilidades do *coaching* com "c" minúsculo e muito mais.

DE COACH A DESPERTADOR – PNL E *COACHING*

As habilidades e ferramentas da programação neurolinguística (PNL) são perfeitamente adequadas para promover um *coaching* eficaz. O direcionamento da PNL para resultados bem formados, a sua base para criar executores excepcionais e a sua capacidade de produzir processos do tipo passo a passo destinados a promover a excelência fazem da PNL um dos recursos mais importantes e poderosos para *coaches* com "O" maiúsculo e "o" minúsculo.

As habilidades, ferramentas e técnicas comuns da PNL que servem de suporte para um *coaching* eficaz incluem o estabelecimento de metas e resultados bem formados, o gerenciamento de estados interiores, a adoção de diferentes posições perceptivas, a identificação de momentos de excelência, o mapeamento de recursos e o fornecimento de *feedback* de qualidade.

O *Coach* com "C" maiúsculo tem por tarefa oferecer o suporte e a "guarda" necessários que ajudem o cliente a se desenvolver, crescer e progredir em todos esses níveis de aprendizado e mudança. Dependendo da situação e das necessidades do cliente, o *coach* pode ser chamado a prestar suporte em um ou em todos esses níveis, o que exige que ele assuma um dos vários papéis possíveis[1].

COACHING E GUARDA

Coaching e guarda subentendem a prestação de suporte em relação ao *ambiente* em que a mudança ocorre. *Coaching* é o processo de conduzir uma pessoa ou um grupo pelo caminho que leva de um estado presente a um estado desejado. Pressupõe que o "guia" já tenha percorrido o mesmo trajeto e conheça o melhor caminho (ou, pelo menos, um caminho) para se chegar ao estado desejado. Ser guardião, ou "curador", consiste em proporcionar um ambiente seguro e solidário. Subentende zelar pelo ambiente externo e garantir a disponibilidade dos recursos necessários, bem como que não haja distrações ou interferências externas desnecessárias.

COACHING TRADICIONAL

O *coaching* tradicional (isto é, *coaching* com "c" minúsculo) é direcionado para o nível comportamental e envolve o processo de ajudar uma pessoa a alcançar ou melhorar um determinado tipo de desempenho *comportamental*. Os métodos de *coaching* neste nível derivam basicamente de um modelo de treinamento esportivo, promovendo o conhecimento consciente de recursos e capacidades e o desenvolvimento da competência consciente. Consiste em explorar e reforçar as capacidades das pessoas através de criteriosa observação e *feedback*, permitindo-lhes agir de forma coordenada com outros membros da equipe. Um *coach* eficaz desse tipo observa o comportamento de uma pessoa, dando-lhe dicas e orientando-a para que ela melhore em determinados contextos e situações.

ENSINO

O ensino consiste em ajudar uma pessoa a desenvolver *habilidades e capacidades cognitivas*. Em geral, o ensino tem por objetivo ajudar as pessoas a adquirir competências e "habilidades de pensamento" que tenham relevância para uma determinada área de aprendizado. O ensino é direcionado para a aquisição de capacidades cognitivas gerais, e não para determinados tipos de desempenho em situações específicas. Um professor ajuda uma pessoa a desenvolver novas estratégias de pensamento e ação. A ênfase do ensino está mais no aprendizado de novas competências do que no aprimoramento do desempenho interior do indivíduo.

TUTORIA

A tutoria consiste em orientar alguém a descobrir suas próprias competências inconscientes e superar resistências e interferências interiores, acreditando na pessoa e validando suas intenções positivas. Os tutores (ou mentores) ajudam a moldar ou influenciar positivamente as *crenças e os valores* de uma pessoa, "refletindo", liberando ou desvendando a sabedoria interior de uma pessoa, geralmente através do próprio exemplo do tutor. Em geral, esse tipo de tutoria é internalizado como parte de uma pessoa, de modo que a presença externa do mentor deixa de ser necessária. As pessoas podem ter "tutores interiores" que as aconselham e orientam em muitas situações de suas vidas.

PATROCÍNIO

Patrocínio é o processo de reconhecer e admitir ("ver e bendizer") a essência ou a *identidade* de uma pessoa. Consiste em procurar e salvaguardar o potencial existente nas pessoas, focalizando o desenvolvimento da identidade e dos valores essenciais. O patrocínio eficaz resulta do compromisso em promover algo que uma pessoa ou um grupo já possui, mas que não está sendo manifestado em toda a sua plenitude. Esse processo ocorre através do constante envio de mensagens como: *Você existe. Eu o considero. Você tem valor. Você é importante/especial/singular. Você é bem vindo. Você pertence a este lugar. Você tem uma contribuição a prestar*. Um bom "patrocinador" cria um contexto no qual as pessoas possam atuar, crescer e destacar-se. Os patrocinadores oferecem condições, contatos e recursos que permitem ao grupo ou ao indivíduo patrocinado focalizar, desenvolver e utilizar suas próprias habilidades e aptidões.

DESPERTAR

O despertar vai além do *coaching*, do ensino, da tutoria e do patrocínio e inclui o plano da *visão, da missão e do objetivo*. Um despertador presta suporte a uma pessoa, fornecendo contextos e experiências que despertam o melhor do entendimento dessa pessoa sobre o amor, o ser e o espírito. Um despertador "desperta" as pessoas através de sua própria integridade e congruência, colocando-as em contato com suas missões e visões através do pleno contato com a sua própria visão e missão.

SÍNTESE

Na síntese, a meta geral do *coach* consiste em ajudar o cliente a adquirir novas habilidades e aplicar as ferramentas necessárias nos diferentes níveis de mudança. Essas habilidades e ferramentas têm por objetivo ajudar o cliente a construir o futuro que ele deseja e ativar os recursos necessários para alcançar esse futuro. O *coach* tem por função auxiliar o cliente para que este aprenda a aplicar as habilidades e ferramentas necessárias. À medida que adquire mais proficiência no emprego de cada uma das ferramentas disponíveis, o cliente é capaz de utilizá-las sozinho, passando a depender cada vez menos do *coach* para o seu sucesso. Com isso, o cliente passa a ter reais condições de levar uma vida mais plena e eficaz.

REFERÊNCIA

Dilts, R. *From Coach to Awakener.* Meta Publications, 2003.

Robert Dilts é um dos mais renomados desenvolvedores, treinadores e consultores no campo da programação neurolinguística (PNL) desde sua criação, em 1975, por John Grinder e Richard Bandler. Autor de 18 livros sobre PNL, Dilts estudou pessoalmente com Milton H. Erickson, MD e Gregory Bateson.

4
O *COACHING* DA PSICOLOGIA POSITIVA

"Pergunte-se se é feliz e você deixará de sê-lo."
John Stuart Mill

Seguindo no rastro da psicologia da autorrealização, de Maslow, a psicologia positiva se concentra nas qualidades da saúde mental, da felicidade e do bem-estar, não em lidar com os problemas, assumindo, assim, uma perspectiva de modelo de saúde mental diferente daquele seguido por muitos sistemas da psicologia. Nos modelos costumeiros, os problemas comportamentais e emocionais são diagnosticados, tratados e curados. E então o paciente volta ao normal. Essa situação não se aplica ao *coaching*, que procura transformar o "normal" em excepcional. O *coaching* baseado na psicologia positiva normalmente é chamado de *coaching* da felicidade autêntica (AHC, do inglês, *Authentic Happiness Coaching*).

A psicologia positiva pesquisa a maneira como se processam nossas emoções positivas e o que podemos fazer para aumentar sua incidência, tomando como exemplos indivíduos felizes e realizados e explorando a maneira como essas pessoas criam mais emoções positivas e duradouras em suas vidas. O *coach*, por sua vez, pode ajudar outras pessoas a fazer o mesmo. Essas questões, em geral, têm sido negligenciadas pelas disciplinas da psicologia.

A psicologia positiva foi desenvolvida basicamente por Martin Seligman[1] e focaliza três áreas principais. A primeira é a emoção positiva. A segunda são os traços positivos de caráter, os pontos fortes e as virtudes da mente, do corpo e do espírito que respaldam as emoções positivas. E a terceira é o estudo das instituições positivas que respaldam os traços de caráter. A disciplina é baseada em pesquisas científicas bem validadas.

Coaching com psicologia positiva significa identificar e cultivar os pontos fortes e valores básicos do cliente e ajudá-lo a utilizá-los em sua vida pessoal e profissional. A psicologia positiva parte do princípio de que, em geral, queremos ser mais felizes e realizados – o que significa cultivar emoções positivas e lidar com as emoções negativas. As emoções negativas constituem uma defesa contra ameaças externas; são um sinal para a ação, para que a pessoa se afaste de uma situação de perigo, mas não nos proporcionam felicidade. As emoções negativas nos ajudam a equilibrar nossa vida, afastando-nos do perigo ou corrigindo um defeito. As pessoas que procuram um *coach* normalmente são bem-sucedidas que desejam explorar melhor o seu potencial e sabem que não precisam estar doentes para melhorar. A felicidade não é apenas a ausência de tristeza, assim como a saúde não é apenas a ausência de doença.

ESPERANÇA E OTIMISMO

O que acontece quando um cliente consulta um *coach* da felicidade autêntica?

O *coach* irá explorar primeiro a forma como a pessoa pensa e se sente em relação à sua experiência, bem como a maneira como ela entende os acontecimentos. Existem dois modos distintos de se entender o que acontece, denominados "estilos atribucionais" por Seligman e seus colegas na Universidade da Pennsylvania, na década de 1980[2]. Trata-se do estilo pessimista e o estilo otimista. Cada um possui três componentes.

Primeiro, as pessoas que pensam de acordo com o estilo pessimista pressupõem que um infortúnio acontece por culpa sua. Elas se culpam, veem a questão pelo lado pessoal, e, quando algo de bom acontece, fazem o oposto, atribuindo a boa sorte a algo fora de seu controle.

Segundo, elas pensam que uma situação ruim irá persistir. Entretanto, quando algo de bom acontece, elas acham que não irá durar. Terceiro, as pessoas pessimistas veem uma experiência negativa como algo que irá se infiltrar e afetar muitos outros setores de sua vida. Se a experiência for positiva, no entanto, a expectativa é de que não tenha um efeito tão penetrante. Se, por exemplo, um pessimista tem um desentendimento com um amigo, ele se culpa, acha que a amizade está terminada e que o amigo irá contar a muitas outras pessoas o que aconteceu. Caso ele conheça uma nova pessoa e os dois se tornem amigos, ele atribuirá o fato à simpatia da outra pessoa, mas a amizade provavelmente não durará e, de qualquer forma, não fará muita diferença para a sua qualidade de vida. Há quem, de certa forma, considere o pessimismo mais "realista". Essas pessoas costumam dizer: "Espere o pior e você não se decepcionará". Entretanto, o pessimismo não é mais "realista" do que o otimismo.

O estilo otimista é juntamente o oposto. O otimista não se culpa pelas más situações e assume o crédito pelas boas. Uma pessoa otimista vê as más situações como eventos passageiros, e as boas, como algo persistente. E quando algo de ruim acontece, ela o vê como um incidente isolado, enquanto uma boa experiência é sempre vista como algo que repercute e as ajuda em outras áreas da vida.

Esses dois estilos são tendências, e as pessoas tendem a se apoiar em um ou em outro; é raro encontrar um tipo extremo.

Estilo atribucional otimista	Estilo atribucional pessimista
1 *Pessoal* ⇨ Assume o crédito pelos eventos positivos, mas não se culpa pelas situações negativas.	1 *Pessoal* ⇨ Culpa-se pelos eventos negativos, mas não assume o crédito pelos positivos.
2 *Temporal* ⇨ Acredita que as coisas boas duram, mas as más, não.	2 *Temporal* ⇨ Acredita que as más situações duram, mas as boas, não.
3 *Difuso* ⇨ Acredita que as coisas boas têm efeito para o resto de sua vida, e que as más experiências não afetam outras áreas de sua vida.	3 *Difuso* ⇨ Acredita que as más experiências não têm efeito para o resto de sua vida, e que as boas não afetam outras áreas de sua vida.

As pessoas otimistas veem as causas dos eventos positivos como permanentes e as dos eventos negativos como temporárias. Isso significa que elas se recuperam rapidamente das más experiências e conservam por mais tempo o reconfortante brilho das boas experiências. Essas pessoas fornecem explicações muito específicas para os eventos negativos, e explicações universais para os positivos. Elas deixam que seus triunfos permeiem muitas áreas de suas vidas, mas mantêm os fracassos restritos ao seu território. O otimismo e o pessimismo aqui descritos são posições extremas. A maioria das pessoas se enquadra entre os dois.

Que diferença isso faz? Uma grande diferença. Um estudo realizado há mais de 35 anos em Harvard[3] revelou que, de um modo geral, os homens na faixa de vinte e poucos anos que lançavam mão de explicações otimistas para os maus eventos se mostravam mais saudáveis mais tarde (acima dos 40) do que aqueles que favoreciam explicações pessimistas. A saúde do grupo pessimista demonstrou uma acentuada deterioração que não poderia ser explicada através de qualquer outra variável (estilo de vida, tabagismo, hábitos alimentares etc.). A vantagem é que os otimistas apresentaram uma taxa de longevidade 19% maior. Do ponto de vista estatístico, os resultados foram significativos, considerando-se haver menos de 1 em 1.000 chances de associação aleatória nos resultados obtidos. Assim como existem alimentos tóxicos e prejudiciais, existem padrões de pensamento tóxicos e prejudiciais. Dado que o otimismo é tão realista quanto o pessimismo, obviamente compensa pensar de forma otimista (tomando-se as medidas de proteção adequadas contra quaisquer riscos desnecessários).

O otimismo e sua companheira, a esperança, já foram temas de muitos estudos de pesquisa. Esses dois fatores oferecem maior resistência à depressão diante da ocorrência de eventos negativos, melhor desempenho no trabalho, especialmente nas funções mais desafiadoras, e melhor saúde física. E o melhor, contrariando a crença popular, é que podem ser adquiridos. Um *coach* de psicologia positiva ajuda o cliente a pensar de forma mais otimista, o que, por sua vez, o auxiliará em qualquer problema que ele possa vir enfrentar, além de lhe render benefícios de longo prazo.

Seligman descreve um processo simples de reconhecimento e contestação do pensamento pessimista, denominado modelo ABCDE, uma sigla em inglês correspondente às letras iniciais das palavras Adversidade, Crenças, Consequências, Contestação e Energização (*Adversity, Beliefs, Consequences, Disputation* e *Energization*).

ADVERSIDADE

A adversidade se refere à experiência, sobretudo negativa. Que tipo de desafio a experiência representou? Por exemplo, você está conduzindo uma sessão de *coaching* e não se sente muito inspirado porque o cliente não parece estar progredindo. Ao final da sessão, o cliente diz ter a sensação de que nada mudou.

O fato pode ser visto por diversos ângulos. É fácil passar do evento à explicação, saltar da explicação para o julgamento e, sem seguida, pular para a conclusão – de que não foi uma boa sessão de *coaching*, ou, até mesmo, de que você não é um bom *coach*. Essa seria uma conclusão pessimista clássica.

CRENÇAS

⇨ O que você pensa do ocorrido?
⇨ Foi culpa sua?
⇨ A próxima sessão será igualmente ruim?
⇨ Você está perdendo a sua habilidade?
⇨ O cliente continuará com o *coaching*?

CONSEQUÊNCIAS

Quais as consequências da crença pessimista? Talvez a insegurança em relação ao *coaching*, e uma preocupação de que esse cliente abandone as sessões e conte tudo a seus amigos e parceiros de negócios importantes. Talvez a demanda dos clientes empresariais diminua. Talvez você precise de mais supervisão.

CONTESTAÇÃO

A contestação é o passo-chave. Analise cuidadosa e objetivamente o evento e suas circunstâncias, a crença e as possíveis consequências. Interrogue a sua parte pessimista e não deixe que ela saia do banco das testemunhas sem se justificar. Que provas você têm sobre isso? Quais as outras explicações? Um evento não tem apenas uma causa e sempre envolve um conjunto de circunstâncias. Por exemplo, primeiro você poderá se lembrar de que não dormiu muito bem na noite anterior e estava um pouco indisposto antes da sessão. Além disso, você estava preocupado com o boletim escolar de seu filho, que não parece estar se saindo tão bem quanto no período letivo anterior. Isso estava lhe incomodando e você se esqueceu de fazer o seu breve ritual de relaxamento/desanuviamento antes da sessão porque a sessão anterior se estendeu além do horário previsto. A preocupação com o seu filho ainda deve estar persistindo, e não seria realista esperar que você estivesse nos seus melhores dias diante de tais circunstâncias. Além disso, lembre-se de que, até agora, o cliente estava satisfeito com as suas sessões de *coaching*. Todos nós temos nossos dias de baixa; você já teve sessões como essa antes, talvez uma vez no mês, mas nada que chegue a caracterizar um padrão.

Então, quais são as implicações? Você é humano e tem os seus dias menos favoráveis. Mesmo que o cliente abandonasse o *coaching*, isso diria tanto em relação ao compromisso dele quanto a você. Não seria razoável apelar para o pessimismo.

ENERGIZAÇÃO

A contestação da crença negativa e do pessimismo gera energia. O que você pode aprender com isso? Você não precisa ser perfeito; o seu desempenho irá oscilar de vez em quando – isso é natural. Assim como pode ficar abaixo do normal, pode ficar acima também. Talvez você tenha tido uma sessão excelente com um cliente exigente na mesma semana que tenha gerado algumas introvisões notáveis para ele, resultando em um grande avanço. Isso poderia significar que você está melhorando como *coach* e o cliente irá recomendá-lo aos seus contatos profissionais.

Na sua maior parte, o seu trabalho é bom, às vezes, chegando a ser excelente. Mas convém monitorar o seu desempenho e observar os padrões. Na próxima sessão com o cliente problemático, você poderia começar com uma revisão da última sessão e ver o que ele acha, prosseguindo a partir daí. Você poderia também rever as suas anotações sobre a sessão e verificar como melhorar as perguntas feitas. O *coaching* nem sempre caminha para frente e para cima. Existem pequenos desvios e obstáculos que tornam os avanços ainda mais prazerosos.

Esse processo ABCDE é de fácil aprendizado e ajuda o cliente não apenas a lidar com um problema, mas também a mudar seu modo habitual de pensar. Uma vida mais longa normalmente não é considerada um benefício do *coaching*, mas talvez o seja.

FELICIDADE

A felicidade é um estado – um estado que buscamos de diferentes maneiras durante toda a vida, apesar dos problemas, das dificuldades, das doenças e das tragédias. Não existe uma fórmula fixa para a felicidade. Leo Tolstoy iniciou o seu romance *Anna Karenina* escrevendo: "As famílias felizes são todas iguais; toda família infeliz, porém, é infeliz ao seu modo". Essa ideia gera uma interessante ficção, mas é apenas uma meia verdade. Toda pessoa e toda família também são felizes de maneira singular.

Seligman identificou três caminhos para a felicidade:

⇨ através das emoções;
⇨ através da ligação com uma atividade interior ou exterior;
⇨ através do significado pessoal.

Cada pessoa é uma, com capacidades e necessidades diferentes e, por conseguinte, maneiras diferentes de ser feliz. A autêntica felicidade consiste em ser feliz à sua maneira. O *coach* ajuda o cliente a fazer isso identificando e desenvolvendo seus pontos fortes e potencialidades. Felicidade não é o mesmo que hedonismo. Os hedonistas querem o máximo de prazer possível. Mas felicidade não é o mesmo que prazer. O que é felicidade, então, e como podemos mensurá-la?

A FÓRMULA PARA A FELICIDADE

Felicidade é uma palavra multifacetada, e, embora todos concordem ser algo desejável, valorizado e almejado, pode ser algo fugaz. Até meados da década de 1990, o pressuposto geral era de que a capacidade para a felicidade era regulada como um termostato por ocasião do nascimento. Algumas pessoas eram naturalmente mais felizes do que outras e não havia muito que pudesse ser feito nesse aspecto. Os bons ou os maus acontecimentos seriam capazes de alterar o nível da pessoa, mas depois tendiam a retornar ao seu nível preestabelecido. Mas hoje sabemos que a felicidade não é totalmente controlada pela genética.

$$H = S + C + V$$

H representa o seu nível duradouro de felicidade. Todos nós temos momentos de felicidade, mas nem sempre eles duram.

S é a faixa de regulagem. Este padrão é, em grande parte, determinado pela genética. Habituamo-nos às novas circunstâncias e, depois de um tempo, o que antes nos proporcionava felicidade passa a fazer parte da vida normal. E, então, estabelecemos novas metas na esperança de que elas nos façam felizes. E, de fato, nos fazem – por um tempo. Realizamos, desfrutamos e depois passamos a ver como banais todas as coisas boas que nos acontecem na vida.

C são as circunstâncias. Podemos mudar nossas circunstâncias, mas não é fácil. O dinheiro não compra felicidade. Nas nações ricas, onde todos contam com a proteção de uma rede de segurança social, o aumento de renda dificilmente influi no nível de felicidade. Diz-se que o nível de felicidade até mesmo das pessoas mais ricas nos Estados Unidos fica apenas ligeiramente acima da média. Idade, educação, clima, raça e sexo não parecem estar relacionados à felicidade. As circunstâncias provêm de fora; a felicidade duradoura tem origem no plano interior – e isso nós podemos controlar.

V representa o que podemos fazer voluntariamente. É algo que está sob o nosso controle. Por exemplo, os padrões de pensamento otimista são algo que podemos gerar voluntariamente para aumentar o nosso nível de felicidade. Entretanto, a felicidade é um tanto paradoxal. Trata-se de um estado, e você só pode ser feliz no momento presente. Não é como um pertence que você possa carregar para onde for, de modo que você o tenha quando quiser. Quanto mais você tenta agarrá-la, mais ela lhe escapa. É como um amigo tímido que precisa ser convencido com muito jeito a entrar na sua casa. Se você o agarrar e tentar forçá-lo a cruzar a soleira da porta, ele irá fugir e manter-se afastado.

PRAZER

A psicologia positiva faz uma distinção entre felicidade, prazer e gratificação. "Como posso ser feliz?" é uma pergunta ambígua. A felicidade possui dois elementos distintos: o prazer e a gratificação. O prazer é de natureza sensorial; é uma sensação imediata e emocional. O prazer proporciona uma sensação boa (embora, às vezes, seguido por sentimentos de culpa e outras emoções negativas). Os puros prazeres do sexo, do riso, de um banho quente ou de uma ducha fria, de uma bela música ou de um pedaço de chocolate são todos maravilhosos. A apreciação cognitiva pode aumentar o prazer, como, por exemplo, o ato de ouvir música ou de degustar vinhos. Acrescente a essa lista outros itens de sua preferência. Os prazeres, pelo menos os prazeres sensoriais básicos, variam pouco de uma pessoa para outra, assim como nossos corpos são semelhantes do ponto de vista biológico, isto é, configurados para a dor e o prazer da mesma maneira. Os prazeres independem de autoconsciência, ou seja, você não os questiona nem tenta analisá-los, e, se o fizer, eles se dissipam.

O problema é que o prazer vai gradualmente desaparecendo e está sujeito à lei da recompensa decrescente. O primeiro copo de vinho pode ser delicioso, mas as papilas gustativas não registram o mesmo nível de prazer ao décimo copo. Cada prazer subrai algo daquele que o segue. Habituamo-nos ao prazer; normalmente, é necessária uma quantidade cada vez maior do mesmo estímulo para que sintamos o mesmo prazer, e essa é a base do vício. Os prazeres precisam ser espaçados e saboreados para que tenham melhor efeito. Nesse ponto, um *coach* pode educar o cliente para tirar o máximo de proveito de seus prazeres.

GRATIFICAÇÃO E FLUXO

O prazer é, na sua maior parte, passivo; você se recosta e o aprecia. As gratificações, por sua vez, são ativas, pois exigem total engajamento de nossa parte e, se houver prazer, nem sempre temos consciência direta de sua existência. A gratificação cria o que já foi descrito como "estado de fluxo". Você está em um "estado de fluxo" quando se encontra vitalmente engajado e concentrado no que está fazendo. A atividade tem significado e um sentido de propósito, e o *coaching* da psicologia positiva ajuda o cliente a alcançar significado e propósito ajudando-o a atingir um fluxo maior em sua vida. O fluxo foi estudado basicamente por Mihaly Csikszentmihalyi[4]. Não se trata de um estado de graça acessível apenas a poucos privilegiados, mas algo que todos nós vez por outra experimentamos, dadas as circunstâncias certas. O fluxo pode ser cultivado, e a psicologia positiva ajuda a cultivá-lo.

Quais as condições do fluxo? A primeira condição é a clareza interior. Tudo parece claro; não há dúvidas. A segunda condição é que se esteja completamente no momento presente. A participação da autoconsciência, nesse caso, é pequena. Você está lá, mas não tem consciência de que é "você". Você parte do fluxo da ida. No momento em que você pensa "Puxa, isso não é ótimo? Estou no fluxo", você está fora. "Fluxo" é um outro termo para o que os atletas chamam de "zona". Os atletas que estão na zona são aqueles que se encontram no auge de seu desempenho, mas que não estão pensando se estão jogando bem ou mal, apenas respondendo no momento em que as coisas acontecem. Eles se esvaziam, de modo que suas habilidades fluem livremente por seu corpo. Esse é exatamente o estado que o jogo interior está tentando cultivar.

O estado de fluxo envolve um grande sentido de controle, e o sentido de fazer se transfere para o que é feito; existe ação, mas não atores. Quando se está no fluxo, a sensação de passagem do tempo é muito pequena. Um longo tempo pode decorrer e, no entanto, para a pessoa envolvida no estado em questão, a sensação é de que se passaram apenas alguns segundos ou minutos.

Essas qualidades (clareza interior, estar no presente e distorção do tempo) são consequências do estado de fluxo – não são condições controláveis. Não se pode tentar fazê-las; aliás, a tentativa as torna impossíveis. Entretanto, há duas coisas que o cliente pode controlar em relação ao estado de fluxo, e o *coach* pode ajudá-lo nessa tarefa.

A primeira coisa é estabelecer o equilíbrio entre o nível de habilidade e o desafio para o cliente. O fluxo necessita de um alto nível de habilidade diante de um grande desafio. O que importa é o nível de desafio e habilidade percebido pelo cliente, não um nível absoluto de desafio e habilidade. Se o cliente considerar o desafio demasiadamente grande, ele irá entrar não em um estado de fluxo, mas em um estado de ansiedade. Se, por outro lado, o cliente achar que o seu nível de habilidade é mais do que adequado para enfrentar o desafio, ele se sentirá entediado.

O outro aspecto do fluxo que existe por trás da capacidade de controle do cliente é a motivação. Ninguém entra em um estado de fluxo fazendo algo que não goste de fazer. Os *coaches* ajudam seus clientes a buscar atividades que eles, de fato, valorizem e apreciem. O fluxo não pode ser subornado, forçado ou puxado; ele precisa ser convidado e atraído.

Os *coaches* podem ajudar seus clientes a encontrar o fluxo e a gratificação da seguinte maneira:

⇨ Fornecendo *feedback* claro e imediato sobre suas atividades e ajudando-os a identificar como e onde podem receber um *feedback* das pessoas. O *feedback* deve ser solidário e positivo, mas não demais, visto que o *feedback* positivo é contraproducente.

⇨ Ajudando os clientes a refletir sobre sua experiência. De que maneira eles estão passando seu tempo? O que estão fazendo? Se tempo é dinheiro, em que eles estão investindo? Eles estão realmente reservando tempo na vida para atividades que lhes agradam e proporcionam felicidade?

⇨ Respeitando os pontos de vista dos clientes em relação aos seus níveis de habilidade e desafio, e ajudando-os a encontrar o equilíbrio certo entre as duas variáveis – sempre procurando levá-los um pouco além de sua zona de conforto, mas nunca a ponto de deixá-los ansiosos, em dúvida ou frustrados.

⇨ Talvez o mais importante, conscientizando os clientes de seu diálogo interior, que pode ser muito julgamental. Muitos clientes se julgam com rigor e estão constantemente se fornecendo *feedback* mental negativo. Esse *feedback* negativo pode anular qualquer aspecto positivo que venha de fora. Os clientes precisam estar atentos às suas conversas interiores e torná-las o mais solidário possível.

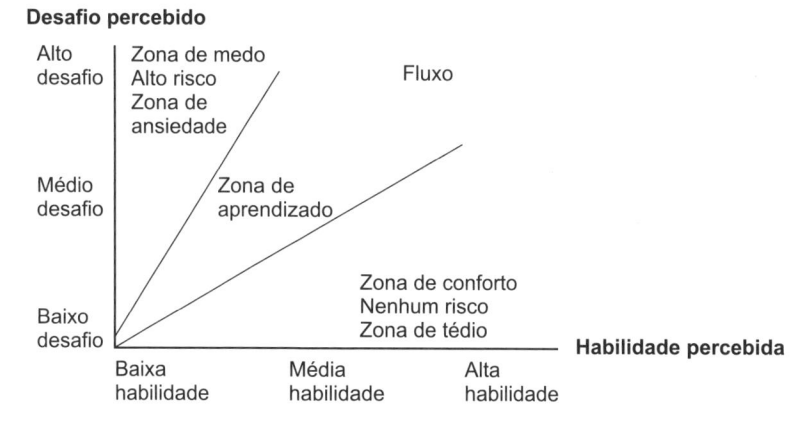

```
Desafio percebido
Alto      | Zona de medo
desafio   | Alto risco        Fluxo
          | Zona de
          | ansiedade

Médio       Zona de
desafio     aprendizado

                  Zona de conforto
Baixo             Nenhum risco
desafio           Zona de tédio      Habilidade percebida
          Baixa      Média      Alta
          habilidade habilidade habilidade
```

Fluxo, habilidade e desafio

VALORES, VIRTUDES E FORÇAS DE CARÁTER

O *coaching* da psicologia positiva consiste em ajudar o cliente a estabelecer uma conexão com o que ele considera importante e aquilo em que ele é competente. Chris Paterson e Martin Seligman[5] desenvolveram uma classificação de força de caráter chamada pesquisa de valores em ação (VIA, do inglês *Value in Action*). Uma força de caráter é uma capacidade natural de se comportar, pensar ou sentir que permite às pessoas atuar em um nível ótimo para alcançar suas metas e o seu melhor desempenho.

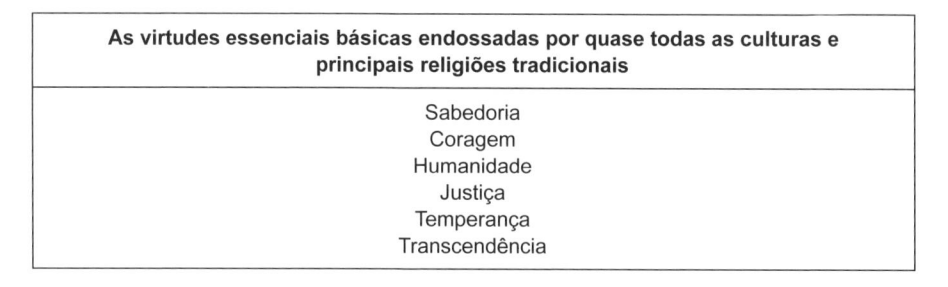

As virtudes essenciais básicas endossadas por quase todas as culturas e principais religiões tradicionais
Sabedoria
Coragem
Humanidade
Justiça
Temperança
Transcendência

Os *coaches* podem orientar os clientes no decorrer dessa pesquisa, a fim de identificar suas forças de caráter. *Coach* e cliente, então, trabalham juntos para desenvolver essas forças e utilizar mais essas qualidades em sua vida cotidiana. Existem 24 forças de caráter, derivadas de seis virtudes essenciais básicas endossadas por toda grande religião e tradição cultural. Essas virtudes são a sabedoria, a coragem, a humanidade, a justiça, a temperança e a transcendência. Essas virtudes essenciais podem ser desenvolvidas e são valorizadas como fins propriamente ditos. Existe uma pesquisa VIA gratuita de suas forças de caráter que pode você pode fazer pela Internet[6].

Quando estão agindo com base em uma força de assinatura, os clientes se sentem autênticos e energizados e querem encontrar outras maneiras de utilizá-la. Trata-se de uma ferramenta destinada a gerar o melhor desempenho. Os perfis das forças de caráter dos clientes mostram como eles são quando estão no auge de seu desempenho e o que os motiva. O *coach* utiliza os valores de seus clientes para ajudá-los a gerar gratificações e fluxo e conectá-los a esses valores universais.

PSICOLOGIA POSITIVA E EQUIPES

Existem muitas implicações para a psicologia positiva no nível empresarial. As pessoas querem ser felizes em seu trabalho, sentir-se parte de uma equipe e apreciar o que fazem. Quando elas levam suas forças de assinatura para o trabalho, seu desempenho melhora. As emoções positivas energizam e motivam as pessoas para que elas realizem um trabalho mais criativo. Existe um estudo de pesquisa realizado por Losada sobre os resultados de 60 equipes de negócios[7]. O estudo revelou que os sentimentos positivos desempenharam um papel muito importante no modo de funcionamento das equipes e nos resultados alcançados. Durante suas reuniões, os pesquisadores mediram a relação entre o número de afirmações positivas (isto é, de aprovação ou apoio) feitas e o número de afirmações negativas (de desaprovação ou crítica). As equipes foram avaliadas de acordo com a rentabilidade e o nível de satisfação do cliente e classificadas como de alto, médio e baixo desempenho. Os resultados demonstraram que as equipes de alto desempenho apresentaram uma relação de aproximadamente três afirmações positivas de apoio para cada afirmação negativa, de desaprovação. Quanto mais baixa a relação entre positivo e negativo, mais baixa a classificação da equipe. O simples fato de haver mais comentários de apoio não significou que não tenha havido críticas ou desafios, condições obviamente importantes para que uma equipe dê o melhor de si.

Pesquisas posteriores[8] revelaram que você pode ter muito de algo positivo. Quando a relação entre comentários positivos e negativos ultrapassa a marca de 12 para 1 significa que a equipe não vai bem, e as pessoas começam a se tornar inflexíveis e irracionais. Isso tem implicações tanto para *coaches* que trabalham com equipes de negócios quanto para *coaches* pessoais. Seja solidário, sim, mas até certo ponto. Apoio em excesso reduz a sensibilidade e a proatividade da pessoa.

Em suma, os *coaches* da área de psicologia positiva trabalham as forças de caráter e as virtudes de seus clientes, ajudando-os a alcançar seu melhor desempenho através de seus pontos fortes naturais. Eles ajudam os clientes a pensar de maneira otimista, atribuindo-lhes tarefas que os auxiliem nessa forma de pensamento, de modo a aumentar suas emoções positivas, o seu compromisso com suas atividades e o seu sentido de propósito. Por exemplo, um exercício destinado a aumentar a emoção positiva consiste em fazer com que o cliente passe a reservar um pouco de tempo para se dedicar à sua atividade de lazer favorita. O cliente irá "curtir" o momento, deixar-se absorver pela atividade e desfrutar esse prazer de uma forma diferente. Essa prática pode passar a fazer parte de sua vida regularmente. A psicologia positiva lança mão de conceitos que até alguns anos atrás eram considerados demasiadamente subjetivos para serem estudados – como felicidade, fluxo e forças de caráter – e os utiliza de forma pragmática e meticulosamente pesquisada para ajudar as pessoas a levar uma vida mais plena.

ESTUDO DE CASO

De que maneira um *coach* da área de psicologia positiva ajudaria Brian?

Primeiro, ele convidaria Brian a se concentrar nos seus pontos fortes e realizações, e não no que havia de errado, sem, no entanto, negar que as coisas poderiam melhorar. Clientes como Brian normalmente deixam que os problemas do presente dominem totalmente o seu humor, levando-os a perder de vista os seus pontos fortes e realizações. Isso gera um estado de espírito de impotência que resulta em mais infelicidade e problemas. O *coach* trabalharia com Brian no sentido de aumentar suas esperanças, primeiro, mostrando-lhe o que pode ser feito e ajudando-o a ver que ele tem influência sobre a situação, e segundo, ajudando-o a formular um plano de ação mais claro que abrirá um caminho para o sucesso.

Além disso, o *coach* ajudaria Brian a avaliar seu otimismo ajudando-o a pensar na sua situação de maneira positiva. O *coach* o assistiria no decorrer do processo ABCDE de modo a ajudá-lo a ver as dificuldades presentes como fatos isolados que poderiam ser resolvidos em um futuro próximo. O *coach* o ajudaria também a estar atento a qualquer diálogo interior de culpa que lhe possa estar passando pela cabeça. O *coach* ajudaria Brian, ainda, a formular o que ele deseja que aconteça e a ver como ele pode realizá-lo diretamente, tornando essa situação duradoura e, desse modo, influenciando positivamente outros aspectos de sua vida. O *coach* o ajudaria a examinar os problemas presentes – para ver o que ele pensa da situação, inclusive as consequências desse seu pensamento, e enfrentar aqueles que o estão deixando impotente e infeliz – e seguir em frente de maneira positiva e esperançosa.

O *coach* exploraria a dinâmica da equipe de Brian e a maneira como ele trabalha com seus integrantes, no intuito de verificar se a incidência de *feedback* positivo poderia ser aumentada. Ele ajudaria Brian a encontrar maneiras de receber *feedback* útil dos membros da equipe, uma vez que os problemas de Brian sugerem que ele está um tanto isolado e tem dificuldade para pedir e receber um bom *feedback*.

O *coaching* exploraria os valores de Brian e o ajudaria a cultivar seus pontos fortes pessoais. Qual a importância do xadrez para ele? E da leitura? E de sua família, esposa e filhos? O que, de fato, merece a sua atenção? O que mais lhe proporciona prazer e gratificação? O *coach* incentivaria Brian a encontrar formas de dedicar mais tempo a esses aspectos de sua vida. Além disso, ele lhe atribuiria tarefas que incluíssem a prática regular de uma atividade agradável e prazerosa.

Brian faria, ainda, uma pesquisa de Valores em Ação para identificar as suas forças de caráter. A partir de seu perfil, o *coach* ajudaria Brian a utilizar suas principais forças de caráter na situação em questão e explorar a maneira como esses recursos especiais poderiam ser utilizados para fazer a diferença. Por fim, o *coach* o ajudaria a ver como ele poderia fazer o melhor uso possível de suas forças de caráter e tomar uma decisão importante em relação ao seu futuro.

REFERÊNCIAS

1 Seligman, M. *Authentic Happiness,* 2003.
2 Peterson, C; Seligman, M. Causal explanations as a risk factor for depression, *Theory and Evidence Psychological Review* 91 (3), 1984.
3 Peterson, C.; Seligman, M.; Valliant, G. Pessimistic Explanatory Style Is a Risk Factor for Physical Illness: A Thirty Five-Year Longitudinal Study, *Journal of Personality and Social Psychology* 55, 1988.
4 Csikszentmihalyi, M. *Flow: The Psychology of Engagement with Everyday Life,* 1991.
5 Peterson, C.; Seligman, M. *Character Strengths and Virtues: A Handbook and Classification,* 2004.
6 www.authentichappiness.sas.upenn.edu
7 Losada, M. The Complex Dynamics of High Performance Teams: Mathematical and Computer Modeling, *American Psychologist* 30, 1999.
8 Frederickson, B.; Losada, M. Positive Affect and the Complex Dyamics of Human Flourishing, *American Psychologist* 60, 2005.

DA PSICOLOGIA CLÍNICA PARA A PSICOLOGIA POSITIVA

MINHA TRAJETÓRIA PARA O *COACHING*

por Carol Kauffman

Quando descobri a profissão de *coaching* e o campo da psicologia positiva, senti-me como um pássaro libertado de uma gaiola. Enfim, eu poderia contar com estruturas intelectuais e colegas solidários que me ajudassem a transcender os limites artificiais impostos acidentalmente na esfera de ação da psicologia clínica. Novas possibilidades logo surgiriam, tanto para mim quanto para aqueles com os quais tenho o privilégio de trabalhar.

Como psicóloga clínica, o meu trabalho consiste em mergulhar na dor do cliente, seguir a trilha das lágrimas rumo à cura interior, à recuperação interpessoal e a um melhor funcionamento. É um trabalho recompensador ajudar as pessoas a progredir de -10 para 0. Encontrei a oportunidade de fazer isso através da psicologia positiva e do *coaching*. Ao contrário da terapia clínica, o *coaching* consiste em "seguir a trilha dos sonhos" e "cocriar" uma trajetória rumo à otimização da satisfação de vida e do desempenho. A cura quase sempre ocorre durante o processo, mas é um efeito colateral decorrente da descoberta de pontos fortes, da sensação de alegria e da recuperação da paixão pelo seu trabalho, pela sua vida e pela sua pessoa.

Como muitos terapeutas que viraram *coaches*, passei o início de minha carreira pendendo para o *coaching* sem conseguir identificar exatamente o que faltava na "psicologia tradicional". Meu primeiro trabalho na área, como assistente de pesquisas, teve início em 1974. Realizei um estudo com crianças com alto risco de predisposição a patologias, todas com mães (muito) psicóticas. Durante a minha primeira reunião com os meus novos chefes, perguntei: "Por que estamos olhando apenas o que há de errado com essas crianças? Podemos estudar as crianças que estão bem apesar das psicoses de suas mães?"

Esses receptivos professores de Harvard me permitiram, aos 21 anos de idade, acrescentar esse trabalho às suas pesquisas então em curso. Anos mais tarde, minhas descobertas foram os resultados mais significativos do estudo de seis anos. Meus professores se colocaram em segundo plano e me deixaram como autora principal. Para minha surpresa, "Superkids: Competent Children of Psychotic Mothers" foi publicado no *American Journal of Psychiatry*[1].

Prossegui e me tornei psicóloga clínica especializada em trauma. Trabalhei em regime de tempo integral em um consultório particular e lecionei no McLean Hospital, um hospital de ensino da Faculdade de Medicina da Universidade de Harvard. Meu interesse inicial pelos pontos fortes persistia. Nas dezenas de seminários e centenas de reuniões de pesquisa de que participei, sempre observei que nos faltava uma linguagem para descrever o que há de certo com as pessoas, dado que discutíamos apenas o que havia de errado, o que estava faltando ou o que era patogênico. Quando eu mencionava os pontos fortes e o potencial humano, meus colegas demonstravam tolerância, mas não interesse. Sem uma estrutura teórica, e centenas de estudos que respaldassem essa estrutura, meus comentários tinham pouco peso. Eu era vista como uma psicóloga que via o lado bom, mas o lado bom não era considerado importante. Embora houvesse estudos sobre resiliência e criatividade na literatura psicológica, esses trabalhos certamente não tinham uma posição relevante.

Isso mudou em janeiro de 2000 com o lançamento oficial da psicologia positiva, e com a publicação de uma edição especial da revista científica *American Psychologist* sobre funcionamento ótimo. Lembro-me nitidamente da ocasião. Eu adorava os meus clientes, mas estava desanimada com a minha profissão. Um exemplar da revista *American Psychology* de um colega me chamou a atenção. Na capa estava escrito: "Edição especial sobre o Funcionamento Humano Ótimo". Em pé, sozinha na sala de correspondências, comecei a ler. A portinhola da caixa estava aberta.

A psicologia positiva é uma ciência que pode servir de suporte ao *coaching* em muitos aspectos. É definida como o estudo empírico das características individuais positivas, das experiências subjetivas positivas e das instituições positivas[2]. Outra definição – que parece mais intimamente alinhada com o *coaching* – afirma: "A psicologia positiva é o estudo das condições e dos processos que contribuem para o florescimento ou o funcionamento ótimo de pessoas, grupos e instituições"[3]. O que o *coaching* oferece se não isso?

A psicologia positiva criou a estrutura necessária para que os psicólogos passassem a levar os pontos fortes a sério. Hoje existem centenas de estudos que ajudam a validar o *coaching* como uma profissão "real". Para mim, foi importante ter uma base científica para o tipo de trabalho que me interessava. Não estamos mais sozinhos; hoje existem excelentes trabalhos de pesquisa que demonstram os méritos de uma abordagem baseada nos pontos fortes, bem como dados sólidos que sugerem os benefícios de longo prazo do sentimento positivo. Estudos revelam que relações específicas entre experiências positivas e negativas despertam a criatividade e o bem-estar (como aquele de autoria de Fredrickson & Losada[4]), bem como condições específicas que facilitam estados de fluxo e do ser na zona de desempenho ótimo[5,6]. Hoje contamos com uma gama de ferramentas de avaliação na psicologia positiva (por exemplo, Lopez & Snyder[7]), além de estudos empíricos que demonstram a eficácia do *coaching* e das intervenções positivas (por exemplo, Seligman *et al*[8]). A ciência – além da arte – hoje desempenha um papel fundamental no *coaching*[9,10].

E como reunir todas essas variáveis? Estou trabalhando no assunto (ver Kauffman[11]). Quando trabalho com um cliente, aplico os princípios básicos da psicologia positiva em cinco etapas. Em formato de *workshop* ou de grupo, essas etapas são apresentadas de maneira organizada, acompanhadas por intervenções. Na maioria das vezes, no entanto, utilizo um modelo menos estruturado dirigido pelo cliente. As intervenções são quase sempre implícitas e se fundem ao processo de *coaching* através de perguntas, indagações ou solicitações consistentes. Explícita ou implicitamente, são abordadas as seguintes áreas:

- ⇨ Reversão do Foco.
- ⇨ Avaliação Positiva.
- ⇨ Melhoria do Bem-Estar.
- ⇨ Promoção da Esperança e da Tenacidade.
- ⇨ Obtenção do Máximo Desempenho.

O espaço não permite que eu me estenda muito, mas eis uma breve explicação sobre a ciência subjacente a essas cinco áreas.

REVERSÃO DO FOCO

Somos treinados – e provavelmente configurados – para focalizar o que existe de errado conosco e com os outros. O nosso cérebro processa questões não resolvidas (como os fracassos) de forma mais intensa do que as questões resolvidas (como os sucessos e as experiências positivas). As pesquisas sugerem que a reversão desse foco pode nos levar a ser mais criativos, a pensar em termos globais, a aumentar nossa produtividade e a melhorar nosso bem-estar.

AVALIAÇÃO POSITIVA

As pesquisas sugerem também que a capacidade de uma pessoa de articular e utilizar seus pontos fortes leva a um maior bem-estar, menos depressão e mais amor próprio. Existem várias avaliações sobre pontos fortes (VIAStrengths.org; AuthenticHappiness.org; Peterson & Seligman[12], por exemplo), otimismo (Carver & Scheier[13], felicidade, satisfação de vida, coragem, tenacidade e esperança (Lopez & Snyder[14]). Essas ferramentas de valor inestimável os ajudam a cartografar nosso progresso à medida que navegamos rumo às nossas metas.

MELHORIA DO BEM-ESTAR

As pesquisas de Fredrickson[14-16], por exemplo) demonstram que o impacto da experiência positiva vai muito além dos momentos em que a pessoa se sente bem. Pequenos aumentos na incidência de experiências positivas podem melhorar o funcionamento ampliando e construindo o nosso repertório de ideias, habilidades e comportamentos. Uma meta-análise formada por mais de 250 estudos revelou também que a felicidade leva ao sucesso – não o contrário – e que a felicidade pode também gerar melhores condições de saúde e desempenho (Lyubomirsky, King & Diener[17]).

PROMOÇÃO DA ESPERANÇA E DA TENACIDADE

Respaldada por uma grande quantidade de provas (como Lopez *et al.*[18]; Snyder *et al.*[19]), a teoria da esperança sugere que a esperança possui dois componentes: atuação (crença de que a pessoa é capaz de alcançar resultados valiosos) e caminhos (conhecimento dos passos necessários para alcançá-los). O ideal é que se tenha ambos. As pessoas podem ter grande confiança em sua capacidade de alcançar metas sem ter a menor ideia de como alcançá-las. Outras podem saber exatamente os passos necessários para ir de um ponto A a um ponto B, mas não confiam na sua capacidade de dar esses passos. Os dados sugerem que a esperança é um forte indicador do sucesso esportivo, acadêmico e profissional. Hoje existem muitas estratégias para aumentar a esperança (como Lopez *et al.*[18]).

OBTENÇÃO DO MÁXIMO DESEMPENHO

Um dia considerados domínio exclusivo dos atletas olímpicos, os estados de fluxo hoje estão, na realidade, ao alcance de todos nós. Centenas de estudos já revelaram as condições facilitadoras do fluxo. Uma das chaves é o equilíbrio entre habilidade e desafio. A aplicação de uma habilidade altamente desenvolvida a uma atividade que não envolva grandes desafios gera o tédio. Enfrentar um enorme desafio sem as habilidades necessárias, por outro lado, gera ansiedade. Existem várias técnicas de *coaching* que permitem pequenos ajustes em qualquer dos lados da equação para a obtenção de fluxo e máximo desempenho.

Em princípio, esses passos podem parecer assustadores. Na prática, porém, os intercâmbios e as explorações são animados e divertidos, com muitos daqueles maravilhosos momentos de descoberta. O crescimento e a alegria são comuns. A fusão entre as bases da psicologia positiva e a prática do *coaching* é revigorante. O processo pode ser transformador tanto para nós mesmos quanto para os nossos clientes.

REFERÊNCIAS

1 Kauffman, C.; Grunebaum, H.; Cohler, B. & Gamer, E. "Superkids: Competent Children of Psychotic Mother", *American Journal of Psychiatry*, 136(11), 1979, pp. 1.398-1.402.

2 Seligman, M.E.P. & Csikszentmihalyi, M. "Positive Psychology: An Introduction", *American Psychologist*, 55(1), 2000, 5-14.

3 Gable, S. & Haidt, J. "What (and why) is positive psychology?", *Review of General Psychology*, 9(2), 2005, 103-10.

4 Fredrickson, B. & Losada, M. "Positive affect and the complex dynamics of human flourishing", *American Psychologist*, 60(7), 2005, 678-86.

5 Csikszentmihalyi, M. *Flow*, Harper, 1991.

6 _____. *Finding Flow: The Psychology of Engagement with Everyday Life*, Basic Books, 1997.

7 Lopez, S. & Snyder, C.R. *Handbook of Positive Psychological Assessment: A Handbook of Models and Measures,* American Psychological Association, 2003.

8 Seligman, M.E.P.; Steen, T.; Park N. & Peterson, C. "Positive Psychology Progress: Empirical Validation of Interventions", *American Psychologist*, 60(5), 2005, 410-21.

9 Kauffman, C. "Toward a Positive Psychology of Executive Coaching", in Linley, A. Joseph, S. (eds.). *Positive Psychology in Practice,* Wiley, 2004.

10 Kauffman, C. "The Science at the Heart of Coaching", in Stober D.; GRANT, A.; (eds.). *Evidence Based Coaching Handbook: Putting Best Practices to Work for Your Clients,* Wiley, 2006.

11 _____. *The Practice of Positive Psychology in Coaching.* Invited Keynote Address, to be presented at the Second International Coaching Psychology Conference, British Psychological Society, London, Dec. 2007.

12 Peterson, C. & Seligman, M. *Character Strengths and Virtues,* American Psychological Association, 2004.

13 Carver, C.S. & Scheier, M. "Optimism", in Lopez, S.; Snyder, C.R.; (eds.). *Positive Psychological Assessment: A Handbook of Models and Measures,* American Psychological Association, 2003.

14 Fredrickson, B. "The Role of Positive Emotions in Positive Psychology: The 'Broaden-and-build' Theory of Positive Emotions", *American Psychologist,* 56(3), 2001, 218-36.

15 _____. "The 'Broaden-and-build' Theory of Positive Emotions", in Huppert, F.; Baylis, N.; Keverne, B. (eds.). *The Science of Wellbeing,* Oxford University Press, 2006.

16 Cohn, M. & Fredrickson, B. "Beyond the Moment, Beyond the Self: Shared Ground Between Selective Investment Theory and the Broaden-and-build Theory of Positive Emotions", *Psychological Inquiry,* 17(1), 2006, 39-44.

17 Lyubormirsky, S.; King, L., & Diener, E. "The Benefits of Frequent Positive Affect: Does Happiness Lead to Success?", *Psychological Bulletin,* 131(6), 2005, 803-55.

18 Lopez, S.; Snyder, C.R.; Magyar-Moe, J.; Edwards, L.; Pedrotti, J.T.; Janowski, K. *et al.* "Strategies for Accentuating Hope", in Linley, A.; Joseph, S. (eds.). *Positive Psychology in Practice,* Wiley, 2004.

19 Snyder, C.R.; HarriS, C.; Anderson, J.; Holleran, S.; Irving, L.; Sigmon, S. *et al.* "The Will and the Ways: Development and Validation of an Individual", *Journal of Personality and Social Psychology,* 1991, (60)4, 570-85.

Carol Kauffman PhD, PCC mantém um ativo consultório de *coaching* e é Professora Clínica Assistente na Faculdade de Medicina da Universidade de Harvard, onde leciona psicologia positiva. É fundadora do Instituto de Psicologia do *Coaching* (Coaching Psychology Institute). Coeditora de uma edição especial da revista científica *International Coaching Psychology Review* sobre psicologia positiva, Kauffman será coeditora-chefe da nova revista acadêmica, *Coaching: International Journal of Theory, Research and Practice.* Para mais informações, visite:
www.PositivePsychologyCoaches.com
www.CoachingPsychologyInstitute.com

5

COACHING COMPORTAMENTAL

"A menor distância entre dois pontos está em fase de construção."

Noelie Altito

O *coaching* comportamental transfere o foco de metas, valores e motivações interiores do cliente para o seu comportamento exterior. A palavra "comportamento" significa conduzir-se de determinada maneira. Comportamento é o que as pessoas fazem e dizem, suas ações e reações aos acontecimentos. Se as pessoas fossem orientadas durante muitos meses e ainda assim continuassem a fazer tudo exatamente como sempre fizeram, você questionaria a eficácia do *coaching*. O *coaching* eficaz sempre resulta em mudança de comportamento e ajuda as pessoas a agir de maneira diferente. Os resultados são observáveis nas ações que produzem impacto no mundo exterior. Essas ações podem ser vistas no plano exterior, mas os pensamentos e emoções subjacentes, não; estes têm que ser deduzidos. O *coaching* comportamental focaliza o comportamento, não o pensamento e as emoções que o originam.

O *coaching* muda o mundo interior dos clientes também, seus valores, emoções e pensamentos. Não existe mudança de comportamento exterior sem mudança subjetiva interior. As mudanças de pensamento e emoções levam necessariamente a diferentes ações. Todo *coaching* afeta o comportamento, embora nem todas as modalidades tenham como objetivo básico o comportamento. O pressuposto subjacente ao *coaching* comportamental é de que o comportamento é aprendido, e o que é aprendido pode ser desaprendido, reaprendido ou modificado.

O *coaching* comportamental busca mudanças de comportamento sustentáveis e mensuráveis através de técnicas válidas nas ciências do comportamento. As ciências do comportamento são disciplinas como a sociologia, a antropologia e os diferentes ramos da psicologia (pessoal, clínica e industrial), mas não incorpora a psicologia desenvolvimental, que é um ramo da psicologia que estuda as mudanças ao longo do tempo e sua inter-relação. O *coaching* comportamental focaliza o comportamento, e não o que esse comportamento significa ou o que o origina.

Deve haver uma maneira de medir o comportamento antes e depois das mudanças; do contrário, é impossível avaliar as mudanças. A mudança é clara e inequívoca quando pode ser medida. Não se pode mudar o que não se pode medir, e não se pode medir o que não se vê. O *coach* comportamental avalia as mudanças a partir de uma perspectiva externa. As mudanças precisam ser visíveis e mensuráveis.

O *COACHING* COMPORTAMENTAL NO MUNDO DOS NEGÓCIOS

O *coaching* comportamental é aplicado principalmente em um contexto empresarial. O mundo dos negócios exige alto desempenho, e alto desempenho só faz sentido se puder ser medido e comparado com outros níveis de desempenho. Quando o desempenho de um indivíduo melhora, toda a empresa se beneficia. O *coaching* comportamental é utilizado como um meio de aumentar o desempenho das pessoas e da empresa. As pessoas aprendem a crescer em consequência de seu *coaching* no ambiente de trabalho, e esse aprendizado e crescimento precisam contribuir para aumentar a eficácia e a eficiência dos negócios mediante a realização das metas corporativas e a ampliação da visão, da missão, dos valores e da rentabilidade da empresa. O *coaching* que resulta na desilusão das pessoas, fazendo-as deixar a empresa, não é considerado um sucesso (embora possa ser o melhor resultado, dadas as circunstâncias). O *coaching* que leva uma pessoa a ser mais feliz sem qualquer melhoria em seu trabalho também não pode considerado bem-sucedido.

O *coaching* comportamental é utilizado principalmente com gerentes e executivos com o intuito de ajudá-los a desenvolver suas habilidades, eliminar obstáculos pessoais e alcançar mudanças valiosas e duradouras em sua vida profissional e pessoal. Os modelos de *coaching* comportamental são baseados em modelos e princípios de gestão definitivos e comprovados, e devem levar a resultados objetivamente mensuráveis. As mudanças vivenciadas pelos clientes precisam ser traduzidas em um plano de ação que faça parte de um plano de desenvolvimento contínuo para eles em seu trabalho.

Os principais proponentes do *coaching* comportamental são Suzanne Skiffington e Perry Zeus, autores de uma série de livros sobre a abordagem comportamental[1-3]. A meta geral do *coaching* comportamental conforme definido por Skiffington e Zeus é "ajudar as pessoas a aumentar sua eficácia e felicidade no trabalho, na educação, nas áreas de assistência médica e na comunidade como um todo". Os autores apresentam uma metodologia de seis etapas para as intervenção do *coaching* comportamental na área empresarial. As etapas são: educação, coleta de dados, planejamento, mudanças de comportamento, medição e avaliação. O modelo visa às mudanças de comportamento e a coleta de *feedback* comportamental para medir o progresso e avaliar os resultados com base nas mudanças de comportamento que levam às metas de negócios. Essa metodologia, pertencente aos quadrantes do lado direito no modelo integral, lida principalmente com a estrutura do *coaching* e a maneira como essa estrutura precisa ser montada a partir de um plano externo para que funcione da melhor maneira possível.

PRIMEIRA ETAPA: EDUCAÇÃO

Os *coaches* precisam instruir os clientes em relação ao *coaching*, esclarecendo-lhes sua finalidade e forma de avaliação. Eles precisam gerenciar as expectativas de seus clientes pessoa física e jurídica, e descartar quaisquer ideias errôneas sobre o *coaching*. Normalmente, nesta etapa é feita uma Análise das Necessidades de *Coaching*.

É nesta etapa que surgem questões relativas à confidencialidade. A confidencialidade é uma condição essencial. O *coach* e seu cliente devem trabalhar juntos, e o cliente deve ter certeza de que o que ele disser não será levado ao conhecimento de seus gerentes. Caso contrário, ele não dirá o que pensa e, provavelmente, sonegará informações. O *coach* não deve estar sujeito a pressões da gerência. Se o *coach* for visto como um títere e as pessoas acharem que o que elas disserem será reportado aos seus gerentes, o *coaching* perderá sua eficácia. O processo de *coaching* estará fadado ao fracasso desde o início se os *coaches* não conquistarem a confiança de seus clientes. Os *coaches* precisam encontrar uma maneira de respeitar a confidencialidade do cliente, sem deixar, no entanto, de cumprir seu contrato e sua obrigação com a empresa. Trata-se de um conflito em potencial, uma vez que o cliente não é o empregador. A empresa contrata um *coach* para que este preste orientação a um gerente da empresa, em cujo caso o gerente é que é o cliente. Desde o início, *coach*, cliente e empresa precisam estar de comum acordo nesse ponto. Existem duas maneiras de se abordar essa questão:

⇨ O *coach* e o cliente podem concordar em apresentar regularmente ao gerente um relatório escrito, o qual deverá ser visto e visado pelo cliente.

⇨ O *feedback* para a empresa são as mudanças de comportamento do cliente e os melhores resultados nos negócios, desde que haja uma forma consensual de mensurá-los.

A empresa não precisa saber em detalhes o que acontece na sessão, apenas o resultado comportamental, justamente o item que ela está financiando.

SEGUNDA ETAPA: COLETA DE DADOS

O *coach* necessita de informações sobre o estado presente da empresa e o que esta deseja que ele alcance. Ele precisa de informações sobre os clientes que estarão sob seus cuidados e o tipo de comportamento que seus clientes precisam mudar para alcançar suas metas de desempenho.

Trabalhando com a empresa, o *coach* define o escopo do programa, o número de clientes, o número de sessões e o cronograma. O modo de avaliação dos efeitos do *coaching* também precisa ser acordado. O *coach* precisa ainda consultar diversos interessados no que tange aos seus clientes – colegas, subordinados diretos, equipes executivas e, às vezes, clientes, dependendo do escopo do *coaching*, Os clientes individuais, suas equipes e fatores organizacionais também são levados em consideração.

Os dados são coletados através de entrevistas, grupos de foco, observação direta e pesquisas de opinião. São utilizados também testes psicométricos. Já existem muitas pesquisas psicológicas sobre modelos de personalidade que podem ser utilizadas na avaliação de clientes individuais.

Os dados de nada valem se não forem colocados dentro de um contexto e tiverem uma finalidade, sob pena de se tornarem informações inúteis. A coleta de dados tem por objetivo avaliar os pontos fortes e fracos no comportamento do indivíduo e da equipe em relação às competências pessoais, grupais e organizacionais. Uma competência é uma habilidade específica, definida para o contexto empresarial, necessária para que se alcancem as metas individuais e corporativas definidas pela empresa. A avaliação deve sugerir a melhor maneira de se explorar os pontos fortes dos clientes e tratar suas deficiências, bem como as medições destinadas a fornecer *feedback* e determinar o sucesso do *coaching*.

O *coaching* empresarial envolve quatro relacionamentos importantes que requerem atenção:

1 *O cliente individual e o coach*. Este é o relacionamento mais visível e óbvio, e é fundamental que os dois trabalhem efetivamente juntos.

2 *O coach e o departamento de recursos humanos*, ou qualquer outro departamento da empresa que tenha contratado o *coach*. O *coach* precisa ter total conhecimento do contexto organizacional do *coaching*.

3 *O cliente e o departamento de recursos humanos*. Os clientes precisam saber a razão pela qual estão recebendo orientação e o que se espera deles; o departamento de RH precisa estar convencido de que os clientes estão aptos a tirar o melhor proveito do *coaching*.

4 *O cliente e seu gerente de linha*. O gerente de linha deve compreender e prestar suporte ao cliente durante o *coaching*, podendo, também, ser envolvido no processo com a finalidade de ajudar a definir os objetivos para o programa de *coaching*.

Esses primeiros passos são uma preparação importante para qualquer intervenção da empresa no processo de *coaching*, consultoria e treinamento.

QUESTIONAMENTO DE CIRCUITO SIMPLES E CIRCUITO MÚLTIPLO

O *coaching* comportamental adota um modelo de questionamento utilizado na coleta de dados. As perguntas de circuito simples são aquelas que levantam e exploram as questões sem se aprofundar nas razões de sua ocorrência. As perguntas de circuito duplo, por sua vez, exploram as razões que deram origem aos problemas e os fatores que os influenciam.

Por fim, as perguntas de circuito triplo exploram pressupostos e valores organizacionais que possam ter contribuído para o problema. Essas perguntas são mais sistêmicas e estabelecem a relação entre o comportamento individual, o sistema da empresa e os resultados organizacionais.

Essas perguntas formam um modelo semelhante ao *coaching* de circuito simples e circuito duplo no modelo de *coaching* de PNL.

TERCEIRA ETAPA: PLANO DE AÇÃO

Depois que o *coach* toma ciência do comportamento a ser mudado, a pergunta é: como mudá-lo? O comportamento precisa ser específico e observável. Pode ser novo ou uma versão melhorada de um comportamento existente. O novo comportamento combinado aos respectivos resultados passa a ser a meta, e é preciso um plano de ação para alcançá-la. Esse plano normalmente assume a forma de um plano de desenvolvimento pessoal (PDP) – um registro escrito das tarefas realizadas e dos resultados alcançados – e fornece material de reflexão tanto para o *coach* quanto para o cliente, além de fazer parte da prova da eficácia do *coaching*. Qualquer que seja a forma do plano de ação definida entre o *coach* e o cliente, o plano precisa ser específico, compartilhado e colocado no papel.

Uma parte importante da fase de planejamento é verificar se existem quaisquer fatores organizacionais que conservem comportamentos que precisam ser mudados. Esses fatores incluem supervisores difíceis, maus relacionamentos, procedimentos ineficazes, falta de liderança ou ineficiência dos sistemas de comunicação corporativa. O *coach* pode ressaltar esses fatores em seu relatório, embora, nesse caso, ele esteja "vestindo a camisa" de consultor. Por fim, o comportamento precisa ser reforçado para que seja mantido. Quais as recompensas do novo comportamento? Que benefícios o cliente receberá em troca?

QUARTA ETAPA: MUDANÇA DE COMPORTAMENTO

Agora o *coach* pode iniciar o *coaching* com seus clientes. Existem muitas técnicas que os *coaches* comportamentais utilizam para gerenciar e mudar o comportamento.

- A imitação é quando os clientes observam e copiam alguém que tenha alcançado o comportamento desejado.
- Os clientes são colocados a par dos estímulos – "âncoras" – que desencadeiam quaisquer comportamentos indesejados para que possam eliminá-los ou, pelo menos, para que se mantenham suficientemente atentos a esses comportamentos para que eles percam sua força

⇨ A prática combinada com o *feedback* e a técnica de *role-playing* (interpretação de papeis) pode ser útil. Os clientes monitoram seu próprio desempenho e observam seu progresso. No final, eles têm que estar independentes do *coach* e manter o novo comportamento. Qualquer mudança duradoura requer persistência, prática e repetição para que os antigos hábitos sejam mudados e substituídos pelos novos.

⇨ Os *coaches* comportamentais utilizam também *sinais de alerta* – lembretes de que está na hora de parar um determinado comportamento e substituí-lo por outro. Esses lembretes podem ser um protetor de tela no computador, notas adesivas do tipo *Post-it* ou fotos sobre a mesa de trabalho. Esses sinais de alerta são chamados "âncoras" no *coaching* de PNL e "estruturas" no *coaching* coativo.

⇨ E, naturalmente, *perguntas*. Por exemplo: "O que você irá fazer de outro modo?" é uma pergunta relacionada ao comportamento, não uma pergunta cognitiva orientada para a introvisão, como "Por que você acha que fez isso?", ou uma pergunta relacionada às emoções, como "Como você se sente em relação a esse fato?"

O CONDUTOR DESENVOLVIMENTAL

Os *coaches* comportamentais utilizam também a ideia de um condutor desenvolvimental[4], que significa as condições necessárias e suficientes para a mudança de comportamento. São cinco elementos, todos relacionados aos clientes e seus pensamentos e respostas interiores ao *coaching*.

O primeiro elemento é a *introvisão*, ou seja, o grau de compreensão dos clientes sobre as áreas que precisam ser desenvolvidas, o que precisa mudar e o fato de que o seu comportamento presente não está lhes trazendo nenhum benefício.

O segundo é a *motivação*. Qual a importância das mudanças? De que maneira elas estão relacionadas aos valores dos clientes? Isso irá determinar o tempo e a energia que os clientes estão dispostos a investir na implementação da mudança.

O terceiro é o *nível existente de competência*. Os clientes possuem as habilidades especificas necessárias para realizar a mudança e galgar um nível de desempenho mais elevado? Em caso negativo, essas competências precisam ser desenvolvidas e praticadas.

O quarto elemento são as *oportunidades de prática*. Os clientes necessitam não apenas de motivação, mas também da oportunidade de praticar e utilizar a habilidade em questão, o que pode exigir um programa de treinamento.

O quinto e último elemento é a *responsabilidade*. Os clientes receberão *feedback* sobre sua evolução e mudança de comportamento? Perante quem eles respondem? Quais as consequências pessoais da mudança? Existe alguma recompensa que os clientes valorizem? Existe alguma consequência negativa por não mudar?

Esses cinco elementos são todos necessários e o *coach* pode utilizar este modelo para verificar as limitações dos clientes. Por exemplo, o cliente pode ter um alto nível de introvisão e competência, mas baixa motivação. Nesse caso, o *coach* precisa trabalhar com os valores do cliente. Talvez ele precise trabalhar também com a organização empresarial para se certificar de que os clientes serão recompensados com algo que eles valorizem. Por outro lado, o cliente pode ter uma boa introvisão, mas não saber o que fazer. Nesse caso, a competência precisa ser trabalhada. Utilizando este modelo para focalizar as áreas que o cliente precisa desenvolver para realizar a mudança, o *coach* pode evitar perda de tempo e certificar-se de que o *coaching* é adequado para cada um de seus clientes.

A GRADE GAPS

Outra ferramenta útil no *coaching* comportamental é a grade GAPS, que ajuda a gerar introvisão e motivação, coletando informações sobre o estado presente do cliente. "GAPS" (do inglês *Goals and Values, Abilities, Perceptions and Standards* (ou *Success factors*)) significa Metas e Valores, Aptidões, Percepções e Padrões (ou fatores de Sucesso).

A área superior esquerda da grade representa a maneira como os clientes veem a si mesmos e as habilidades que possuem e de que necessitam. A área superior direita é dedicada às metas e valores. Ambas correspondem à visão do cliente.

A área inferior esquerda indica a maneira como outras pessoas importantes veem o cliente (por exemplo, colegas, clientes ou seus gerentes). Os padrões estão situados na área inferior direita – o que é importante para os outros e a maneira como eles medirão o sucesso. Existem algumas possíveis perguntas a serem feitas em cada área da grade.

	Posição atual do cliente	Posição almejada
	Aptidões	Metas e Valores
Visão do cliente	Que habilidades o cliente possui? Que recursos o cliente possui? De que habilidades e recursos o cliente necessita? Quais os pontos fortes do cliente? Quais os seus pontos fracos? Qual o seu comportamento atual? O que precisa mudar?	Quais as metas do cliente? O que é importante para o cliente? O que o motiva? O que o desmotiva? O que o inspira? Como o cliente vê o fato de se correr riscos?
Outras perspectivas	Como as pessoas veem o cliente? Em que áreas elas acham que o cliente é forte? Em que áreas elas o consideram fraco? A que elas atribuem o sucesso do cliente até o momento? Que futuro elas vislumbram para o cliente?	Qual o impacto do comportamento do cliente nas pessoas? De que maneira o sucesso do cliente será medido? A que padrões o cliente tem que atender? Quais as expectativas dos gerentes do cliente?

A grade GAPS é particularmente útil quando a introvisão e a motivação do cliente são questionáveis. O *coach* e o cliente trabalham juntos para preencher todas as áreas. Os quadros do lado direito são importantes. Metas e valores irão indicar o que é importante para o cliente, o que o motiva e o nível de desempenho que ele deseja alcançar. A área referente aos padrões irá esclarecer as expectativas. Normalmente, o *coach* precisa ajudar o cliente a responder às perguntas do quadro inferior direito. As colunas do lado esquerdo irão definir a situação atual e fornecer outras perspectivas sobre o que precisa acontecer no *coaching*.

QUINTA ETAPA: *FEEDBACK* E MEDIÇÃO

O *coach* precisa coletar *feedback* durante todo o processo para se certificar de que o *coaching* está no caminho certo. O que está acontecendo em consequência do *coaching*?

Os clientes precisam monitorar seu progresso com o auxílio de seu plano de desenvolvimento pessoal. O *feedback* precisa ser específico e baseado nos critérios de medição definidos no início do programa. Os colegas e os gerentes dos clientes também participam da medição através de seus relatórios.

SEXTA ETAPA: AVALIAÇÃO

O programa de *coaching* foi bem-sucedido? Cumpriu o que foi definido na primeira etapa? Não se pode avaliar sem ter medido. O resultado comportamental para o indivíduo ou para a equipe precisa ser associado ao desempenho da empresa. Eis alguns exemplos de perguntas que precisam ser respondidas nesta fase do processo:

⇨ Os clientes mudaram seu comportamento?
⇨ Houve alguma mudança no comportamento da equipe por consequência?
⇨ Como os clientes se sentem em relação às mudanças?
⇨ Os clientes mantiveram as mudanças?
⇨ As mudanças de comportamento resultaram no alto desempenho desejado por parte dos clientes?
⇨ As mudanças de comportamento resultaram nas metas desejadas da empresa?

A medição e a avaliação podem ser feitas em diferentes níveis:

⇨ Sentimento subjetivo do cliente.
⇨ Aumento de conhecimentos e habilidades.
⇨ Mudanças de comportamento.
⇨ Resultados da empresa.

Os dois últimos itens são muito importantes no *coaching* comportamental. Pode ser calculado também o retorno sobre o investimento ou o retorno sobre as expectativas. Mais detalhes sobre essas medições poderão ser encontrados na Terceira Parte.

COACHING COMPORTAMENTAL E MOTIVAÇÃO

O *coaching* comportamental possui alguns pressupostos: primeiro, de que as mudanças ocorrem influenciando o comportamento, e de que o comportamento pode ser moldado; e, segundo, de que as pessoas tomam uma iniciativa ao perceber que algo que lhes seja importante está em risco. O *coach* age como um motivador, um conselheiro e um fornecedor de *feedback*. Os clientes mudarão se forem motivados a mudar. A motivação é necessária para mudar o comportamento, e é algo invisível. A palavra "motivação" significa movimento e a razão (motivo) pela qual você se movimenta. A motivação é uma ideia abstrata, mas o sentimento é real; ou seja, é a vontade de fazer algo ou promover uma mudança – por alguma razão. O *coaching* comportamental explora os incentivos que levam as pessoas a querer mudar. E como funcionam esses incentivos?

O incentivo provém do plano exterior. Em um ambiente de negócios, isso normalmente subentende o fato de alguém lhe dizer para fazer algo e constitui a base da chamada teoria X (a teoria X afirma que a maioria das pessoas não quer trabalhar e precisa de algum estímulo externo).

O incentivo pode também ser interno. A energia necessária para agir provém de dentro de você, porque você quer agir e o considera importante. Essa é a base da chamada teoria Y (a teoria Y afirma que as pessoas são naturalmente motivadas e trabalharão por sua própria conta se deixadas à mercê de seus próprios recursos).

Ambas as teorias são corretas, porém incompletas. As pesquisas no campo da psicologia não endossam uma em detrimento da outra. Tudo depende do contexto e da pessoa. Uma pessoa pode responder principalmente a uma motivação exterior, outra, a uma motivação interior, mas isso depende também do que ela esteja fazendo. A motivação interior positiva provém dos valores dos clientes, aquilo que lhes é importante, como, por exemplo, reconhecimento, desafio ou perspectivas profissionais. Os *coaches* precisam saber como os seus clientes respondem aos incentivos exteriores e que valores lhes servem de incentivo interior.

Normalmente, os *coaches* comportamentais precisam orientar os clientes a pedir aquilo que consideram importante. Quando as pessoas não recebem o que querem, elas se tornam desmotivadas. Entretanto, se a gerência não souber o que quer, os funcionários não têm como corresponder às suas expectativas.

As pesquisas de opinião revelam que, para os gerentes, um dos maiores incentivos é o reconhecimento de suas realizações. É extremamente motivador se esse reconhecimento vier de alguém que eles respeitem. Maior responsabilidade e mais dinheiro também são incentivos. O dinheiro em si não tem nenhum valor, mas compra coisas de valor, não apenas computadores e TVs de tela plana, mas bens mais importantes, como segurança e liberdade. O dinheiro em si não compra criatividade nem garante alto desempenho[5].

Do ponto de vista comportamental, o comportamento recompensado tende a se repetir. O comportamento que tenha produzido maus resultados tende a não se repetir, desde que a pessoa veja a relação entre o comportamento e as consequências. A recompensa precisa ser percebida como tal pelo cliente. Por exemplo, a "recompensa" pela conclusão de um projeto difícil dentro do prazo normalmente é outro projeto ainda mais difícil e com prazo mais apertado. Do ponto de vista dos clientes, isso não é uma recompensa[6].

A motivação determina o comportamento, de modo que, embora focalizando o comportamento, o *coaching* comportamental precisa levar em consideração a pessoa como um todo. As emoções e o pensamento levam à ação, e a ação, por sua vez, modifica o pensamento e as emoções. As pessoas não são máquinas de estímulo/resposta. Elas respondem aos incentivos que valorizam.

Para resumir, os *coaches* ajudam seus clientes a se conscientizarem de uma necessidade de mudança; eles criam a motivação e o compromisso necessários para que as metas desejadas sejam alcançadas. O cliente e o *coach* elaboram um plano de ação, e o *coach* fornece o respectivo *feedback* à medida que o cliente alcança os resultados almejados.

Muitas das intervenções na área empresarial não duram muito tempo, uma vez que os clientes não conseguem manter as mudanças em um ambiente onde não há apoio, ainda que o queiram. Para mudar seu comportamento, e obter melhores resultados, os clientes precisam incorporar novas introvisões à prática para que possam desenvolver novos hábitos. Sem um conjunto de etapas claras de natureza prática e a prática necessária que os ajude nessa empreitada, os antigos hábitos logo se reafirmarão. O aprendizado só irá durar se o compromisso emocional subjacente estiver presente: "Eu quero mudar realmente?" E essa é uma pergunta-chave para o cliente em qualquer modelo de *coaching*.

ESTUDO DE CASO

O *coaching* comportamental adotaria uma abordagem diferente com Brian como cliente, focalizando mais o seu desempenho no trabalho. Haveria entendimentos entre Brian, o seu gerente, o departamento de recursos humanos que providenciou o *coaching* e o *coach*. Brian poderia esclarecer suas expectativas em relação ao *coaching* e o seu *coach* definiria o comportamento que Brian precisaria mudar e os respectivos resultados. Brian provavelmente se concentraria na tarefa de mudar seu humor e de trabalhar com sua equipe de forma mais produtiva. Ele precisaria também decidir se confidenciaria ao *coach* suas dúvidas em continuar na empresa. O *coach* não tentaria persuadi-lo a ficar, mas tentaria se certificar de que, se ficasse, ele estaria tomando a decisão certa.

O *coach* faria diferentes tipos de perguntas. Por exemplo, quais os problemas e as questões que Brian enfrenta em seu trabalho? Por que surgem esses problemas? Como Brian se sente em relação ao seu trabalho? Existem pressupostos organizacionais por trás dos problemas de Brian? Os seus patrões esperam demais dele? Por que ele foi preterido na oportunidade de ser promovido? Ele recebeu um *feedback* claro sobre seu desempenho no passado? Como se formam as equipes na empresa? A maneira como as equipes são formadas gera conflitos?

O *coach* trabalharia com Brian de modo a ajudá-lo com sua equipe e a pedir ajuda e apoio a seus gerentes quando necessário. Brian tem dificuldade em pedir ajuda, e segue sob pressão até perder as estribeiras. Isso é um padrão que ele e o *coach* procurariam eliminar.

Que incentivos Brian tem em seu trabalho? O que ele valoriza? Por que ele está nesse emprego? O *coach* exploraria com Brian o que o motiva em seu trabalho e do que ele necessita para se sentir satisfeito. Ele quer uma promoção? O que isso significa para ele? Mais reconhecimento? Um aumento de salário? No momento, está claro que Brian está desmotivado.

Brian tem uma boa introvisão da situação, mas precisa adquirir habilidades de comunicação e ter oportunidades para praticá-las. Seu *coach* o ajudaria mostrando-lhe os tipos de habilidades de que ele necessita para gerenciar sua equipe, bem como através de *role-playing* e *feedback*. Juntos, eles identificariam quaisquer gatilhos que estivessem desencadeando estados de instabilidade emocional e os eliminariam. Brian trabalharia no seu PDP e com uma grade GAPS, de modo a compreender as expectativas a seu respeito e o que é importante para ele.

O *coaching* ajudaria Brian a trabalhar melhor e a esclarecer se ele deve continuar ou deixar o seu emprego atual.

REFERÊNCIAS

1 Zeus, P.; Skiffington, S. *The Complete Guide to Coaching at Work*, 2000.
2 _____. *The Coaching at Work Tool Kit*, 2002.
3 Skiffington, S.; Zeus, P. *Behavioral Coaching*, 2003.
4 Hicks, M.; Peterson, D. The Development Pipeline: How People Really Learn, *Knowledge Management Review*, 9, 1999.
5 Kohn, A. *Punished by Rewards*, 1993.
6 Fournies, F. *Coaching for Improved Work Performance*, 2000.

6
COACHING ONTOLÓGICO

"As redes de pesca são para pegar peixes. Mas, após pegar os peixes, as redes são esquecidas. As armadilhas são para pegar lebres, mas, após pegar as lebres, as armadilhas são esquecidas. As palavras são para transmitir ideias, mas, depois que as ideias, são assimiladas, as palavras são esquecidas. Como eu gostaria de ouvir um contador de histórias que tivesse esquecido todas as palavras."

Chuang Tzu

O *coaching* ontológico começa pelos princípios, não pelo comportamento. Ontologia é o estudo do ser, da natureza e da qualidade da existência – não de algo em que pensamos diariamente, mas de algo que vivemos todos os dias. O *coaching* ontológico transporta essas ideias não examinadas para o primeiro plano da prática do *coaching*.

O *coaching* ontológico focaliza o que chama de "modo de ser" do cliente, não o seu comportamento. Esse "modo de ser" é definido como "a interação dinâmica entre a linguagem, as emoções e a fisiologia"[1]. É o que determina o comportamento, gerando o que sentimos, dizemos e fazemos. O *coaching* ontológico tem por objetivo mudar o modo de ser do cliente. Ao contrário da PNL ou da abordagem integral, o *coaching* ontológico foi desenvolvido especificamente como um modelo de *coaching* e possui terminologia própria.

Fernando Flores foi o primeiro a utilizar o termo *"coaching* ontológico" e o principal originador das ideias. Flores era ministro de Estado do governo chileno sob a presidência de Salvador Allende quando este foi deposto pelo golpe militar conduzido pelo general Pinochet, em 1973. Ele foi preso até que a Anistia Internacional negociasse sua libertação, juntamente com a de outros presos políticos. Flores se mudou para os Estados Unidos, onde trabalhou como consultor e desenvolveu seu pensamento sobre as organizações[2] e as ideias-chave do *coaching* ontológico, detalhadas por ele na entrevista que se segue a este capítulo. As visões de Flores sobre os sistemas e a estrutura e a função da linguagem foram profundamente influenciadas pelo biólogo chileno Humberto Maturana[3]. Na década de 1980, Flores colaborou com dois outros chilenos, Julio Olalla (assessor jurídico do governo que também trabalhou com o Presidente Allende e foi exilado durante a ditadura Pinochet) e Rafael Echeverria[4]. Echeverria e Olalla criaram sua própria empresa em 1990. O *coaching* ontológico conta com forte representação na Espanha e nos países de língua espanhola da América do Sul, especialmente na Argentina e no Chile.

As etapas básicas do *coaching* ontológico são as seguintes:

1 Estabelecer o relacionamento de *coaching*.
2 Identificar a preocupação do cliente a ser abordada e a extensão do colapso em sua vida.
3 Explorar a linguagem, os estados de espírito e a fisiologia que o cliente está utilizando para criar o seu modo de ser.
4 Ajudar o cliente a mudar aquilo que o está impedindo de lidar com o colapso de maneira útil e produtiva.

O RELACIONAMENTO DE *COACHING*

No *coaching* ontológico, o cliente é considerado o "outro legítimo". O que isso significa? Significa que o *coach* ouve o que é, de fato, importante para o seu cliente, não necessariamente o que ele deseja alcançar. O *coach* aceita o cliente como ele é, do seu próprio jeito. Os dois compartilham um entendimento através de diferentes tipos de conversa.

ESCUTAR

Escutar é fundamental para o *coaching* ontológico. Ouvir é uma função puramente auditiva – as ondas sonoras chegam aos seus ouvidos. O escutar, por outro lado, acrescenta significado aos sons. Escutar significa prestar atenção à pessoa que está por trás das palavras.

A linguagem é construída entre pelo menos duas pessoas e consiste em uma combinação dos atos de falar e escutar. A linguagem falada não existe se não houver quem escute. As suas palavras são importantes se ninguém as puder ouvir? Sim, porque existe sempre alguém escutando – você. Os nossos diálogos interiores têm um falante e um ouvinte, e as conversas íntimas que se desenrolam em nossas mentes moldam a forma como observamos e escutamos os outros.

Escutar não é um ato passivo, mas um processo ativo que confere realidade à linguagem e sentido ao que é dito. O significado que interpretamos depende de quem fala e do contexto em que o faz – quando alguém grita "Fogo!" no palco de um teatro, a platéia não evacua repentinamente o prédio...

Assim como a PNL, o *coaching* ontológico não considera as palavras como inocentes portadoras de um significado fixo. O significado que elas têm para quem fala pode não ser (e é muito provável que não seja) o mesmo para quem escuta. No sentido ontológico, nós estamos sempre escutando, porquanto estamos sempre fazendo nossas próprias interpretações. Quando nos comunicamos com outra pessoa, correlacionamos as interpretações, ou seja, coordenamos o sentido que cada um de nós extrai do que é dito.

Os *coaches* da área de *coaching* ontológico são incentivados a se fazer três perguntas enquanto escutam:

1 Como estou escutando; que sentido estou extraindo do que está sendo dito?
2 Por que estou escutando dessa maneira; quais as minhas preocupações?
3 Quais as preocupações de meus clientes para que eles estejam falando dessa maneira?

O COLAPSO E O INTERESSE DO CLIENTE

O termo "interesse" significa "com atenção". No *coaching* ontológico, um "interesse" é algo importante; em outros modelos de *coaching* isso é chamado de "valor". O significado e a realização em nossas vidas provêm da satisfação de nossos interesses, que merecem atenção extra quando temos algum problema.

No *coaching* ontológico, os clientes consultam um *coach* por causa de um *colapso*, e é o cliente quem define o colapso, não o *coach*. Um colapso em *coaching* ontológico é uma interrupção no fluxo de vida, e essa descrição provém dos escritos de Martin Heidegger[5], o filósofo alemão falecido em 1976. Para Heidegger, a maior parte de nossa vida é "transparente". Isso significa que você não a percebe, exatamente como uma vidraça transparente; você enxerga através dela sem se dar conta de que ela está ali. Um exemplo disso é a saúde física. Não notamos que estamos saudáveis enquanto não adoecemos. Quando a vida é transparente, agimos por força do hábito. Criamos nossos hábitos de comportamento, hábitos de atenção e hábitos de pensamento. Quando esses hábitos funcionam bem, tudo está bem. Quando nos deparamos com uma situação com a qual não sabemos lidar, a vida se torna menos transparente e vivenciamos um "colapso". Os hábitos não são adequados para lidar com a situação em questão.

Os colapsos nos levam a questionar nossos hábitos de pensamento e ação. Um colapso não tem que ser necessariamente um evento negativo. Por exemplo, um novo sócio, uma promoção no trabalho ou o fato de ser profundamente influenciado por um livro – qualquer desses eventos pode representar um colapso se colocar nossos hábitos em questão. Um colapso também pode ser negativo, como uma separação, uma briga ou a perda de um emprego. E pode ser neutro, também, mas, ainda assim, exigir algum tipo de ação, como a necessidade de se tomar uma decisão e não saber qual o melhor curso de ação.

O que normalmente fazemos é corrigir o colapso o mais rápido possível, de modo a devolver a transparência à nossa vida. Porém, às vezes, isso não é possível. Algumas pessoas são capazes de sobreviver a uma catástrofe, enquanto para outras um pequeno transtorno em sua rotina é suficiente para tirá-las do sério (e todos à sua volta). Os colapsos são uma chamada para a ação, e também um pedido de ajuda. Quando ocorre um colapso, o cliente sofre; ele não sabe o que fazer e pede ajuda. No *coaching* ontológico, o colapso precisa ser discutido para que possa ser analisado e corrigido.

LINGUAGEM

No *coaching* ontológico, a linguagem é muito mais do que as palavras que dizemos uns para os outros. A linguagem é uma tecnologia através da qual podemos fazer as coisas. Linguagem é falar *e* escutar, e o meio pelo qual coordenamos as ações entre nós e os outros. O uso da linguagem é um atributo essencial do ser humano. Quando falamos, levamos nossas decisões a público e assumimos responsabilidade por elas. O *coaching* ontológico leva a linguagem muito a sério, assim como a PNL, mas com uma diferença. Enquanto a PNL presta particular atenção nas palavras ditas, o *coaching* ontológico vê a linguagem como ação – a criação de compromissos para o futuro. O *coaching* ontológico ajuda os clientes a ver como eles utilizam inadvertidamente a linguagem para criar e manter limites e problemas, mostrando-lhes de que maneira eles podem fazer uso da linguagem para construir uma "realidade" melhor. Com isso, o *coaching* ontológico explora e resolve alguns aspectos do modo de ser dos clientes que os estão impedindo de tomar uma ação eficaz.

O *coaching* ontológico define seis "atos linguísticos" básicos. Fernando Flores desenvolve esses atos a partir do trabalho de John Searle[6], professor de Filosofia na Universidade de Berkeley, Califórnia. Esses atos linguísticos básicos são as palavras, juntamente com a linguagem corporal e a emoção que as acompanham. O grau de competência com que utilizamos esses atos linguísticos determina o nível de atenção com que tratamos nossos interesses e lidamos com os colapsos em nossas vidas.

Uma *declaração* é um ato linguístico; é uma afirmação de fato que tem autoridade e é de consenso geral, e que, como tal, determina o futuro. Por exemplo, um juiz profere uma sentença em um tribunal – culpado ou inocente. Isso é uma declaração. Um padre declara duas pessoas casadas – uma declaração. Um árbitro de futebol ergue o cartão vermelho – outra declaração. Qualquer afirmação que tenha autoridade no contexto em questão é válida (a esposa do árbitro não dará atenção ao cartão vermelho em casa, visto que aquele não é o domínio em que prevalece a autoridade do árbitro e como árbitro). A autoridade a validade da declaração existem no ato de escutar das pessoas que a acatam. Do contrário, trata-se de uma opinião, tal como qualquer outra.

As declarações são fortes e precisam de autoridade para ter efeito sobre as pessoas. Entretanto, qualquer pessoa pode fazer declarações a seu próprio respeito. A afirmação de uma meta pessoal é uma declaração. A afirmação pública de uma meta, como, por exemplo, "abandonarei o fumo a partir de hoje", confere-lhe existência no momento em que os outros a escutam. Entretanto, nem sempre levamos adiante nossas declarações pessoais, que normalmente são apenas esperanças. Um *coach* ontológico ajuda as pessoas a adquirir autoridade em suas próprias vidas e, consequentemente, a fazer e a cumprir suas declarações pessoais.

As asserções são afirmações sobre nossas observações, podendo ser verdadeiras – chamadas fatos. Para serem verdadeiros, os fatos precisam ser objeto de consenso social. Quando as pessoas concordam em relação às asserções, elas agem em conjunto. Um exemplo de asserção seria "Vamos nos encontrar na estação para pegar o trem das nove horas". As asserções podem ser equivocadas e, ainda assim, acatadas: por exemplo, o trem pode partir às

10 horas, portanto meu amigo e eu teremos que esperar durante uma hora na plataforma. Muitas vezes, embora possuindo informações conflitantes, as pessoas acreditam que as asserções sejam verdadeiras. "Asserções pendentes" são previsões que ainda estão por ser decididas ou acatadas.

Apreciações são julgamentos e avaliações. O julgamento do bom e do mau provém de nós, não do que observamos. "Sou uma pessoa honesta" é uma apreciação sobre si mesmo; "John é uma pessoa honesta" é uma apreciação sobre John. É como se John fosse o sujeito dessa afirmação, mas isso é apenas uma miragem da linguagem. Uma apreciação é uma afirmação sobre o apreciador e provém de seus próprios padrões. "Sou mais honesto do que John" é uma apreciação sobre nós dois. Qualquer comparação, qualidade ou atributo que não sejam consensualmente aceitos como fatos constituem uma apreciação. Os critérios para se fazer uma apreciação estão no íntimo da pessoa que faz a apreciação, não na realidade social mais ampla.

Fazemos apreciações o tempo todo sobre os outros e sobre nós mesmos. Qual a fonte de nossas autoapreciações? Bem, primeiro das figuras de autoridade quando somos crianças, e, depois, de experiências importantes em nossa vida. Podemos pensar, então, que as autoapreciações negativas sejam asserções verdadeiras. Mas as autoapreciações negativas envenenam a nossa alma, enquanto as autoapreciações positivas proporcionam autoestima e autoconfiança.

Um *coach* ontológico pode ajudar seus clientes explorando as autoapreciações negativas. Uma das maneiras de ele fazer isso é através do *grounding* (enraizamento), que consiste em explorar como e por que o cliente está fazendo uma autoapreciação. Imagine, por exemplo, um cliente que esteja planejando iniciar uma rotina de exercícios físicos. Ele diz ao *coach* que fracassou no passado por falta de perseverança. E, por fim, admite com um suspiro: "Eu simplesmente não sou muito disciplinado". Isso é uma autoapreciação negativa. Para aplicar o *grounding* a esta situação, o *coach* faria uma sondagem utilizando cinco perguntas.

Primeiro: "Qual a finalidade desta autoapreciação?". Outra pergunta semelhante seria: "De que maneira essa opinião o ajuda a realizar o que é importante na sua vida?". A pergunta é sobre o futuro, enquanto as autoapreciações foram feitas a partir de informações relativas ao passado. Na realidade, as autoapreciações podem ter um aspecto positivo, pelo menos do ponto de vista do cliente, mas esse não é o objetivo da pergunta.

Segundo: "A que áreas específicas você está se referindo?". Esse é o tipo de pergunta que desafia a generalização. A autoapreciação negativa faz um julgamento muito genérico que despreza o contexto inicial (a rotina de exercícios) e engloba a vida do cliente como um todo. É importante que se esclareça esse ponto.

Terceiro: "De acordo com que padrões?". Um julgamento deve ser o resultado da aplicação de um padrão, mas o padrão não está na autoapreciação. Trata-se de algo que um pai ou uma mãe tenha dito? O que constitui disciplina para o cliente e como ele sabe que lhe falta disciplina? A disciplina é uma qualidade do tipo "tudo ou nada"?

Quarto: "Existe alguma asserção verdadeira que respalde essa autoapreciação?" É preciso que haja afirmações factuais, não mais autoapreciações. "Porque eu sou muito preguiçoso" é apenas mais uma autoapreciação. "Porque na semana passada eu queria ir para a academia, mas acabei optando por ficar assistindo à televisão" é uma asserção, mas agora estamos no nível do comportamento e podemos caminhar para a última pergunta.

Quinto: "Que asserções verdadeiras existem contra essa autoapreciação?"

Pode haver muitas asserções verdadeiras quando o cliente tiver demonstrado disciplina através de ações específicas. É fácil encontrá-las depois que se tem os critérios a partir da terceira pergunta.

O *grounding* das autoapreciações exige que a pessoa seja rigorosa e responsável por suas opiniões e é um procedimento útil para qualquer autoapreciação importante, positiva ou negativa. Existem algumas semelhanças com o processo ABCDE adotado no *coaching* da psicologia positiva.

Uma *solicitação* é outro padrão básico de linguagem. Uma solicitação é um pedido para que uma pessoa realize uma ação futura. Quando se faz uma solicitação, assume-se o compromisso de que algo seja feito por outrem. Quando existe autoridade suficiente por trás da solicitação e a pessoa sente que não tem escolha, a não ser concordar, a solicitação passa a ser uma declaração.

Muitas pessoas não fazem boas solicitações: Elas insinuam ("Puxa, esta sala está suja!"), ou não se dirigem a ninguém em particular ("Eu gostaria que alguém limpasse aqui dentro!"). Existem outras formas indiretas de se fazer uma solicitação, como, por exemplo, não dizendo exatamente o que e quando deve ser feito, e de acordo com que padrão. Essas são receitas que geram frustrações e ressentimentos. Quando fizer uma solicitação, você deve se certificar também de que a pessoa compreendeu, e não supor que ela tenha compreendido. Alguns clientes esperam que as pessoas leiam seus pensamentos e atendam às suas solicitações tácitas. ("Se você realmente tivesse consideração por mim, saberia que detesto me sentar em uma sala desarrumada!"). Um *coach* ontológico ajuda o cliente a fazer solicitações claras, simples e eficazes. Com isso, o cliente se sentirá ouvido e apreciado, em vez de ficar culpando os outros por suas desventuras.

Igualmente importante para o cliente é a capacidade de lidar com solicitações feitas por outras pessoas. Existem cinco maneiras de lidar com uma solicitação.

1 Você pode aceitar, o que gera uma promessa.
2 Você pode declinar.
3 Você pode fazer uma contraproposta quanto à ocasião ou à maneira como a ação deve ser executada.
4 Você pode fazer uma promessa evasiva ("Vou tentar"), que normalmente significa "Não" mas você tem receio de dizer "Não" de forma direta.
5 Por fim, você pode mentir e dizer que irá fazer algo e não ter nenhuma intenção de fazê-lo, de modo que a sua linguagem interior não corresponde às suas palavras expressas. Nesse caso, você não está sendo sincero e, consequentemente, não é digno de confiança.

Uma solicitação e uma declaração de aceitação constituem uma *promessa*, outro ato linguístico básico. Uma promessa é um compromisso de executar uma ação futura e pressupõe que a pessoa seja confiável e capaz de cumprir a promessa. Se você faz uma solicitação e a outra pessoa aceita, significa que ela irá executar a ação, e a promessa envolve as duas pessoas.

Uma proposta é uma promessa condicional, isto é, está condicionada a uma declaração de aceitação por parte da outra pessoa. ("Só farei se você me pagar"). Se você fizer uma proposta e esta for aceita, significa que você irá executar a ação, mas a promessa envolve ambas as partes

Resumo dos atos linguísticos básicos no *coaching* ontológico	
Declaração	Afirmação feita por uma autoridade que determina uma ação futura.
Asserção	Afirmação factual sobre o passado feita com base na observação. O que a torna factual é o acordo mútuo entre as pessoas.
Apreciação	Julgamento ou avaliação decorrente da forma de interpretar o mundo de uma pessoa.
Solicitação	Pedido para que uma outra pessoa faça algo.
Proposta	Dizer que você fará algo para alguém sob determinadas condições.
Promessa	Compromisso mútuo com a ação. As promessas consistem em uma solicitação e uma aceitação, ou em uma proposta e uma aceitação.

CONVERSAS

Uma "conversa" é algo com um significado específico no *coaching* ontológico. Uma conversa não é algo banal; a palavra provém da raiz latina *"con"*, que significa "com", e *"versare"*, que significa "virar, girar". Uma conversa, portanto, pode ser entendida como uma dança verbal. Uma conversa com uma outra pessoa afeta o nosso estado de espírito, as nossas emoções e a filosofia à medida que falamos, escutamos e observamos. As conversas são maneiras de se coordenar ações com os outros, extrair sentido dos acontecimentos, criar o futuro e melhorar os relacionamentos. O *coaching* ontológico distingue vários tipos de conversa.

O primeiro tipo é a conversa que envolve histórias e apreciações pessoais, utilizada para que se possa compreender os eventos e "discuti-los" com um ouvinte solidário (oxalá!). O segundo tipo são as conversas que nos permitem articular e compartilhar com clareza os conhecimentos e o aprendizado resultantes de um determinado evento. Existem conversas para a execução de possíveis ações destinadas a criar e explorar situações futuras; outras, que versam sobre relacionamentos e realizações. Entretanto, às vezes, não sabemos o que dizer e, nesse caso, podemos ter uma conversa sobre possíveis conversas.

Grande parte da habilidade do *coaching* ontológico, especialmente nas empresas, consiste em calcular o tipo de conversa que deve ser mantido e com quem. A falta de clareza ou um mau processo decisório significa que o tipo necessário de conversa não aconteceu.

O *coaching* ontológico propõe que criemos nossas próprias *histórias* pessoais que definem quem somos e a maneira como agimos. O *coach*, então, ajuda o cliente a monitorar as histórias que ele conta a si mesmo em seu diálogo interior. Além disso, nascemos em um ambiente de *narrativas* impessoais que nos envolvem em nossa cultura e comunidade e moldam as formas como utilizamos a linguagem e nossas ideias. Existe a narrativa cristã, a narrativa islâmica, a narrativa cultural de diferentes países, histórias maiores do que nós que já existiam quando nascemos e continuarão a existir depois que nos formos. Passamos a nos conhecer não apenas através da introspecção, mas também através da História. Nas palavras de Heidegger, "as histórias são prédios que abrigam a humanidade".

Nossos relacionamentos e contatos com outras pessoas predefinem o nosso modo de ser em proporções maiores do que imaginamos. O *coaching* ontológico apoia as ideias pós-modernas da importância da cultura e dos significados comuns ao definir nossa individualidade. Nossa linguagem e a comunidade oferecem o ar que respiramos e não percebemos. Somos definidos pela nossa relação com os outros. Exploraremos a relação do *coaching* com o pensamento pós-moderno na Terceira Parte deste livro.

ESTADOS DE ESPÍRITO E EMOÇÕES

Os *coaches* da área de *coaching* ontológico não apenas exploram a linguagem de seus clientes, como lidam com seus estados de espírito, suas emoções e sua postura. As emoções são energia; a própria palavra "emoção" provém da mesma raiz que as palavras "motor" e "movimento", e as emoções nos movem. A conversa não se consuma em um vácuo emocional. As palavras que utilizamos e as conversas de que participamos são frutos de nossas preocupações, de modo que as emoções estão sempre representadas em nossas conversas.

Os estados de espírito são "tons" emocionais difusos como uma nota musical ou a luz em uma foto. Trata-se de disposições a determinados tipos de ação que servem de apoio à autoestima. Existem estados de espírito que as pessoas mantêm com o intuito de se sobreporem aos outros, como a descrença, que tenta transmitir sofisticação, estados de espírito que colocam a pessoa em plano inferior aos outros, como o ressentimento e a frustração.

O *coaching* ontológico distingue seis estados de espírito básicos. O ressentimento, a resignação e a ansiedade são três estados negativos, embora possam provocar algumas ações muito positivas. Os três têm em comum o fato de provocar uma contração da energia da pessoa para dentro. Os estados de espírito positivos, por outro lado, são a paz, o otimismo e a admiração, que empurram a emoção para fora e estabelecem a conexão com o mundo. Um *coach* ontológico pode incentivar o cliente a manter um diário emocional que o ajude a controlar suas mudanças de humor e ver que tipo de humor predomina.

A fisiologia é importante no *coaching* ontológico. Nossos estados de espírito, emoções e hábitos físicos e mentais são "incorporados" e gravam sua mensagem em nosso semblante e em nossa postura. As pessoas que estão habitualmente aborrecidas (nas quais, por consequência, o estado de espírito predominante é o ressentimento) demonstram essa condição em suas expressões faciais, porquanto os músculos estão tão acostumados a se contrair de determinada maneira que a expressão se transforma em um hábito. Quando os pais dizem "não faça essa cara; se o vento mudar de direção, você ficará assim", eles estão dizendo (embora de forma melodramática) exatamente isso. As suas emoções se refletem em seu rosto a cada momento, e se, ao longo do tempo, houver muitos momentos de uma determinada emoção, essa emoção ficará lá estampada para sempre. Uma pessoa em constante estado de ansiedade expressará essa condição em seu tom de voz, sua postura e seu modo de ser com as pessoas. Portanto, um *coach* dontológico normalmente ajusta o corpo do cliente (com sua permissão, é claro) para que sua postura esteja de acordo com as mudanças que o cliente deseja fazer em palavras e emoção. O modo de ser do cliente não mudará se a mente, o corpo e as emoções não mudarem juntos e de forma sustentável. Os *coaches* nessa área argumentam que, se as emoções e os estados de espírito problemáticos continuarem a ser carregados no corpo, será difícil a introvisão cognitiva promover as mudanças sozinha. O *coach* ajudará o cliente também a manter-se mais atento à sua postura e às suas expressões, mostrando-lhe como esses aspectos se refletem nos estados de espírito e no pensamento do cliente.

MAIS OBSERVADOR

O que mais o *coaching* ontológico faz? Ajuda o cliente a ser mais *observador*. O termo emana das ideias de Humberto Maturana sobre a cognição. A estrutura interior de nossos sentidos determina a maneira como vemos as coisas e, consequentemente, como respondemos ao que pensamos ser "realidade". Por exemplo, a estrutura do olho humano faz com que o mundo pareça de determinada forma. Cada um dos olhos capta uma visão a partir de um ângulo diferente e as duas imagens separadas são enviadas ao cérebro para serem processadas. O cérebro as transforma em uma única foto e a imagem combinada é mais do que a soma de suas partes, proporcionando uma visão estereoscópica – uma percepção elevada de profundidade. Uma boa visão em apenas um dos olhos não permite que você tenha uma visão estereoscópica total e faz com que o mundo pareça diferente, embora a estrutura interna da visão é que seja diferente.

O olho da mosca doméstica proporciona uma imagem multifacetada. Como é, de fato, o mundo? Quantas dimensões ele possui? A única coisa que sabemos é que ele pode parecer de formas infinitas, dependendo de quem olha. O que vemos depende da maneira como vemos, a qual, por sua vez, depende de quem somos e de nossos pressupostos. "A forma como se vê um pão de forma depende da fome que se tem." Observar é interpretar, e nós vemos as coisas não como elas são, mas como nós somos. Essa ideia construtivista básica permeia o *coaching* ontológico. Não podemos mudar o que não observamos. O *coaching* ontológico, portanto, tem por objetivo criar um observador mais eficaz, capaz de questionar suas próprias ideias[7].

O aprendizado de primeira ordem ocorre quando observamos nosso comportamento e a maneira como isso afeta nossos resultados.

Observação → comportamento → metas

O aprendizado de segunda ordem é quando nos tornamos observadores da maneira como observamos:

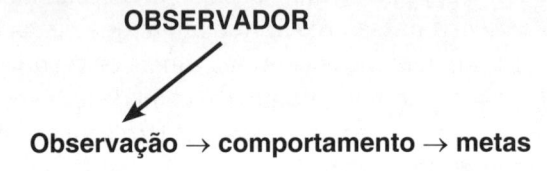

OBSERVADOR

Observação → comportamento → metas

Isso nos dá o poder de questionar nossas observações e, consequentemente, nosso hábitos. Não se trata de um modelo de desenvolvimento – o novo observador não é um nível diferente de ser; é a mesma pessoa com distinções mais acentuadas.

O QUE FAZ UM *COACH* DE *COACHING* ONTOLÓGICO?

Os *coaches* na área de *coaching* ontológico ajudam os clientes a lidar com seus colapsos. Eles os ajudam a mudar seu modo de ser trabalhando seus estados de espírito, suas emoções, sua fisiologia e linguagem de modo a progredir na vida. Os *coaches* ajudam os clientes a perceber suas preocupações e observar seus atos linguísticos para que eles possam decidir que conversas precisam ter. Os *coaches* são os facilitadores do aprendizado; eles servem aos clientes mantendo-se atentos e sensíveis às suas necessidades. Uma conversa de *coaching* é um caminho que leva a novas possibilidades para o modo de ser dos clientes.

ESTUDO DE CASO

Um *coach* ontológico determinaria primeiro o colapso na vida de Brian. O que o está incomodando? Quais os seus interesses? Quais os seus valores mais importantes e até que ponto ele acha que esses valores foram comprometidos pelo que está acontecendo em sua vida no momento? Em seguida, o *coach* procuraria mudar aquilo que está impedindo Brian de lidar com o colapso de maneira produtiva e positiva.

Brian e o seu *coach* explorariam a linguagem de Brian – em particular, as apreciações que ele está fazendo de si e dos outros, como de seus colegas de trabalho, sua esposa e sua família. É provável que Brian esteja fazendo uma série de apreciações negativas de si e de seus colegas, e o *coach* irá ajudá-lo a utilizar o *grounding* nessa situação. Qual a finalidade dessas apreciações? Talvez elas estejam fazendo com que Brian se sinta melhor no curto prazo, mas, de um modo geral, estão fazendo com que ele se sinta uma vítima. Qual a sua área exata de abrangência? O fato de Brian estar tendo dificuldades com uma pessoa não significa que seus relacionamentos sociais tenham desmoronado. De acordo com que padrões ele está julgando a si e aos outros? Quais as asserções verdadeiras que respaldam ou contestam suas apreciações negativas? Em que áreas o seu trabalho está sendo bem-sucedido?

O *coach* poderia explorar com Brian também os tipos de conversa que ele está tendo com seu chefe, com seus colegas e com sua esposa. Talvez ele precise ter uma conversa sobre possíveis conversas com o seu chefe a respeito de sua insatisfação com o trabalho. Brian provavelmente precisa aprender a fazer solicitações, a fim de conseguir o que quer e satisfazer aos seus interesses. O *coach* o ajudaria a estabelecer metas claras em forma de declarações positivas sobre o futuro. O *coach* e o cliente criariam uma promessa entre si de que Brian se comprometeria a trabalhar no sentido de alcançar suas metas.

Que estados de espírito e fisiologia fazem parte do modo de ser de Brian? Qual o seu estado de espírito dominante? Parece ser de ressentimento e ansiedade. Um *coach* nessa área do *coaching* o incentivaria a manter um diário que lhe permitisse controlar suas emoções e observar quando elas se manifestam e o que as desencadeia. Além disso, o *coach* faria com que Brian se mantivesse atento à sua postura e às suas expressões, bem como à maneira como elas incorporam seu modo de ser e às mensagens que elas transmitem às pessoas. Os dois poderiam trabalhar juntos no intuito de melhorar a postura de Brian e manter-se mais atento à sua linguagem corporal. Isso reforçaria a sua mudança de pensamento e humor.

Por fim, o *coach* exploraria com Brian a narrativa cultural coreana que este está vivenciando. O que significa ser coreano? Como ele foi criado? Que tipo de expectativas ele tem? De que maneira essa parte da história se encaixa em sua história de vida mais ampla? Isso poderia lhe permitir uma maior introvisão de sua história, proporcionando-lhe uma sensação de integralidade.

REFERÊNCIAS

1. Sieler, A. *Coaching to the Human Soul*, 2003.
2. Flores, F. & Solomon, R. *Building Trust*, 2001.
3. Maturana, H. & Varela, F. *The Tree of Knowledge: The Biological Roots of Human Understanding*, 1987.
4. Echeverria, R. *Ontologia Del Lenguaje*, 2003.
5. Heidegger, M. *Being and Time*, 1962.
6. Searle, J. *Speech Acts: An Essay in the Philosophy of Language*, 1969.
7. Flaherty, J. *Coaching: Evoking Excellence in Others*, 1999.

ENTREVISTA COM FERNANDO FLORES

Janeiro de 2007

Você poderia nos falar um pouco sobre o seu perfil e como veio a se interessar pelo coaching?

Vou começar pelo perfil. Fiz minha primeira faculdade no Chile, onde estudei engenharia industrial. Assim que me formei, minha carreira decolou e eu acabei conseguindo um cargo no Ministério de Assuntos Econômicos e Financeiros do governo chileno. Esse cargo foi extinto quando o general Pinochet derrubou o governo em um golpe militar.

Passei três anos em uma prisão militar. Até que fui libertado e fui lecionar na Califórnia, onde atuei como Pesquisador Associado na área de ciência da computação, em Stanford.

No tempo em que estive na prisão, tornei-me cada vez mais familiarizado com as questões cognitivas que me interessavam. Francisco Varela me treinou em ciências cognitivas e eu iniciei o que chamo de minha luta pessoal com a ontologia cartesiana. Para resumir a história, em 1978 iniciei meus estudos interdisciplinares em Berkeley, na Universidade da Califórnia. Estudei filosofia, o que foi difícil, dada a minha formação em engenharia. Mas as pessoas foram muito gentis comigo e eu acabei concluindo o curso em tempo recorde.

Como pai de cinco filhos, eu precisava arranjar um emprego com urgência. Na época, eu acreditava ter inventado uma nova maneira de compreender as comunicações, o que era extremamente importante tanto para a área corporativa quanto para a área de gestão. Tenho certeza de que essa foi a minha grande "tacada", desde então amplamente reconhecida nesse campo, mas, na época, eu precisava ganhar o pão de cada dia.

Em que ano foi isso?

Eu diria 1978, mais ou menos em junho. Lembro-me muito bem de certo dia estar conversando sobre futebol com alguns amigos. Todos estavam de acordo quanto ao prazer e ao conhecimento de um jogador. Agora, imagine um jornalista fazendo comentários antes e depois do jogo; ele não tem nenhuma influência sobre quem irá vencer o jogo. O técnico é um camarada capaz de observar e refletir sobre o jogo, antes e depois, mas o seu principal objetivo é fazer com que o jogador se concentre no jogo durante a partida, não depois.

Portanto, em uma conversa de *coaching*, você percebe que algo o está incomodando, mas a diferença, nesse caso, é que você está mais interessado nas possibilidades em potencial do que na experiência passada; mais no puro compromisso do que no conhecimento informacional.

As pessoas começaram a me dizer que haviam tido experiências muito boas ao experimentar essas ideias, por isso comecei a expandir essa teoria e acabei chegando à noção de que as pessoas se sentiam muito incomodadas por confundir apreciação e asserção.

Você poderia explicar as duas?

"Sou Fernando Flores, do Chile" – isso é uma asserção. Está clara e pode ser verdadeira ou falsa. Mas suponhamos que eu lhe dissesse: "Sou um *coach* muito bom". Trata-se de uma apreciação. Existe aí também um componente de asserção (de que sou *coach*), mas dizer que sou um *bom coach* é uma apreciação. O tipo de compromisso que lhe proponho com essa apreciação é muito diferente daquele que estou propondo ao dizer que sou Fernando Flores.

Um bom *coach* em que área? Certamente não sou um bom treinador de basquete. Além disso, como eu sei que sou um bom *coach*? A única maneira é agindo e definindo o padrão dessa ação para que "bom *coach*" faça sentido.

Vou definir o que significa "discurso absurdo" do ponto de vista ontológico. O que você precisa fazer como *coach* é ensinar as pessoas a escutar seus próprios absurdos. Veja bem, é muito fácil detectar uma mentira. E quando mente, você sabe que está mentindo, mas quando está dizendo algum absurdo, você não tem consciência de que o está fazendo. Mas os outros percebem. E como perceber quando se está dizendo absurdos? Especialmente quando em nossa cultura isso passou a ser um hábito.

A diferença é que um mentiroso sabe que está enganando as pessoas, mas uma pessoa que esteja dizendo absurdos, não. O mesmo pode acontecer com as promessas. Se você é uma pessoa honesta, as suas intenções e a sua promessa caminham juntas. Por outro lado, se você é um mentiroso, a sua promessa tem a intenção de ludibriar; você sabe que não vai cumprir a promessa. Mas quando está dizendo absurdos, você tem as intenções básicas e a boa vontade – aí é que está o perigo.

O *coaching* consiste em ensinar as pessoas a ser honestas, o que pode se constituir em uma pressão moral. Um bom *coach* precisa ser muito paciente e compassivo, e dar tempo para que o seu cliente desenvolva a habilidade. Isso deixa as pessoas muito à vontade.

Você precisa saber escutar, mas apenas escutar de um modo geral; você precisa escutar as intenções existentes por trás do que o cliente está dizendo. Esse é o fenômeno da cegueira. O *coach* irá revelar à pessoa a consequência da cegueira social. Vou lhe dar um exemplo cultural. Para um camarada latino, o tempo não é o mesmo que para indivíduos de outras origens. Os americanos são muito impacientes e querem ir direto ao assunto, porque vida é ação. Mas existem momentos em que você deve esperar. Pode ser que haja algo que você precise ouvir.

Achamos o coaching *ontológico interessante por prestar particular atenção às emoções, bem como ao corpo, à fisiologia. Qual a sua opinião a esse respeito?*

Existe uma diferença entre *coaching* ontológico e projeto ontológico. Não se trata apenas do indivíduo, mas também da arquitetura dos meios de comunicação, do ambiente em questão, e isso é muito importante quando se aborda a questão do estado de espírito, por exemplo.

Tomemos como exemplo o ambiente de uma igreja. Existe uma determinada atmosfera. Se você quiser o oposto, imagine um bar ou uma boate. O lugar molda e modifica o estado de espírito, e eu acho que os arquitetos e os músicos entendem bastante de estado de espírito e sabem moldá-lo de acordo com o que fazem.

Você pode, então, fazer uma mudança emocional na situação, a qual irá afetar o seu corpo. Isso é muito evidente nos mamíferos, como os cães, por exemplo – na maneira como eles movimentam as orelhas e assumem posição de alerta. Quando o perigo passa, eles retornam a uma posição relaxada. As crianças fazem o mesmo. É o que chamo de estado de espírito operacional. Mas um estado de espírito é um estado emocional e intencional no que tange à orientação do indivíduo. A alegria é algo que você tem quando encontra algo que procurava e estava lhe fazendo falta. Os bons *coaches* têm uma capacidade natural de ser sensíveis ao humor das pessoas e precisam abandonar qualquer cultura que os prive dessa prerrogativa.

O meu trabalho pode ser aplicado a empresas inteiras e aprimorar o processo de negócios. Isso torna a minha metodologia única, razão pela qual tenho condições de prestar orientação a grandes empresas.

Estamos interessados nos efeitos da cultura sobre o coaching. **Você acha importante que as pessoas saibam prestar orientação em diferentes culturas, ou em ambientes interculturais?**

A minha impressão é de que a maioria das pessoas com quem tenho conversado sobre o *coaching* não sabe bem do que se trata e não possui habilidades de comunicação muito boas. Elas repetem uma fórmula que aprenderam com alguém. Os *coaches* se preocupam com a confiança e a autoconfiança.

Em minha opinião, confiança é a capacidade que você tem de ser sincero, de modo que as pessoas se abram com você e proponham um compromisso que não proporiam a outras pessoas. Na maioria das vezes, as pessoas acumulam experiências negativas em relação à confiança, e, com isso, muitas possibilidades desaparecem.

O mesmo ocorre com a autoconfiança. Acumulamos um monte de apreciações negativas a nosso respeito e muitas vezes não temos força ou coragem para lidar com a situação que precisa ser resolvida. Isso porque geralmente o que arruína a sua autoconfiança e a sua confiança tem relação com ocorrências passadas que você nunca examinou com cuidado. Esse é o problema de se viver de acordo com regras rígidas.

Em sua opinião, qual o futuro do coaching?

Acredito que o *coaching* esteja despertando grande interesse, especialmente com o que está acontecendo na internet. Precisamos explorar o potencial e os limites do *coaching on-line*. Estou entusiasmado com a perspectiva de explorar a utilidade da rede para as comunicações interculturais. Como senador, já tive muitas chances de contemplar o *coaching* e espero poder continuar seguindo essa linha.

Fernando Flores, PhD, desenvolveu a base do *coaching* ontológico na década de 1980 trabalhando com aplicativos de filosofia, projeto de *software*, gestão e desenvolvimento humano. PhD em estudos interdisciplinares na Universidade da Califórnia, em Berkeley, e fundador de diversas empresas nos Estados Unidos e no Chile, Flores é autor de vários livros e documentos, foi ministro de Estado aos 29 anos e, desde 2002, é senador no governo chileno.

7

UM MODELO INTEGRADO

"Não existe nada mais prático do que uma boa teoria."
Kurt Lewin

"Uma teoria é basicamente uma forma de introvisão, uma maneira de se ver o mundo e não uma forma de conhecimento de como o mundo é."
David Boehm

No início da Segunda Parte, deixamos o nosso protagonista Nasrudin confuso com as diferentes histórias ouvidas em sua sala no tribunal. E essa história ainda não terminou. Seu assessor jurídico, versado em lógica aristotélica, fez uma última observação.

– Isso não pode ficar assim, Meritíssimo – ele cochicha. – Somente um deles pode estar dizendo a verdade.

– O problema não é a verdade – responde Nasrudin. – O problema é a confiança.

As palavras "verdade" e "confiança" derivam da mesma raiz, como seria de esperar. Confiamos no que pensamos ser verdade. Isso nos leva ao coração do *coaching* – a confiança se constrói entre o *coach* e o cliente e entre o *coach*, o cliente e a metodologia.

Este capítulo revela o modelo essencial destilado a partir de outros modelos que acreditamos se constituir no coração do *coaching* e que utilizamos em nossos treinamentos e em nosso escritório. Não se trata da melhor prática, que é sempre limitada ao seu tempo. O que temos são os elementos necessários e suficientes que permitem o funcionamento do *coaching* e que extraem da metodologia básica o fluxo caótico do *coaching* na prática. Nós os testamos durante anos em diversos países e os consideramos aprovados na prática.

Quais os elementos que devem fazer parte dessa metodologia básica? Precisamos das quatro perspectivas do modelo integral ilustrado a seguir:

Quadrantes do *coaching*

	Interior	Exterior
Individual	As metas, os hábitos, as metas e os valores do *coach* e do cliente. As expectativas subjetivas do *coach*, do cliente e de outros participantes.	Os comportamentos do *coach* e do cliente. A linguagem corporal e a linguagem falada. A psicogeografia da sessão de *coaching*.
Coletivo	O relacionamento vivenciado entre o *coach* e o cliente. As expectativas comuns e a consequente sinergia	Os sistemas externos de respaldo à sessão, a estrutura da empresa, a logística, o sistema econômico etc.

Primeiro, existe o quadrante superior esquerdo, ou seja, a área subjetiva. O que se passa pela cabeça do cliente? E do *coach*? De que maneira o *coach* precisa pensar? Que tipos de crenças, valores e metas funcionam para o *coach* e o cliente?

No quadrante superior direito temos o comportamento exterior do *coach* e do cliente na relação e nas consequentes mudanças. De que maneira esses fatores afetam o desempenho dos dois?

No quadrante inferior esquerdo estão os sistemas e as estruturas. De que maneira o *coaching* é ministrado? Que tipos de sistemas e práticas são necessários à sua introdução bem-sucedida na empresa? O que tem que acontecer? Quem precisa ser consultado? Que tipo de estruturação precisa ser feito e de que maneira as expectativas devem ser administradas?

Por fim, existe o quadrante inferior direito da relação. Que tipo de relacionamento precisa ser construído entre o *coach* e o cliente? De que maneira se constroi o relacionamento e o que acontece nele?

As quatro áreas precisam ser levadas em consideração para um *coaching* bem-sucedido.

Uma metodologia possui um conjunto de distinções. Toda profissão tem distinções que permitem aos seus praticantes compreender uns aos outros, a ver o mundo de determinada forma e a agir com base nessa visão de mundo. O *coaching* é uma profissão em formação, e nós acreditamos que nossas sugestões serão um começo para a construção de um conjunto de distinções adequadas à profissão. Achamos que o *coaching* virá ser uma profissão porque a disciplina e a metodologia são as mesmas que o nome e a prática. Em geral, essa regra se aplica às profissões, como é o caso do direito e da psicologia, por exemplo.

O PROCESSO BÁSICO DE *COACHING*

O *coaching* é uma metodologia de mudanças. Existem três etapas básicas presentes em todos os modelos:

Processos essenciais de *coaching*
1 Oferecer suporte ao cliente e direcionar sua atenção.
2 Dar sentido ao material do cliente e retroalimentá-lo de maneira que vá além do pensamento do cliente.
3 Ajudar o cliente a agir.

O primeiro processo consiste em oferecer suporte ao cliente e direcionar sua atenção. Isso é feito através das perguntas do *coach* e da qualidade da atenção dispensada ao seu cliente. Os *coaches* veem o que seus clientes fazem, o que dizem, o que não dizem e as responsabilidades que eles podem e não podem assumir.

O segundo processo envolve a criação de sentido e a retroalimentação. Isso insere o que o cliente diz (linguagem) e faz (comportamento e linguagem corporal) em um "modelo" de *coaching* que os *coaches* têm em mente. A partir desse modelo, os *coaches* fornecem *feedback* e retroalimentam o cliente com uma perspectiva diferente e útil (assim se espera) sobre a sua questão. O modelo de *coaching* que está na mente do *coach* precisa ser suficientemente rico para abranger a gama de material apresentada pelo cliente. Quanto mais rico o modelo, melhor o *coaching*.

O terceiro processo consiste em ajudar o cliente a agir. A ação do cliente será diferente daquilo que ele fez até então ou pretendia fazer. O que o cliente fazia antes era baseado em hábitos e resultava na perpetuação desses hábitos. As novas ações geram um *feedback* diferente e levam à mudança.

Todos os modelos de *coaching* fazem também três perguntas básicas implícitas ou explícitas. Por trás dessas perguntas existe uma ideia do que significa ser humano e do que o *coach* e o cliente acreditam ser possível no relacionamento.

- Em que ponto o *coach* intervém para *iniciar* o processo de mudança?
- O que requer a atenção do *coach* e do cliente?
- Quais os resultados almejados pelo *coach* e pelo cliente e de que maneira esses resultados serão mensurados?

PONTO DE PARTIDA

As pessoas possuem muitas dimensões – cognitivas, emocionais, fisiológicas e espirituais – e o *coach* precisa tê-las todas em mente para decidir por onde começar e onde intervir. Todas as dimensões estão conectadas, de modo que uma mudança em uma provocará mudanças nas demais, mas as mudanças precisam seguir a direção desejada pelo cliente e ser sustentáveis. Cada método de *coaching* pode variar quanto ao seu ponto de partida preferido, uma vez que cada um observa elementos diferentes do cliente e atribui mais importância a um determinado contexto do que aos demais.

A maioria dos processos de *coaching* tem início no nível cognitivo, pedindo ao cliente que pense de forma diferente sobre a questão. Um pensamento diferente leva a um comportamento diferente, emoções diferentes e uma linguagem diferente. De um modo geral, os *coaches* não *começam* pelo nível emocional, nem tentam trazer à tona emoções – principalmente emoções negativas – relacionadas ao problema, mas prestam atenção ao aspecto emocional. Eles raramente começam pelo nível fisiológico, deixado a cargo dos profissionais que cuidam da postura e da linguagem corporal. Entretanto, os *coaches* da área de *coaching* ontológico às vezes trabalham com a postura e as expressões de seus clientes. Não é de surpreender que os *coaches* quase sempre comecem pelo nível comportamental. É muito provável que os *coaches* de PNL e de *coaching* ontológico observem mais os padrões de linguagem de seus clientes.

Não existe nenhuma disputa entre o *coaching* cognitivo e o *coaching* comportamental. Os dois caminham juntos, uma vez que uma mudança de pensamento leva a uma mudança de comportamento e vice-versa. Essas duas abordagens diferem quanto ao ponto de partida e aos aspectos mais observados, não no resultado. O *coaching* comportamental enfatiza os quadrantes do lado direito do modelo integral, enquanto o *coaching* cognitivo dá mais ênfase aos do lado esquerdo. Cada uma dessas modalidades adota perspectivas diferentes, mas ambas incluem uma visão equilibrada.

O *coaching* é uma profissão de auxílio que trata do aprendizado e do desenvolvimento humano. É a identificação e a realização de possibilidades tanto para o *coach* quanto para o cliente. O cliente quer mudar, mas o processo toca e envolve o *coach* também. As mudanças ocorrem através do tipo de relacionamento criado entre eles.

Uma abordagem abrangente sobre o modo de funcionamento do *coaching* precisa levar em consideração tanto o *coach* quanto o cliente, bem como o relacionamento entre os dois. Isso engloba:

⇨ O mundo subjetivo do *coach*.
⇨ O mundo subjetivo do cliente.
⇨ O relacionamento entre o *coach* e o cliente (onde os dois mundos subjetivos se encontram).
⇨ O comportamento e a linguagem do *coach*.
⇨ O comportamento e a linguagem do cliente.
⇨ Os meios e os sistemas externos utilizados para ministrar o *coaching*.

Por enquanto, partiremos do princípio de que o *coach* e o cliente compartilham o mesmo perfil cultural, deixando para tratar do *coaching* intercultural na Terceira Parte.

Os diferentes modelos de *coaching* enfatizam diferentes partes do processo. O relacionamento e o equilíbrio entre esses elementos determinam o modo como a metodologia é utilizada na prática. Começaremos pelo *coach*, passaremos ao relacionamento e, por fim, falaremos sobre o cliente.

1 O COACH

O *coach* é o cocriador do relacionamento de *coaching* com o seu cliente e, por essa razão, não pode ser totalmente objetivo. Ele está dentro do sistema, mas tem suas próprias ideias sobre o *coaching* e a natureza da questão do cliente. O *coach* não pode levar suas ideias para o relacionamento de *coaching*. Ele não é um espelho perfeito que reflete apenas as ideias do cliente; isso não é possível nem desejável. Tem que haver uma diferença entre a perspectiva do *coach* e a do cliente em relação à situação em questão; do contrário, não há progresso.

PERGUNTAS

O que o *coach* faz? Principalmente, perguntas. O *coach* tem as perguntas, e o cliente, as respostas. Em nenhum modelo de *coaching* o *coach* fornece as respostas ou tenta solucionar o problema. A qualidade das perguntas influencia a qualidade das respostas, o relacionamento e os resultados. Essas ideias geram hipóteses em relação ao cliente e a questão por ele apresentada. As perguntas testam as hipóteses, as quais, por sua vez, não são as soluções para o problema, mas hipóteses sobre o modo de pensar do cliente, seus possíveis pontos cegos e suas perspectivas.

Saber perguntar é a primeira habilidade essencial do *coaching*. As perguntas servem de suporte para o cliente, direcionam sua atenção e testam as hipóteses do *coach* sobre a situação. Todos os modelos de *coaching* concordam nesse ponto, e o *coaching* de PNL e o *coaching* ontológico lidam, em profundidade, com o aspecto linguístico das perguntas. As perguntas constituem a principal intervenção do *coach*. Mas o que existe de especial em relação a elas?

As perguntas prestam uma série de contribuições essenciais para o processo de *coaching*.

Primeiro, elas são irresistíveis. Quer o cliente concorde ou discorde, responda "sim" ou "não", ele tem que pensar. Uma pergunta é um farol que o *coach* direciona para os pontos escuros da mente do cliente. Ao procurar um *coach*, o cliente não tem a resposta. Não faz sentido dizer que o cliente tenha todas as respostas, mas podemos dizer que as respostas são geradas no relacionamento; nem o *coach* nem o cliente as tinham até então.

Existe uma história *Zen* sobre um homem que parecia estar procurando freneticamente algo sob um poste de luz à noite. Um transeunte passa e vê o que ele está fazendo.

– O que você está procurando? – pergunta o transeunte.

– As minhas chaves – o homem responde.

– Posso ajudar? – pergunta o Bom Samaritano, e juntos os dois iniciam a busca em volta do poste.

– Não as estou vendo em lugar nenhum – diz o transeunte após uns cinco minutos. Onde, exatamente, você as deixou cair?

– Ah, eu as perdi bem ali – responde o homem, apontando para uma área a cerca de 20 metros de distância.

– Mas, espere aí – diz o prestativo estranho. – Se você as perdeu ali, por que está procurando aqui?

– Porque ali está escuro e eu não consigo enxergar – o homem retruca. – Aqui tem uma luz, por isso estou procurando aqui.

É isso o que os clientes fazem: procuram respostas nos lugares que lhe são familiares. As perguntas dos *coaches* agem como luzes para que os clientes possam procurar onde, até então, não enxergavam. Se continuarmos com a metáfora, o *coach* não puxa uma chave do bolso e a entrega ao cliente. Tampouco ele se oferece para arrombar a porta da casa do cliente.

As perguntas oferecem novas perspectivas ao cliente e abrem possibilidades, além de mudarem emoções. Uma pergunta sobre experiências boas evoca emoções positivas; uma pergunta sobre más experiências evoca emoções negativas. As perguntas podem também ajudar o cliente a pensar em direções diferentes e adotar perspectivas diferentes.

O ato de perguntar é um comportamento; é algo visível e audível. Que atitude os *coaches* devem adotar para que suas perguntas sejam eficazes e úteis?

> **O *coach***
> faz perguntas com base em uma atitude de respeito, compromisso e de quem desconhece o que está acontecendo

Primeiro, a pergunta deve ser imparcial. O *coach* não deve julgar o seu cliente; o cliente normalmente já está se julgando. A capacidade do *coach* de silenciar o seu pensamento para fazer calar conversas interiores e para manter a atenção voltada para o cliente faz parte do processo de autogestão no *coaching* cognitivo.

Segundo, o *coach* deve respeitar o seu cliente, pelo menos no domínio em que o está orientando. Ele não precisa admirar nem concordar com o cliente, mas precisa respeitá-lo como pessoa.

Terceiro, o *coach* deve ter um compromisso com o seu cliente. Muito já se escreveu sobre a importância do compromisso do cliente com o processo de *coaching*, mas deve haver compromisso também da parte do *coach*. Se o *coach* não assumir esse compromisso, ou tiver dúvidas em relação à capacidade de seu cliente, o cliente explorará esse ponto e o relacionamento sofrerá as consequências. O compromisso do *coach* tornará suas perguntas mais sinceras e não manipulativas. O *coach* nunca deve fazer uma pergunta cuja resposta ele já conheça, ou uma pergunta em que ele tenha direito adquirido sobre a resposta. Além disso, ele nunca deve fazer perguntas formuladas de forma a induzir o cliente. O *coach* pode se sentir tentado a fazer uma pergunta com a finalidade de direcionar o cliente para uma determinada resposta que ele pense ser uma solução, iludindo o cliente a pensar ter encontrado a solução sozinho. Isso não funciona e o cliente se sentirá manipulado. A resposta, por mais interessante que seja, não será do cliente. Quando o *coach* tem uma ideia que ele pensa ser útil, é muito melhor que ele o diga claramente ao seu cliente do que tentar induzir o cliente a dar tal resposta. O cliente não quer ser o boneco de um ventríloquo.

Agindo com sinceridade, o *coach* evoca a sinceridade de seu cliente. O cliente quer agradar ao seu *coach*, impressioná-lo, fazer com que o *coach* tenha uma boa impressão a seu respeito. Com isso, ele pode se sentir tentado a torcer um pouco as suas respostas para torná-las interessantes. Quando o *coach* respeita e é sincero com o seu cliente, isso não chega a ser um problema para o cliente. O cliente tende a imitar as qualidades que percebe em seu *coach*. O *coach* precisa dar ao seu cliente o que ele quer receber. Qualquer qualidade que o *coach* queira que o cliente demonstre, ele precisa demonstrar primeiro. O cliente aprende através de exemplos, bem como do conhecimento e da ação.

Por fim, o *coach* precisa fazer perguntas a partir de uma atitude de curiosidade e de quem "desconhece o que está acontecendo". O *coach* não tem as soluções, nem sabe mais do que o cliente. O cliente é o especialista em sua própria vida, e o *coach* não sabe onde estão escondidas as chaves da situação.

Toda pergunta contém algum pressuposto, e é importante que as perguntas do *coach* contenham pressupostos em relação à motivação, aos recursos e ao sucesso do cliente.

AS PERGUNTAS DO CLIENTE – A RESPOSTA "MU"

Que perguntas os clientes se fazem? Eles podem estar na direção errada, baseando-se em pressupostos limitadores sobre a situação.

Às vezes, o *coach* responde à pergunta ou ao problema do cliente com um comentário sobre os seus pressupostos. Existe uma história *Zen* que ilustra essa questão.

Um discípulo *Zen* está varrendo um pátio no mosteiro quando o mestre vai até lá fora para ver o que ele está fazendo. Temendo ser surrado com o bastão, o discípulo resolve se antecipar com uma pergunta. Há um cachorro sarnento no pátio, escondido na sombra, roendo as sobras de comida da cozinha jogadas no lixo.

– Mestre, esse cachorro tem natureza budista? – pergunta o discípulo.
O mestre olha para ele e responde:
– "Mu".
– O que significa "Mu"?
– Significa, "Desfaço" a sua pergunta.

Em outras palavras, o mestre não aceita os pressupostos existentes por trás da pergunta e, por isso, não diz "sim" nem "não". Ele desfaz a pergunta. É isso que os *coaches* normalmente precisam fazer. Os clientes se apresentam com perguntas, problemas e questões, querendo saber o que fazer e fazendo as perguntas erradas. E o *coach* responde "Mu".

A atitude de respeito, compromisso e de quem desconhece o que está acontecendo geram as melhores perguntas e permitem que o cliente encontre as melhores respostas. Essa atitude provém das crenças de um *coach* em relação às pessoas, a um modelo do que significa ser humano.

AS CRENÇAS DO COACH

Que tipos de crenças os *coaches* precisam demonstrar em suas ações?

Crenças de um *coach*
1   Uma visão otimista da natureza humana.
2   Construímos a nossa realidade – o que construímos também pode ser desconstruído.
3   A opção é melhor do que a falta de opção, e existem sempre mais opções.
4   Sua habilidade e a metodologia de *coaching* funcionam.

Primeiro, baseados na psicologia humanista, os *coaches* devem ter uma visão otimista da natureza humana. Eles precisam acreditar que seus clientes não estão completamente empacados, que eles querem escapar e explorar ao máximo seu próprio potencial, e que eles têm vontade e capacidade para isso. Os *coaches* não auxiliam pessoas mentalmente doentes, de modo que seus clientes normalmente são pessoas compromissadas que querem ser o melhor que podem. Existem obstáculos, mas eles não são intransponíveis. Para explorar o melhor das pessoas, você precisa acreditar que o melhor está ali presente. Isso vale para todo tipo de cliente, do executivo mais experiente ao cliente mais ingênuo.

Os *coaches* devem aplicar o mesmo princípio também a si mesmos, acreditando que podem sempre fazer melhor, que não chegaram aos seus limites e que estão caminhando junto com o cliente – talvez um pouco adiante, mas na mesma estrada.

Segundo, os *coaches* precisam acreditar que nós construímos e mantemos a nossa própria realidade. Cada indivíduo é único, e, para ajudar uma pessoa a mudar o seu mundo, você não lhe dá um mundo melhor; você a ajuda a criar um mundo melhor para si. Os clientes constroem sua situação, portanto, eles podem desconstruí-la.

Terceiro, os *coaches* precisam supor que ter uma opção é melhor do que não ter opção nenhuma. As opções dos clientes se esgotaram, ou não parecem levá-los a algo que eles desejam. A função dos *coaches* consiste em ajudar seus clientes a construir mais e melhores opções.

Por fim, os *coaches* devem acreditar em suas próprias habilidades e metodologia de *coaching*, quaisquer que sejam estas. Se os *coaches* tiverem dúvidas, como seus clientes podem confiar neles? As próprias crenças pessoais do *coach* podem ser tão importantes quanto a metodologia específica que ele utiliza.

2 O RELACIONAMENTO DE *COACHING*

O trabalho é realizado através do relacionamento criado entre o *coach* e o cliente. Todos os modelos de *coaching* enfatizam a importância desse relacionamento, que tem dois aspectos – o exterior (quadrantes do lado direito no modelo integral) e o interior (quadrantes do lado esquerdo).

As qualidades exteriores – sistemas de suporte

Quais as providências práticas?
De que maneira as expectativas são administradas?
Como o *coach* e o cliente se comportam na reunião?

Esses fatores externos são importantes e correspondem ao quadrante inferior direito do modelo integral. Nem mesmo os *coaches* mais habilidosos têm como explorar suas habilidades se a logística não for gerenciada de forma adequada. O *coaching* comportamental presta atenção à coordenação detalhada das operações de *coaching*, administrando expectativas, criando sistemas de medição e correlacionando o *coaching* com o cliente no *coaching* empresarial. Os sistemas e as comunicações externas devem funcionar entre o *coach*, o cliente e demais envolvidos, como o departamento de recursos humanos, por exemplo, a fim de facilitar o melhor relacionamento possível.

No *coaching* pessoal, o *coach* e o cliente precisam também definir os detalhes de base do relacionamento: quando e por quanto tempo as sessões de *coaching* serão ministradas, através de que meios, a que custo e em que local. Essas questões dizem respeito ao sistema externo de suporte ao relacionamento de *coaching*.

Os sistemas de suporte do relacionamento de *coaching*
O sistema externo de comunicação e coordenação precisa estar instalado.
As questões práticas relativas a tempo, local, custos e duração precisam ser claramente definidas.
O ambiente precisa ser adequado.
A psicogeografia precisa ser apropriada.

O outro aspecto exterior do relacionamento é o contexto e o comportamento do *coach* e do cliente *na sessão*. A sala precisa ser confortável e a sessão deve ser ininterrupta. O *coaching* de PNL presta muita atenção a esse aspecto – a criação de *rapport* através do contato ocular, da postura física e da correlação de vozes. A psicogeografia da sala (a posição do *coach* e do cliente) também é importante. A distância entre o *coach* e o cliente precisa ser adequada à cultura. (Eles se sentam mais próximos um do outro nas culturas latinas do que na Inglaterra ou nos Estados Unidos, por exemplo.)

O *coach* e o cliente normalmente se sentam em um ângulo de 90° a 120° em relação um ao outro. Isso permite que eles conversem e mantenham o contato ocular que desejam sem estarem em posições opostas entre si (uma psicogeografia de "oposição"). Ambos poderão desenhar, escrever ou gesticular facilmente.

AS QUALIDADES INTERIORES

Quais as qualidades interiores do relacionamento de *coaching*?

Este aspecto corresponde ao quadrante inferior esquerdo do modelo integral.

> **As qualidades interiores do relacionamento de** *coaching*
> 1 Rapport.
> 2 Saber escutar.
> 3 Compromisso.

Primeiro, deve haver *rapport* – um relacionamento em que ambas as partes estejam abertas à influência uma da outra. O *coaching* de PNL possui muitas ferramentas destinadas a ajudar os *coaches* a incentivar o *rapport* através da correlação. O relacionamento também é enriquecido pelas qualidades do *coach*, como respeito, saber escutar e postura imparcial.

Para usar um termo do *coaching* ontológico, o *modo de ser* do *coach* ajuda na construção do relacionamento. Os bons *coaches* têm *presença*. Eles adotam uma postura de imparcialidade e receptividade diante do cliente e não lhe impõem uma agenda a ser seguida. É isso que torna o relacionamento especial e eficaz. Existem muitas ferramentas de *coaching*, mas são utilizadas dentro do contexto do relacionamento, não como um substituto deste.

O fato de saber escutar define o relacionamento e é uma habilidade essencial em todos os modelos de *coaching*, enfatizado tanto no *coaching* ontológico quanto no *coaching* coativo. O *coach* que sabe escutar ajuda o cliente a articular o seu problema da forma mais clara possível. O cliente também precisa escutar, mas, no caso do *coach*, esse aspecto tem uma qualidade aberta que dá espaço ao cliente para que ele conte a sua história. Quando uma pessoa não escutar (como é o caso nos coquetéis, quando a pessoa com a qual você está falando fica olhando em volta para ver se há alguém mais interessante com quem conversar), você duvida de si mesmo e é difícil sustentar a conversa. Somente depois que a condição de escutar se estabelece o *coaching* ontológico pode focalizar os tipos de conversa que podem ocorrer entre o *coach* e o cliente.

Escutando, o *coach* pode empregar sua intuição, um aspecto importante do *coaching* coativo. A intuição é a capacidade de ter ideias úteis sem a justificativa lógica que normalmente as acompanha. Essas ideias provêm do processamento inconsciente de todas as informações que o *coach* coleta enquanto escuta. Sem escutar não há informação a ser processada e, consequentemente, não há intuição.

Quando estão escutando, os *coaches* estabelecem correlações automáticas e naturais entre a linguagem corporal de alguns de seus clientes. Essa é uma capacidade humana fundamental, documentada originalmente pelo pesquisador William Condon[1] na década de 1960.

A linguagem corporal e o tom de voz sempre vêm acompanhados de determinadas emoções, de modo que, correlacionando naturalmente os seus clientes, os *coaches* comparam pequenos movimentos dos músculos da face que lhes fornecem pistas sobre as sensações de seus clientes. Os *coaches* precisam estar relaxados; do contrário, a tensão muscular em seus rostos (se eles estiverem se "esforçando" para entender) interromperá a correlação natural e, por consequência, as intuições.

O *coach* não consegue escutar se sua cabeça estiver ocupada com seus próprios diálogos interiores, em parte porque essa condição obstrui as mensagens intuitivas. Portanto, manter uma certa "serenidade" interior é uma habilidade importante do *coaching* que ajuda os *coaches* a assumir uma atitude de quem "desconhece o que está acontecendo", o que contribui para sua presença.

O compromisso é outro elemento comum a todos os modelos. A palavra "compromisso" significa um estado ou qualidade de se dedicar a uma causa, ou a um acordo. Tanto o *coach* quanto o cliente tem um compromisso com o relacionamento, porque é nesse ponto que as mudanças ocorrem para ambos. Os dois têm muitos outros compromissos na vida, e o *coaching* tem que estar entre esses compromissos – outro aspecto da gestão exterior do relacionamento.

COMO O *COACHING* FUNCIONA

O que acontece nesse relacionamento?

De que maneira as mudanças ocorrem?

Entendemos que o *coaching* funciona mediante o desenvolvimento de três habilidades cruciais para o cliente.

Essas três habilidades levam a mudanças para o cliente.
⇨ Capacidade para adotar novas perspectivas.
⇨ Capacidade para fazer novas distinções.
⇨ Capacidade de *deixar* de se identificar com algum aspecto limitado a seu respeito. O cliente pode ser objetivo em relação a algo a que antes estivera sujeito.

O *coach* desenvolve esses elementos através de:

⇨ Perguntas.
⇨ Afirmações diretas e interpretações.
⇨ Demonstração implícita e explícita (exemplificação) do elemento para o cliente.

Os elementos do *coaching* que levam a mudanças para o cliente
1 Adotar novas perspectivas.
2 Fazer distinções.
3 Deixar de se identificar com aspectos limitados a seu respeito.

---

1 ADOTAR NOVAS PERSPECTIVAS

Uma perspectiva é um ponto de vista. A palavra significa "olhar através", e o que se vê depende do meio através do qual se está olhando. Quando se olha através de uma janela suja, o que se vê é a sujeira, não o que está do outro lado. Os *coaches* sempre têm uma perspectiva diferente em relação às questões de seus clientes porque eles não estão envolvidos, por isso podem ter uma interpretação diferente. O cliente procura uma resposta e não a encontra. Ele precisa procurar em outro lugar – ou talvez no mesmo lugar por outro ângulo. Fornecendo uma perspectiva diferente, o *coach* oferece ao cliente a oportunidade de ver sua experiência por outro ângulo, de ver outra possibilidade ou opção que ele não via antes.

Uma boa metáfora para as perspectivas é o ponto cego visual. Existe um ponto na retina de nossos dois olhos em que o nervo ótico vai para o cérebro e por isso não existem células sensíveis à luz. Quando uma imagem cai nessa parte do olho, ela fica invisível para nós.

Faça a seguinte experiência. Olhe para o ponto preto a seguir com os dois olhos a uma distância aproximada de seis polegadas. Agora feche o olho direito e olhe diretamente para o ponto com o olho esquerdo. *Continue olhando fixamente para a frente* e desloque a página para a sua esquerda. Em um determinado momento, o ponto irá desaparecer porque a imagem está caindo no ponto cego do seu olho esquerdo.

●

O ponto cego

Um determinado ponto de vista faz com que o ponto desapareça; mudando esse ponto de vista, o ponto aparece. Um *coach* não pode dizer ao seu cliente: "Você tem um ponto cego". O cliente irá responder: "E que ponto cego é esse?" O cliente só saberá que tem um ponto cego quando mudar seu ponto de vista. Portanto, ele não precisa que lhe digam.

Por exemplo, no *coaching* integral, os quatro quadrantes são perspectivas, assim como os estados e os estágios, as linhas e os níveis. O *coaching* de PNL tem um claro modelo de perspectivas. Você pode olhar qualquer coisa a partir da primeira posição (o seu próprio ponto de vista – a sua influência sobre você), da segunda posição (o ponto de vista de uma outra pessoa) e da terceira posição (a posição sistemática que inclui você e a outra pessoa). O jogo interior forneceu uma forma diferente de se observar a bola como metáfora para ajudar os clientes a serem objetivos e imparciais. O *coaching* da psicologia positiva tem o otimismo e o pessimismo. A grade GAPS fornece quatro importantes perspectivas no modelo comportamental. Em um contexto mais amplo, os diferentes modelos de *coaching* são perspectivas, daí afirmarmos que o *coach* pode *alternar entre os modelos de coaching* para ajudar o seu cliente. A cultura também é uma perspectiva, e a tendência a uma determinada cultura pode ofuscar outras perspectivas úteis.

Os clientes podem rejeitar ou não utilizar algumas perspectivas. Não importa. Uma nova perspectiva pode ser muito útil e permite que o cliente adquira a habilidade da mudança de perspectiva – uma habilidade mais útil do que qualquer perspectiva.

Não basta que o cliente aprecie intelectualmente a nova perspectiva. Ele deve "adotar" e agir de acordo essa perspectiva, se for verdadeira, embora podendo não acreditar completamente nela. Essa é a diferença entre saber que você tem um ponto cego e, de fato, *ver* o que você não via antes.

2 FAZER DISTINÇÕES

Uma distinção é um conceito "independente" dos demais. Quando se faz uma distinção cria-se um plano de frente e um plano de fundo. O *coaching* oferece distinções úteis ao cliente – e desenvolve sua habilidade de fazer distinções, uma habilidade mais valiosa do que qualquer distinção. O cliente pode fazer novas distinções ou distinções mais sutis e aprimoradas em seus conceitos.

Construímos o nosso mundo através das distinções. Fazendo mais distinções e distinções mais ricas, o nosso mundo se torna um lugar maior, mais rico e mais detalhado. Uma nova palavra cria uma nova distinção (desde que não seja apenas uma nova palavra para designar a mesma coisa que uma palavra antiga). O *coach* ajuda o seu cliente a fazer distinções sobre suas experiências e reconstruir seu mundo. A capacidade de fazer distinções é uma habilidade cognitiva que os *coaches* podem demonstrar em suas sessões de *coaching* para que seus clientes aprendam.

Você pode prestar atenção apenas a algo sobre o qual tenha feito uma distinção; do contrário, trata-se de algo invisível que se funde ao plano de fundo. Os clientes normalmente se fixam no problema no plano de frente. Os *coaches* os incentivam a observar melhor.

Eis alguns exemplos. O aprendizado de um novo idioma gera muitas distinções novas, como veremos em uma seção mais adiante sobre o *coaching* intercultural. Uma perspectiva é uma distinção, a qual somente quando tida como conceito pode ser utilizada. Para muitas pessoas, toda garrafa de uva fermentada é "vinho". Elas escolhem de acordo com suas preferências pessoais. Um custo de degustação de vinhos as ajudaria a distinguir entre diferentes tipos de vinho, com nomes e gostos diferentes. Na música, fazer distinções significa ser capaz de ouvir as nuanças de um tom, uma nota e uma estrutura que lhe proporcione prazer. A educação envolve distinções que se fazem em um campo específico (determinado pelo professor). O *coaching* ajuda as pessoas a fazer distinções por experiência própria.

A partir do momento em que fazemos uma distinção, somos capazes de ver, compreender, analisar e falar sobre essa distinção. Os diferentes modelos de *coaching* fazem diferentes distinções. Por exemplo, o *coaching* de PNL faz distinções sobre o fato de diferentes tipos de movimentos oculares demonstrarem diferentes tipos de pensamento. Os nossos olhos não estão sob a influência da gravidade; eles não caem para o fundo de nosso globo ocular quando não os estamos utilizando. Eles se movimentam livremente e nós nem nos damos conta disso. A partir do momento em que observamos os movimentos dos olhos de uma pessoa, conseguimos ver um padrão.

O *coaching* ontológico faz distinções entre diversos atos da fala e diferentes tipos de conversa. O *coaching* da psicologia positiva faz uma distinção entre prazer e gratificação, bem como entre as forças de caráter essenciais.

Uma profissão cria suas próprias distinções. Para praticar o *coaching*, você precisa dominar várias distinções, as quais criam um vocabulário especializado. A intenção desse vocabulário é facilitar a compreensão mútua e uma comunicação clara entre os profissionais de *coaching* quando se trata de conceitos complexos. Quando as distinções profissionais se tornam antifuncionais e servem para confundir, e não para esclarecer, elas passam a ser jargões.

Um vocabulário de *coaching* cria para os *coaches* distinções que eles utilizam para formar hipóteses sobre a experiência de seus clientes. Essas distinções também ajudam os clientes a criar um modelo diferente de sua própria experiência (normalmente oferecendo-lhes uma perspectiva diferente). Por exemplo, em vez de se sentir ou agir como "vítima", eles podem começar a ser proativos.

Distinções no *coaching*
⇨ Aquelas utilizadas pelos *coaches* em seu método de *coaching* (vocabulário especializado).
⇨ Aquelas utilizadas pelo *coach* para compreender o cliente ("para a construção de um modelo do cliente").
⇨ Aquelas que o *coach* utiliza para compreender o problema do cliente.
⇨ Aquelas que o cliente está utilizando para compreender o seu problema (que não estão ajudando).
⇨ Aquelas que o cliente desenvolve em relação à experiência em consequência do *coaching*.

3 DEIXAR DE SE IDENTIFICAR COM ASPECTOS LIMITADOS

Todos nós fazemos distinções fundamentais entre o "eu" e o "não eu". À medida que amadurecemos, perdemos nossa egocentricidade absoluta, o mundo cresce e nós percebemos o nosso lugar no mundo. Fazemos isso apartando-nos, vendo o "eu" e o "não eu". Ao se identificar com algo, você fica sujeito a esse algo: isso *é* você. Você não consegue vê-lo, assim como não consegue ver os seus próprios olhos. Qualquer coisa da qual você se dissocie pode ser vista de forma objetiva, analisada e avaliada. É algo que passa a fazer parte do seu mundo. A habilidade mais importante é a capacidade dos clientes de refletir sobre o seu próprio pensamento. Enquanto não conseguem fazer isso, eles não são capazes de distinguir pensamento de crença. Todos nós estamos sujeitos ao nosso condicionamento cultural, mas isso não é problema se não quisermos viver e trabalhar em outra cultura. Como diz o ditado, "você precisa conhecer duas culturas antes de conhecer a sua".

Um exemplo simples é quando estamos sob efeito de um determinado estado emocional. Quando uma pessoa está aborrecida, a emoção a consome. Ela não pensa: "Puxa!, estou aborrecida. Eu quero me aborrecer? Eu não gosto de me aborrecer. Fico imaginando o que eu poderia fazer nesse caso". Se pudesse pensar assim, essa pessoa não estaria sob o domínio da sua ira naquele momento, mas, ao contrário, se distanciaria dela, transformando-a em um objetivo passivo de sua observação, sobre o qual ela pudesse pensar e fazer opções. Somos seduzidos por qualquer coisa a que estejamos sujeitos, daí a grande dificuldade em nos apartarmos sem a ajuda de outra pessoa. Você não "tem" a coisa; a coisa é que o "tem".

Isso tem algumas implicações importantes para o *coaching*. O *coach* não consegue refletir sobre qualquer hábito cognitivo ao qual ele esteja sujeito, o que, por conseguinte, o impossibilita de ajudar o cliente a mudar qualquer ideia a que se encontre sujeito. Ele simplesmente concorda com a ideia em um nível inconsciente e direciona sua atenção para outras coisas que o cliente diz. As ideias e o nível de desenvolvimento do *coach* limitam a sua capacidade de ver determinadas coisas. A riqueza do modelo que o *coach* constroi de seu cliente reflete a riqueza de seu próprio pensamento. E a riqueza desse modelo reflete as novas perspectivas e distinções que o *coach* pode oferecer ao cliente.

Todos os modelos de *coaching* ajudam o cliente a se apartar das ideias limitadoras e dos hábitos de pensamento que geraram ou mantiveram o colapso ou o problema em sua vida. São as chamadas "ideias limitadoras" no *coaching* comportamental, "crenças limitadoras no *coaching* de PNL e "modos de ser limitadores" no *coaching* ontológico. Todos apontam para o mesmo ponto – uma ideia à qual o cliente está sujeito e que o prejudica. Uma parte importante do *coaching* consiste em ressaltar essas ideias, ou ajudar o cliente a enxergá-las. O argumento lógico e racional por si só não funciona. Não se tem como demover um cliente de sua crença através de argumentos. Muitas crenças contêm um elemento emocional e ajudam o cliente a lidar com o mundo.

O que o *coach* pode fazer? Primeiro, direcionar sua atenção para a ideia limitadora. Isso permite que o cliente (se assim desejar) a veja a partir de uma perspectiva externa. O *coach*, então, pode explorar todas as ramificações e consequências das ações baseadas nessa ideia. Por fim, juntos, o *coach* e o cliente podem definir uma tarefa que ajude o cliente a testar os limites da ideia e receber *feedback* sobre ela.

Eis um exemplo de uma de nossas sessões de treinamento. Dizíamos que as metas e o estabelecimento de metas constituem uma parte importante do *coaching*. Um dos participantes disse: "Sempre pensei que recebemos aquilo que nos é dado". Essa foi uma afirmação tão interessante que, juntos, começamos a explorá-la. Ele começou a olhá-la de forma mais crítica. A afirmação tinha o aspecto positivo de permitir que as pessoas fossem generosas e incentivar a gratidão, mas, à medida que falava sobre a questão, ele percebeu que essa ideia estava restringindo sua vida. A ideia, na verdade, era: "Você *só* recebe o que lhe é dado". Se esse fosse o seu caso, o estabelecimento de metas seria perda de tempo porque não levaria a nada. Ele começou a perceber que essa ideia o impedia de estabelecer metas e o deixava em uma posição de passividade mesmo quando o que acontecia não era de seu agrado, parecendo até mesmo ter influenciado a escolha de sua profissão (ele trabalhava em um órgão de assistência social do governo que ajuda as pessoas que precisavam de dinheiro ou pagamentos de benefícios). Nos dias que se seguiram, esse participante conseguiu enxergar sua sujeição a tal ideia e, após refletir, decidiu que não queria continuar naquela situação, que não condizia com o tipo de pessoa que ele queria ser.

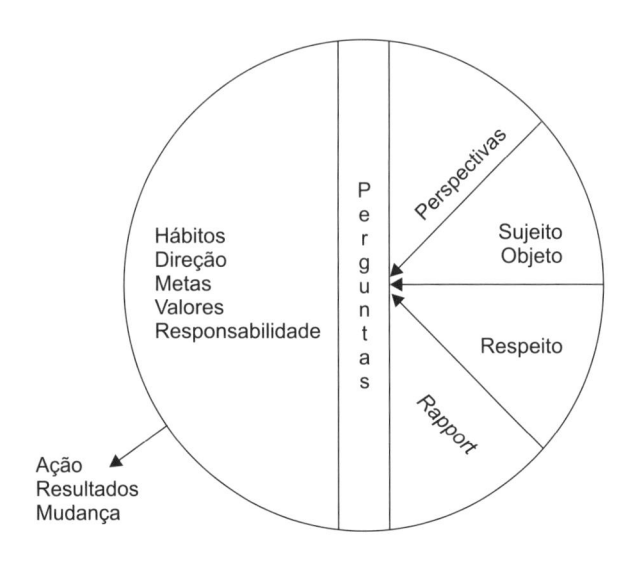

Modelo de coaching: *ponto de vista do coach*

3 O CLIENTE

O que os clientes trazem para o relacionamento de *coaching*? A sua presença e o seu problema; o seu desejo de mudar e obter melhores resultados em algum setor de sua vida. A palavra-chave, nesse caso, é "querer". Os clientes querem algo. Eles trazem para as sessões as suas vontades, necessidades e desejos por novos rumos, além de seus valores e hábitos de comportamento e pensamento; trazem seu modo de ser físico, sua linguagem corporal e suas expressões; trazem suas emoções e estados de espírito, que podem resultar de seus problemas ou contribuir para eles; trazem seu modo de ser, suas posturas características. Um *coach* da área de *coaching* ontológico pode ajudar o cliente a corrigir sua postura, mas nenhum outro modelo principal de *coaching* intervém diretamente no sentido de corrigir a fisiologia de um cliente. Todos os modelos, no entanto, tratam o cliente como um todo, daí as mudanças ocorridas nas áreas cognitivas e emocionais afetarem e, em última análise, mudarem a fisiologia do cliente.

O cliente

Os clientes trazem:

Suas metas e a direção desejada.
Seus valores.
Seus hábitos de pensamento e comportamento.

META E DIREÇÃO

O cliente quer algo que não tem. Talvez ele precise tomar uma decisão ou iniciar um novo trabalho – tem que haver algum tipo de problema, colapso, transtorno, ambiguidade ou desequilíbrio em sua vida que ele queira resolver. Pode ser algo provocado por um problema existente na ocasião, ou o cliente pode simplesmente querer trabalhar a sua visão e o seu planejamento de vida. Ajudar o cliente a esclarecer exatamente o que quer é uma parte importante do *coaching*.

As metas são um elemento importante em todos os modelos de *coaching*, e o esclarecimento da meta é uma parte importante do trabalho do *coach*. No *coaching* comportamental, as metas provavelmente são níveis de desempenho ou habilidades gerenciais associadas a metas corporativas. O *coaching* de PNL possui um modelo sofisticado de abordagem às metas. O *coaching* ontológico utiliza conversas para possíveis ações destinadas a esclarecer as metas, enquanto o modelo GROW tem a letra

"G" (de meta, em inglês) como inicial. Existem metas de longo e curto prazos, abstratas e concretas, específicas e gerais, metas de aprendizado e processo, e até mesmo metas concorrentes e conflitantes. São muitos os tipos de metas, e as distinções nos diversos modelos de estabelecimento de metas podem ser muito úteis para o cliente.

Entretanto, o *coaching* não subentende apenas a realização de metas. Os *coaches* não se limitam a procurar saber o que seus clientes querem e ajudá-los a consegui-lo. Às vezes, a meta que o cliente traz para uma sessão de *coaching* não é, de fato, uma meta, mas uma solução para outro problema. O *coach* ajuda o cliente a avaliar a meta, ver de que maneira ela se encaixa com outras metas que ele tenha na vida, e se é algo condizente com os seus valores. Ele o ajuda a adotar diferentes perspectivas e a fazer novas distinções. No decorrer desse processo, a meta original pode mudar; às vezes, existe uma meta por trás da meta. O *coach* e o cliente podem descobrir outras maneiras e formas diferentes de alcançar o que desejam. Os problemas podem ser dissolvidos, sanados e solucionados.

Uma meta é um determinado tipo de distinção respaldado por ideias e valores relacionados à realização individual. Para alguns clientes, pensar em termos de metas pode parecer algo limitador. Eles precisam de uma distinção melhor que os ajude a pensar na própria vida. Nem toda cultura pensa em termos de metas. Até mesmo clientes procedentes da América do Norte e da Europa, onde existe uma forte ética da realização individual, podem não ser pessoas orientadas para metas. Preferimos fazer a distinção da definição de uma direção. O processo de definir uma direção pode incluir uma meta, mas não necessariamente. No futebol, uma meta significa colocar a bola na rede. Para continuar com a metáfora, muitos clientes desejam marcar gols e querem que o *coach* os ajude a colocar a bola na rede – uma bola específica em uma rede específica. Outros talvez não saibam ao certo onde a rede está, ou a rede pode mudar de posição à medida que eles correm em sua direção. Desse modo, em vez de tentar colocar a bola na rede, o cliente decide em que direção quer correr e o *coach* o ajuda a correr na direção desejada, o mais rápido possível. Enquanto corre, o cliente pode querer fazer muitas outras coisas com a bola em vez de colocá-la na rede, ou descobrir outras metas diferentes. Alternativamente, ele pode resolver que não quer mais jogar futebol. Agora, o que ele irá querer jogar é uma questão muito mais ampla. O *coach* ajuda o cliente a escolher e avaliar sua direção na vida e a encontrar um jogo que valha a pena jogar.

VALORES

Todos os modelos de *coaching* concordam que os clientes trazem valores – o que é importante para eles – para o relacionamento de *coaching*. No *coaching* ontológico esses valores são chamados "interesses". O modo de pensar dos clientes sobre esses valores pode ser analisado no *coaching* de PNL em termos de submodalidades. No *coaching* comportamental, eles constituem a chave para a motivação intrínseca. De todas as metas possíveis que as pessoas poderiam ter ou direções que poderiam seguir, umas têm preferência sobre outras. E como as pessoas fazem essa escolha? Vendo o que é importante para elas, o que as entusiasma. Os valores agregam energia à direção; do contrário, não há razão para correr a lugar nenhuma.

Os valores não podem ser vistos, ouvidos ou tocados; eles são expressos principalmente através de palavras abstratas como "amor", "honra", "respeito", "saúde", "amizade", "honestidade" e "idoneidade". Entretanto, são essas palavras tão abstratas que movem as pessoas, que dão brilho ao seu semblante. As pessoas lutam por seus valores.

O *coaching* comportamental trata da motivação para o comportamento, e são os valores que motivam as pessoas, fornecendo o combustível para a jornada rumo ao que o cliente almeja. Fazemos uma distinção entre três tipos de valores que geram três tipos de motivação.

A *motivação extrínseca* é vivenciada pelos indivíduos como algo que vem de fora (externo) e não condiz necessariamente com os seus valores. Pode ser uma experiência positiva, como uma recompensa, ou negativa, como uma punição ou uma ameaça. Sem essa pressão externa, é possível que a pessoa não faça nada. Os *coaches* nunca pressionam seus clientes com recompensas ou punições, embora muitos clientes possam buscar motivações externas, ou tentar transformar o que o *coach* diz em algum tipo de recompensa. (Os elogios do *coach* normalmente são vistos como uma recompensa.)

O segundo tipo de motivação provém dos *valores introjetados*. Valores introjetados são valores de outras pessoas que você assimila e vivencia como sendo seus. Diz-se valores introjetados porque os clientes se sentem obrigados a comportar-se de uma determinada maneira, sob pena de se sentirem culpados. Os valores introjetados se manifestam como obrigações, o que é refletido pela linguagem do cliente. ("Eu deveria fazer tal coisa" ou "Eu não deveria fazer tal coisa".) Os valores introjetados se situam entre a motivação extrínseca e a motivação intrínseca. Falaremos mais sobre o tema na Terceira Parte. A *motivação intrínseca* é o terceiro tipo de motivação, que provém dos valores autênticos da própria pessoa e é recompensada, no mínimo, com a satisfação proporcionada pela realização desses valores. Na medida do possível, os *coaches* trabalham com valores intrínsecos e não pressionam nem recompensam seus clientes, tampouco os incentivam no intuito de agradá-los, mas sempre os ajudam a estabelecer uma relação com seus valores autênticos. Os clientes precisam estar em um determinado nível de desenvolvimento pessoal para ter valores autênticos.

Três tipos de valores que geral três tipos de motivação
1 *Extrínsecos* – vivenciados pelos clientes como experiências externas.
2 *Introjetados* – valores externos assimilados e vivenciados pelos clientes como se fossem deles.
3 *Intrínsecos* – valores autênticos do cliente e de sua livre escolha.

O *coach* trabalha com valores de quatro maneiras diferentes:

1. Ajudando a colocar o cliente em contato com seus valores autênticos.
2. Ajudando o cliente a alinhar sua direção e suas metas com esses valores e a encontrar outros valores por trás das metas.
3. Ajudando o cliente a enxergar seus valores introjetados, se for o caso. Desse modo, o *coach* e o cliente podem transformar "obrigações" em "desejos".
4. Ajudando o cliente a desenvolver um conjunto coerente de valores integrados, de fato, provenientes do próprio desenvolvimento pessoal do cliente. O *coach* não pode ajudar o cliente se este não tiver um conjunto de valores autênticos e coerentes que emanem de sua própria personalidade. Exploraremos melhor essa questão na Terceira Parte.

A teoria da autoconcordância[2] se refere ao nível de alinhamento das metas com os valores de uma pessoa. Quando a motivação é externa, o cliente vivencia a pressão como algo vindo de fora; consequentemente, existe pouca autodeterminação. Quando a motivação é intrínseca, o cliente vivencia a sua causa como algo vindo de dentro dele próprio e a autodeterminação é grande.

Motivação intrínseca – provém dos seus próprios valores autênticos ("Faço tal coisa porque quero e vale a pena").

Motivação introjetada – os valores têm origem externa, mas são vivenciados como sendo da própria pessoa ("Faço porque devo fazê-lo").

Motivação externa – valor visto como algo originário do plano exterior ("Faço porque alguém me obriga a fazê-lo").

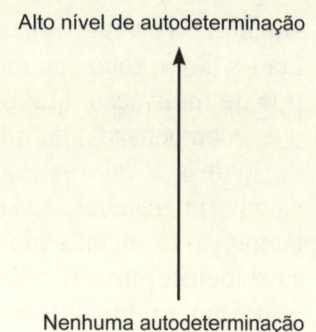

Alto nível de autodeterminação

↑

Nenhuma autodeterminação

HÁBITOS

A última parte da trilogia que o cliente traz para as sessões de *coaching* diz respeito aos seus hábitos. O que é um hábito? Um hábito é algo automático, uma ação repetitiva ou um modo de pensar que aprendemos por observação e que agora acontece "por si só" sem que precisemos pensar. Resolvemos adotar uma determinada forma de pensar ou agir e a praticamos repetidas vezes, até que se solidifique e nós a esqueçamos. É assim que todos os hábitos se formam. Existe sempre algum valor por trás de um hábito, visto que sua origem está em uma ação repetida, e nós só repetimos ações que nos parecem ter algum valor. Entretanto, os tempos mudam e o que, um dia, foi um hábito útil, pode se tornar algo limitado.

Dedicamos muito tempo e prática à formação de hábitos exatamente para que não tenhamos que pensar e possamos liberar nossa atenção para outras coisas mais interessantes. O hábito cai no segundo plano, onde se funde à vida. Essa é a virtude e o defeito dos hábitos – são atos impensados. Quando a vida está indo bem, nossos hábitos funcionam bem, sob controle, e nós nos adaptamos à vida que levamos. Entretanto, quando queremos mudar, ou quando a vida exige nossa atenção e há um colapso no sentido do *coaching* ontológico, os hábitos precisam ser revistos. Mas os hábitos resistem às mudanças porque já dedicamos muito esforço mental, e até mesmo físico, para criar caminhos neurais e abrir trilha necessária para que caiamos naturalmente no caminho habitual de menor resistência.

Quando dizemos "hábito" estamos falando não apenas de ações (como dirigir um carro, coçar a cabeça, fumar um cigarro), mas também de pensamento, particularmente daqueles pressupostos dos quais nem nos damos conta, reforçados por nossa experiência e que agora limitam as experiências que nos permitimos viver. O *coaching* comportamental lida diretamente com os hábitos de ação, enquanto o *coaching* cognitivo se ocupa dos hábitos de pensamento, e uma mudança nos hábitos de pensamento resulta em mudança de ações.

Viagens de Gulliver, de Jonathan Swift[3], escrito em 1726, contém uma ótima metáfora sobre o funcionamento dos hábitos. Gulliver é um marinheiro cujo navio naufraga em meio a uma tempestade. Ele se agarra a um pedaço de madeira que fica flutuando e acaba chegando, exausto e sozinho, à praia de uma ilha deserta, onde adormece. Ao despertar, Gulliver percebe que não pode se mexer. Ele olha à sua volta e vê que está amarrado por milhares de cordas minúsculas que, individualmente, podiam ser desatadas facilmente, mas juntas o mantém imobilizado. O marinheiro não vê nada que possa utilizar como alavanca para se mover e exercer sua força. Ele fora amarrado por pessoas muito pequenas chamadas lilliputianas, que estavam muito preocupadas com o gigante que fora dar em sua praia e o estrago que ele poderia causar se conseguisse libertar-se das amarras.

Essas cordas são como hábitos; elas nos amarram. Algumas são fortes; outras, fracas. A força do hábito é proporcional ao tempo e à pratica investidos em sua formação, daí também o valor que os hábitos têm para nós. É o peso combinado dos hábitos, a inércia da vida, que mantém o cliente de pé. O *coach* ajuda o cliente a se libertar de uma corda/hábito aqui, outro ali, localizados em pontos estratégicos, até que toda a estrutura seja suficientemente enfraquecida e permita que o cliente se desvencilhe por sua própria força.

Os hábitos constituem um exemplo especial da distinção entre sujeito e objeto. Ficamos sujeitos aos hábitos por não termos nenhuma opção quando não temos consciência deles. A primeira função do *coach* é conscientizar o cliente da existência do hábito. Vimos isso no jogo interior, quando o indivíduo percebe que tem o hábito de executar um determinado golpe de tênis de maneira errada. O mesmo princípio se aplica a um hábito da autoculpa (ou atribuição pessimista no *coaching* da psicologia positiva, ou, ainda, o ato de se fazer apreciações negativas infundadas no *coaching* ontológico). No modelo GROW, os hábitos estão representados pela inicial "R", de realidade.

O *coaching* ontológico tem muitos exercícios de autoconsciência. Basicamente os *coaches* montam estruturas destinadas a "despertar" seus clientes em determinados momentos para que eles tenham consciência de como estão agindo e pensando. Em seguida, eles registram suas observações em uma ficha de *coaching* pessoal. O *coaching* comportamental faz o mesmo com os hábitos de comportamento e incentiva o cliente a ter um plano de desenvolvimento pessoal (PDP). Não podemos planejar se não tivermos consciência do que estamos fazendo. O *coaching* de PNL chama os hábitos de pensamento de "crenças".

Uma vez consciente do hábito, o cliente pode refletir sobre ele sem se julgar como um indivíduo ruim ou pouco inteligente. A consciência não discriminatória é importante em todo modelo de *coaching*. Por fim, o cliente e o *coach* decidem como lidar com os hábitos limitadores. Os hábitos não podem ser destruídos, mas podem ser desconstruídos, desmantelados e substituídos por algo que funcione melhor. Em princípio, todo hábito tem uma boa razão para se formar, e o cliente precisa se lembrar disso. Às vezes, o hábito é obsoleto; formou-se quando o cliente tinha uma vida diferente, mas ainda persiste como vestígio de uma época passada. Por exemplo, muitos hábitos foram criados de modo a nos oferecer segurança, especialmente na infância, quando éramos mais fracos e vulneráveis. Às vezes, a razão para o hábito continua a existir, em cujo caso o cliente e o *coach* precisam substituir o hábito limitador existente por outro que não limite o cliente, mas honre a mesma intenção.

Por exemplo, uma cliente tinha um hábito de pensar que ela resumia da seguinte maneira: "O trabalho é um sacrifício e sempre gera problemas". Esse era um hábito de pensamento ao qual ela estava sujeita e, por isso, era como uma crença – ela não o questionava. Seu pai trabalhara com afinco a vida inteira, mas sempre enfrentando problemas; a família o admirava, mas, ao mesmo tempo, gostaria que ele passasse mais tempo em casa. Ele sacrificava seu tempo por sua família, por isso a crença fazia jus a esse homem que era uma pessoa muito importante na vida de sua filha. A partir do momento em que atentou para esse pensamento, a cliente passou a concordar intelectualmente de que se tratava de um pensamento limitador que talvez não fosse verdade, embora todos os empregos que ela havia tido até então a tivessem incomodado.

A cliente queria arranjar um trabalho que ela pudesse executar com paixão, mas não tinha esperança de que esse trabalho sequer existisse. Ela não queria manter esse antigo hábito de pensamento e, por essa razão, com a ajuda de seu *coach*, resolveu mudá-lo para "Eu posso exercer uma profissão na qual eu me sinta satisfeita e possa ajudar as pessoas". As palavras "ajudar as pessoas" passaram a substituir diretamente a palavra "sacrifício". Antes, "ajudar as pessoas" tinha o sentido de "sacrifício", de modo que o *coach* a ajudou a fazer uma distinção entre os dois. Parte do plano de ação da cliente consistia em começar a pesquisar possíveis tipos de trabalho; até então, a crença a impedira de fazer isso. Por que buscar algo que você acredita não existir?

É interessante notar também que a primeira frase da crença limitadora original ("O trabalho é...") é uma generalização passiva que se aplica a todo tipo de trabalho. Ela, a cliente, não estava representada na frase. Parecia ser uma frase sobre o trabalho, mas, naturalmente, dizia respeito a ela. A nova crença começava com ela ("*Eu* posso exercer...") e era proativa. A cliente se empenha na busca por uma experiência própria, em vez de ficar sujeita a um hábito.

Muitos modelos de *coaching* fazem uma distinção entre o *coaching* que muda hábitos de pensamento (transformacional – uma mudança no sistema) e o *coaching* que muda o comportamento (transacional – uma mudança do sistema). O *coaching* comportamental utiliza perguntas de circuito e múltiplo, enquanto o *coaching* de PNL fala de *coaching* simples e gerador. O *coaching* ontológico fala de perguntas profundas que desafiam ideias e de perguntas mais superficiais que desafiam o comportamento.

Eis uma maneira de se ver os dois tipos de *coaching*. No tipo transacional, o cliente começa com um problema e o *coaching* o leva à ação; e o *feedback* dessa ação o ajuda a solucionar o problema. Um exemplo disso seria o gerente que precisa aprender a delegar habilidades. Ele adquire as habilidades com a ajuda de um *coach* comportamental, pratica, e a mudança faz uma diferença positiva no desempenho dele e de sua equipe.

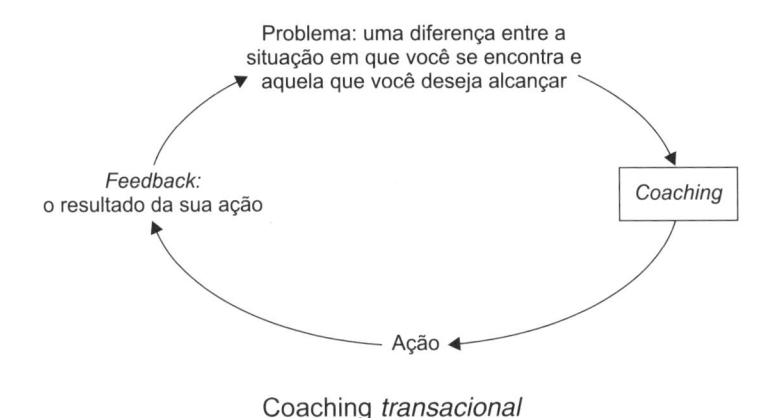

Coaching *transacional*

O gerente continua a praticar até assumir um novo comportamento que lhe permita alcançar a sua meta e solucionar o problema. Alguns tipos de *coaching* seguem esse padrão.

Agora, imagine que, durante a conversa inicial com o *coach*, o gerente diga algo como "É claro que eu não delego. Não posso confiar em ninguém aqui; se eu delegar o meu pessoal bagunça tudo. Sei que isso é um problema, mas, *se quiser algo bem feito, você mesmo tem que fazê-lo*". Isso é um hábito de pensamento. Enquanto pensar dessa forma, o gerente provavelmente não irá delegar nada de importante. Ele pode conhecer todas as regras da boa delegação, mas não as coloca em prática porque não acredita que funcionem. Nesse caso, o *coach* e o cliente precisam trabalhar essa crença, não para refutá-la, mas para ver até que ponto ela é verdadeira – e, naturalmente, para descobrir até que ponto a atitude do gerente está contribuindo para os maus resultados que ele vem obtendo. Uma mudança na crença seria uma mudança geradora; o gerente poderia resolver outros problemas, além do problema da delegação.

Muitos executivos pressupõem (pensamento habitual) que, pelo fato de saberem fazer algo, as pessoas o farão. Se não o fizerem bem feito, elas precisam aprender a fazê-lo melhor. Mas nem sempre é assim. O pensamento habitual pode bloquear as aptidões. O *coaching* transformacional não só resolve os problemas como detém o pensamento que deu origem ao problema e o mantém, além de ajudar a pessoa a solucionar não apenas um determinado problema, mas uma classe de problemas.

Mudança sustentável significa mudança de hábitos. A criação e o reforço de novos hábitos de comportamento é algo que merece grande atenção de um *coach* comportamental. Todos os modelos de *coaching* reconhecem os hábitos, despertam a consciência do cliente para esses hábitos e o ajudam a mudá-los se eles forem parte do problema. Na sua maior parte, o *coaching* é de natureza transformacional.

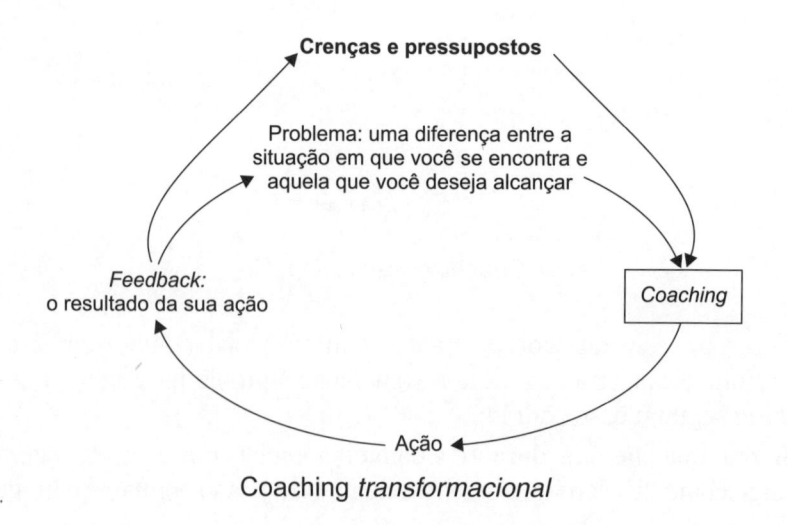

Crenças e pressupostos

Problema: uma diferença entre a situação em que você se encontra e aquela que você deseja alcançar

Feedback:
o resultado da sua ação

Coaching

Ação

Coaching *transformacional*

MUDANÇA

A mudança é o resultado do trabalho realizado no relacionamento de *coaching*. A palavra "mudança" abrange três áreas:

⇨ O estado inicial.
⇨ O estado final.
⇨ O processo entre os dois.

> **Os dois tipos de mudança**
> 1 Aprendizado – mudança no tempo (mudança horizontal).
> 2 Desenvolvimento – mudança através do tempo (mudança vertical).
> O aprendizado se soma ao que você *tem*. O desenvolvimento muda a pessoa que você *é*.

Existem dois tipos principais de mudança: o aprendizado e o desenvolvimento. O aprendizado leva a uma mudança horizontal – mudança *no tempo* – e ocorre a cada instante, aumentando os conhecimentos tanto em termos de pensamento quanto de comportamento. O aprendizado se soma àquilo que você já possui.

Relacionamento
Ambiente logístico

Cliente

Compromisso
Hábitos
– comportamento
– pensamento
Valores
Metas e direção
Aprendizado

↓
Consciência
Ação
Opções
Mudança
Responsabilidade

Escutar
Compromisso
Rapport

Perspectivas
Distinções
Identificação

Comunicação
com os envolvidos

Orientador

Perguntar com:
– atitude de quem desconhece o que está acontecendo
– respeito
– compromisso
Escutar

As mudanças desenvolvimentais levam a uma mudança vertical – mudança *através* do tempo. As mudanças desenvolvimentais são mais repentinas e levam a uma forma nova e radical de ver o mundo, ou a um novo modo de ser, em termos ontológicos. O nosso estágio de desenvolvimento influencia a forma como aprendemos e o modo como organizamos o nosso aprendizado. Todos nós passamos por mudanças desenvolvimentais; o mundo parece diferente, mas nós é que mudamos.

A mudança horizontal é como colocar mais móveis, ou móveis mais caros, em seu apartamento. A mudança vertical é como mudar-se para um apartamento novo e maior no andar de cima. Você pode levar alguns móveis com você, mas deixará outros para trás porque já não são mais adequados. Os seus gostos mudaram e a sua visão se ampliou. O *coaching* integral fala sobre a diferença entre estados e estágios – os estados são horizontais, os estágios, verticais. O *coaching* ontológico trata das mudanças no modo de ser dos clientes.

O *coaching* pode levar tanto a mudanças horizontais quanto a mudanças verticais. Como veremos mais tarde, acreditamos que uma das funções mais importantes e negligenciadas do *coaching* consista em estimular e orientar as mudanças. Na Terceira Parte, veremos como acrescentar um aspecto desenvolvimental ao nosso modelo de *coaching*.

RESPONSABILIDADE E ATRIBUIÇÃO

O cliente é responsável pela meta em todos os modelos de *coaching*. Responsabilidade normalmente é confundida com atribuição e vista como um ônus e uma obrigação. Atribuição é algo que vêm de fora. Falamos em "aceitar" atribuições. Atribuição é algo que a pessoa pode aceitar (ou não).

Responsabilidade, por outro lado, é algo que vem de dentro. Uma pessoa pode dizer "Eu sou responsável". O *coaching* incentiva a responsabilidade e o compromisso, os quais constituem a base de uma promessa, conforme definida no *coaching* ontológico. Os clientes são responsáveis por suas metas. O *coach* e o cliente são responsáveis pelo relacionamento e pelo processo.

AÇÃO

Todos os modelos de *coaching* concordam que os clientes precisam agir. A introvisão provavelmente é necessária, mas não suficiente para que haja uma mudança. (O *coaching* comportamental argumenta que a mudança de comportamento é o que importa, e que a introvisão não é necessária). Os hábitos são feitos por ação e mudados por diferentes ações que podem estar fora da zona de conforto do cliente. O cliente necessita do apoio do *coach* para mudar sua forma de agir, e precisa compreender e sentir que as suas novas ações são congruentes com os seus valores e a sua nova direção. Essas ações proporcionam ao cliente uma gama mais ampla de *feedback*, fazem com que ele se mantenha mais atento, reformulam seus hábitos e começam a cortar as amarras mentais que o imobilizam. Elas levam ao *feedback* e à reflexão com o *coach*, o que, por sua vez, leva a outras ações. As pequenas ações são um dos resultados de qualquer processo de *coaching*.

TRANSIÇÃO

As mudanças não ocorrem de imediato; levam tempo. As mudanças horizontais podem ocorrer de forma contínua e regular. As mudanças verticais ou desenvolvimentais tendem a ocorrer de forma descontínua. A transição é a etapa em que o cliente está a meio caminho em sua jornada, e em posição de desequilíbrio, após deixar a segurança do que lhe era familiar e antes de alcançar o destino almejado. O nosso livro *Coaching with NLP*[4] contém um modelo completo de transição. A maioria das transições no *coaching* são iniciadas pelos clientes, e não impostas a eles por circunstâncias externas. (Desse modo, então, o *coaching* subentende mais uma adaptação às mudanças.) Normalmente, os clientes passam por três estágios principais de transição – consideração, preparação e ação.

Os três estágios de transição
1 Consideração.
2 Preparação.
3 Ação.

CONSIDERAÇÃO

A consideração é o primeiro estágio – é quando se pensa em mudar, mas sem tomar nenhuma atitude. O cliente pode se mostrar dividido e temer perder algo importante. Neste estágio, o *coach* ajuda o cliente a explorar o valor existente por trás do medo e da dúvida que ele sente. Ele o ajuda a pesar os prós e os contras da iniciativa de seguir em frente. O *coach* pergunta que condições precisam ser satisfeitas para que o cliente faça essa mudança, se ele realmente quiser fazê-la.

PREPARAÇÃO

Na fase de preparação, o cliente já lidou com o medo e está pronto para começar a trabalhar. O *coach* ajuda o cliente a assumir um compromisso com um plano de ação e a se sentir motivado, estabelecendo uma relação entre a mudança e os seus valores. Quanto mais o *coach* e o cliente honram as pequenas mudanças, mais eles apoiam a mudança principal. A vida é uma série de pequenas decisões que se combinam para formar grandes mudanças – uma série de pequenas ações, cada uma levando, a cada passo, a uma aproximação cada vez maior da ação principal.

AÇÃO

Agora o cliente está comprometido e agindo, embora, às vezes, um tanto relapso. O *coach* sempre procurará evitar os descuidos, mas, se ocorrerem, serão preferencialmente tratados como uma parte natural do processo de mudança. O *coaching* comportamental possui muitas ferramentas para absorção do novo aprendizado e prevenção dos descuidos. O *coaching* de PNL e o *coaching* coativo incorporam estruturas destinadas a lembrar o cliente.

Durante o período de mudança, o cliente vivenciará um maior número de opções e sentirá que o *coaching* o está ajudando.

Mais opção em seus pensamentos.

Mais opção em suas emoções, mais inteligência emocional e o fim da sujeição às emoções e aos pensamentos – em vez do domínio sobre estes.

Mais opção em seu comportamento, com uma maior sensação de ser o ator principal de sua vida, e não um personagem secundário na história de outra pessoa. Mais opção subentende mais liberdade. O comportamento, o pensamento, as emoções e o modo como o cliente fala dos problemas mudarão. Ele terá sanado o problema específico originalmente levado ao *coach* e será capaz de entender a maneira como o seu modo de pensar ajudou a criá-lo e, consequentemente, como evitar esse tipo de problema no futuro.

Por fim, as mudanças podem ser medidas, desde que decidido com antecedência e que tenha sido feita uma medição no início. Você mede a distância entre dois pontos – início e fim. Por exemplo, se o nível de desenvolvimento do cliente não for medido no início do *coaching*, qualquer mudança será invisível. Se o nível de desempenho não for medido no início, não haverá nenhum referencial de comparação com o nível final. Mas isso não significa dizer que nada tenha acontecido. Nesse ponto, existe um paradoxo no sentido de que, assim como você mede o que recebe, você também recebe o que mede. A questão da medição das mudanças será abordada na próxima parte.

REFERÊNCIA

1 Condon, W. "Cultural Microrhythms" in Davis (ed.). *Interactional Rhythms: Periodicity in Communicative Behavior*, 1982.
2 Sheldon, K. & Elliot, A. *Not All Personal Goals Are Personal, Personality and Social Psychology Bulletin* 24 (5), 1998.
3 O'Connor, J. & Lages, A. *Coaching with NLP*, 2004.
4 Swift, J. *Gulliver's Travels*, edited by Paul Turner, 1988.

TERCEIRA PARTE

1
MEDIÇÃO DOS RESULTADOS DE *COACHING*

"Teoricamente, não deveria haver muita diferença entre teoria e prática; na prática, no entanto, normalmente há."

Anônimo

Como decidimos se o *coaching* é bem-sucedido?

Na medida em que o *coaching* passa a fazer parte do desenvolvimento da liderança e das iniciativas organizacionais, as avaliações subjetivas e as provas empíricas deixam de ser medidas adequadas para medir sua eficácia. Quando um *coach* externo é contratado por uma empresa, o empregador não é o cliente, mas a empresa, e o cliente é o gerente individual. Existem muitos outros envolvidos e o *coach* precisa satisfazer a todos. Como podemos medir o impacto do *coaching*?

A mesma pergunta se aplica ao *coaching* pessoal, embora de forma mais simples. Nesse caso, o cliente também é o patrão do *coach*. É ele quem paga diretamente o *coach*; ele decide como avaliar o *coaching* e o que será medido.

Precisamos desenvolver um novo pensamento para medir os resultados do *coaching*. Existe uma grande tentação em utilizar modelos existentes, especialmente o modelo médico. Entretanto, o modelo médico diagnostica doenças que se enquadram nas descrições existentes. Embora uma junta médica possa concordar com um determinado diagnóstico, seria bastante improvável que uma junta de *coaches* concordasse exatamente quanto ao que fazer com um determinado cliente. Isso porque o modelo médico trata a doença e seus sintomas (e é adequado para males de natureza médica), enquanto o *coaching* trata o cliente.

A mentalidade científica aprecia medições tangíveis e lineares que possam ser vistas e facilmente quantificadas, como as mudanças de comportamento e a elevação dos lucros. Entretanto, essa é apenas uma das maneiras de se medir os resultados do *coaching*. Voltando ao modelo integral dos quatro quadrantes, os efeitos do *coaching* podem ser medidos de quatro maneiras:

1. A avaliação interior subjetiva do cliente individual (quadrante superior esquerdo da experiência interior).
2. As mudanças no comportamento individual (quadrante superior direito das ações visíveis).
3. As mudanças na cultura e no moral da empresa (quadrante inferior esquerdo da experiência interior do grupo).
4. O funcionamento mais eficiente e eficaz do sistema de negócios (quadrante inferior direito dos sistemas visíveis).

O *COACHING* COMO ARTE E CIÊNCIA

O *coaching* é uma arte e uma ciência – uma arte porque lida com seres humanos, e uma ciência porque possui uma estrutura, uma metodologia e um conjunto de princípios. A ciência do *coaching* precisa ser fundamentada em pesquisas empíricas. As pesquisas nunca explicam o lado artístico, assim como as ondas em um osciloscópio não explicam ou medem o prazer do ouvinte ao ouvir a música por elas representada. Essa questão pertence a um outro domínio. Testes aleatórios sobre a apreciação artística não explicam por que as pessoas pagam milhões de dólares por um Van Gogh. A arte subjetiva sempre tem um contraponto no mundo científico exterior, mas nunca pode ser reduzida a ele.

A ciência da prática do *coaching*, da educação e da pesquisa está se tornando cada vez mais baseada em provas. O *coaching* baseado em provas foi definido por Dianne Stober e Anthony Grant como "o uso inteligente e conscientemente dos melhores conhecimentos existentes integrado à perícia do profissional quando se trata de decidir como ministrar o *coaching* a clientes individuais e como elaborar e aplicar programas de treinamento de *coaches*"[1]. Essa é uma boa definição porque incorpora todos os elementos importantes. O conhecimento é atual, portanto, sempre atualizado; os *coaches* precisam manter-se a par dos acontecimentos na área e em campos correlatos. A perícia do profissional também tem um papel fundamental e é determinada pelo sucesso e pelo *feedback*. O próprio *coach* também é levado em consideração. O cliente individual é importante. O *coaching* não existe em um vácuo sem um *coach* real e um cliente real. O *coaching* não é uma mágica que funciona exatamente igual para todo cliente. Apesar das muitas analogias com o computador que já surgiram, os seres humanos não são computadores. Os melhores conhecimentos existentes – e a isso devemos acrescentar as aptidões – levam em consideração estudos controlados e testados. Observações correlatas provenientes de fontes diversas, históricos de casos, relatos e estudos devem ser levados em consideração e os resultados medidos de várias formas diferentes para que se obtenha uma perspectiva de múltiplas dimensões. Se o *coaching* ensina múltiplas perspectivas, então é justo que as mesmas regras se apliquem também à medição de seus resultados.

O *coaching* é também uma arte, de modo que devemos buscar no mundo artístico modelos de como se medem os resultados e se definem os diferentes tipos de abordagem. De que maneira o mundo das artes, ou o mundo do cinema e do teatro, decide o que é e o que não é bom? Principalmente através da opinião de especialistas. Um crítico de arte vai a uma exposição e escreve uma apreciação; ele olha as obras de arte com olhos treinados e faz sua crítica com base em determinados critérios. O crítico é versado no assunto. Ele já leu, estudou e provavelmente já atuou na área. Um crítico respeitado não apenas lidera como também molda e segue a opinião pública.

As opiniões do crítico influenciam a opinião pública, mas nunca a substituirão. Se a maioria do público pagante decidir que uma exposição de arte é absurda, esse público não paga para visitá-la e a exposição perderá dinheiro. Os críticos podem criticar as massas sem cultura, mas o *feedback* dos clientes pagantes conta. E muitos filmes fizeram sucesso apesar das críticas desfavoráveis.

As pessoas que estudaram o *coaching* têm um papel importante a desempenhar em sua avaliação. Devemos prestar atenção aos *coaches* experientes, que estudaram, adquiriram conhecimentos e habilidades, e se desenvolveram. Nem toda opinião tem o mesmo peso. De modo que, em nossa abordagem baseada em provas, sempre haverá pessoas cujas opiniões têm mais peso em função de quem essas pessoas são e de seus feitos.

AVALIAÇÃO DO *COACHING* PESSOAL

Os clientes de *coaching* pessoal querem mudanças; eles querem resultados. Mas, como medir esses resultados? O que os clientes desejam alcançar com o auxílio do *coaching*? Mais especificamente:

⇨ O que eles desejam fazer de outra forma?
⇨ O que eles querem fazer mais?
⇨ O que eles querem fazer menos?

Convém que o cliente explore essas questões no início, pensando no que ele quer e em como ele irá medir os resultados. Todo cliente irá avaliar o *coaching* de forma subjetiva: se está gostando, até que ponto ele está progredindo, se o *coaching* está atendendo às suas expectativas, e assim por diante. As expectativas do cliente precisam ser esclarecidas. O cliente pode não ter um quadro completo do que irá acontecer no *coaching* e pensar que o *coach* é um mágico das mudanças que lhe permitirá apenas o esforço de se recostar e apreciar.

Como os resultados serão medidos? Durante o *coaching*, o *coach* e o cliente precisam controlar o progresso com medidas definidas de comum acordo. O *coaching* pessoal é mais flexível do que o *coaching* empresarial, que normalmente tem um período de duração definido (quatro meses, em média). O *coaching* pessoal pode se estender por muito mais meses e lidar com questões muito mais complexas, como qualidade de vida, qualidade de relações, nível de desenvolvimento e muitas outras. Juntos, o *coach* e o cliente precisam medir o nível de progresso, ainda que em uma simples escala de satisfação do cliente. O cliente de *coaching* pessoal avalia se está gostando do *coaching*, as habilidades e o aprendizado adquiridos, e os resultados nas diferentes áreas de sua vida.

AVALIAÇÃO DO *COACHING* EMPRESARIAL

No Reino Unido, estima-se que 95% das empresas já utilizaram ou estão utilizando o *coaching*[2], e, nos Estados Unidos, o valor do setor de *coaching* empresarial, estimado em torno de US$ 1 bilhão, está em franco crescimento. As empresas estão dispostas em investir até US$ 100,000 por ano em *coaching* para seus CEOs e gerentes. E qual o retorno desse investimento? Como podemos medir os efeitos do *coaching* e de que maneira esses efeitos podem ser transformados em cifras que gerem um determinado retorno sobre o investimento (ROI – *Return on Investment*)? Como julgamos o valor do *coaching*? À medida que o *coaching* cresce em importância e influência, existe uma demanda cada vez maior por abordagens comprovadas que demonstrem que o *coaching* está tendo o efeito prometido.

Então, o que medimos e como o medimos? *Os resultados obtidos correspondem àquilo que é medido,* porque o que não é medido é invisível. Você precisa decidir com antecedência o que medir, porque você está medindo mudanças, e uma "mudança" tem um início, um fim e um espaço intermediário. Se um carpinteiro tirar as medidas errado antes de iniciar o trabalho, as prateleiras que ele está fazendo não irão servir. Se o *coach* e o cliente não definirem um ponto de partida, será impossível provar as mudanças realizadas.

Atualmente, poucas empresas medem os resultados do *coaching*. De acordo com um relatório sobre serviços de *coaching* prestados em 2006[3], 35% do *coaching* ministrado no mundo dos negócios são monitorados, e apenas 9% das empresas possuem um processo formal para avaliar a eficácia e o retorno sobre o investimento (ROI), medido naquela que é a mais ubíqua e inquestionável das medidas – o dinheiro. Entretanto, a maior parte das avaliações continua sendo empírica.

De que maneira o *coaching* empresarial é avaliado? A partir de diferentes perspectivas mediante a utilização de um modelo semelhante àquele desenvolvido por Kirkpatrick[4], amplamente utilizado na avaliação de resultados de treinamento. Kirkpatrick distinguiu quatro níveis de avaliação possíveis, onde cada um serve de base para o nível subsequente: reação individual, aprendizado, transferência de aprendizado e resultados de negócios. *Coaching* é diferente de treinamento, por isso faremos uma ligeira alteração no modelo e utilizaremos as seguintes categorias: reação subjetiva, aprendizado, comportamento, resultados de negócios e ROI.

Avaliação dos resultados do *coaching*
1 Reações subjetivas – a experiência do cliente.
2 Aprendizado – as mudanças verificadas nos conhecimentos e habilidades.
3 Comportamento – as ações do cliente resultantes de seu aprendizado.
4 Resultados de negócios – os resultados alcançados pela empresa em decorrência das mudanças individuais ocorridas.
5 ROI – retorno sobre o investimento: o benefício financeiro do *coaching*.

1 REAÇÕES SUBJETIVAS

A reação subjetiva do cliente pertence ao quadrante superior esquerdo do modelo integral – consciência individual interior. Somente o cliente pode medi-la, o que pode ser facilmente realizado a partir de um questionário antes e depois do *coaching*.

⇨ Quais as mudanças interiores vivenciadas pelo cliente?
⇨ Ele gostou do processo?
⇨ Ele obteve a clareza, a direção e as melhorias desejadas?
⇨ Quais as suas metas?
⇨ As suas metas foram alcançadas da forma desejada e esperada?

Toda medição tem início com essa reação subjetiva. Por exemplo, o cliente pode querer melhorar a sua capacidade de convivência com as pessoas no trabalho. Ele pode classificar seu nível de satisfação em uma escala de 1 a 10 antes e depois do *coaching*. Se o número aumentar de acordo com as suas expectativas, ou superá-las, significa que o *coaching* foi bem-sucedido.

Em uma recente pesquisa de opinião[5], a grande maioria dos entrevistados reportou níveis mais elevados de autoconsciência (68%), mais aptidão para estabelecer metas (62%) e uma vida mais equilibrada (61%) em consequência do *coaching*. Essa é uma medida válida e largamente utilizada no *coaching*. Tudo pode ser medido em uma escala simples de 1 a 10 – essa é a base das "planilhas felizes" utilizadas no mundo inteiro para avaliar os treinamentos. Uma empresa quer que o seu pessoal se sinta feliz e satisfeito, mas não considera isso suficiente. A satisfação precisa ser traduzida em algo mais tangível. Para justificar o investimento, essa reação subjetiva tem que resultar em um comportamento diferente e, consequentemente, em resultados de negócios diferentes. Os clientes podem atribuir uma alta pontuação ao *coaching*, mas não mudar seu comportamento. Do ponto de vista organizacional, isso se traduz em fracasso. Independentemente de como os clientes classifiquem o *coaching*, a empresa quer ver mudanças em seus conhecimentos, habilidades e comportamento.

2 APRENDIZADO

A segunda perspectiva é o aprendizado do cliente e o consequente aumento do seu acervo de conhecimentos e habilidades. Esses fatores podem ser medidos pelo cliente de forma subjetiva (quanto ele pensa ter aprendido) e objetiva. O *coaching* não ensina o cliente diretamente, mas o cliente aprende mais a respeito de si mesmo, de seu trabalho, de suas metas e valores. Além disso, o *coaching* pode ser utilizado para consolidar e extrair o máximo de um treinamento anterior.

Quanto mais complexo o aprendizado, mais difícil avaliá-lo. O conhecimento e as habilidades podem ser avaliados através de testes realizados com o cliente antes e depois do *coaching*. O aprendizado pode ser medido por testes formais e informais, autoavaliação e avaliação da equipe. Um aumento no nível de aprendizado de um indivíduo pode ser expresso em termos de melhores resultados para sua equipe. Muitas empresas treinam, incentivam e medem suas competências essenciais. As próprias competências são qualidades abstratas e necessitam de referenciais de comportamento para medir quaisquer mudanças, e esse é o próximo nível de medição.

Queremos ressaltar ainda outro aspecto importante em relação ao aprendizado e às competências. O *coaching* pode aumentar a capacidade de aprendizado do cliente, que, após o *coaching*, pode ser capaz de aprender mais e com mais rapidez. Podemos dizer que o cliente apresenta um aumento em sua capacidade, que pode, então, ser aplicada a competências específicas. Os resultados só aparecerão a longo prazo, mas, como as empresas não medem rotineiramente a capacidade de aprendizado de seus funcionários, qualquer sinal de aumento de capacidade continuará a ser subjetivo e empírico.

3 COMPORTAMENTO

A expectativa é de que o novo aprendizado e as novas habilidades resultem em uma mudança de comportamento, aspecto pertencente ao quadrante superior direito do modelo integral e diretamente observável. As novas habilidades, conhecimentos e atitudes estão sendo utilizados no ambiente do dia a dia? O aprendizado, o conhecimento e as atitudes são invisíveis, mas o comportamento é visível e, portanto, é o indicador mais convincente e fácil de ser medido.

As mudanças de comportamento podem ser avaliadas de muitas maneiras – *feedback* 360º, observando-se outras pessoas e através de testes. Por exemplo, um cliente quer adquirir melhores habilidades de comunicação e usar de menos argumento e mais objetividade com sua equipe. Antes do *coaching*, o *coach* e o cliente precisariam definir, de comum acordo, categorias de comportamento, como ataque, defesa, divergências etc. que o cliente queira mudar, eliminar ou reduzir. Além disso, o cliente faria uma lista de alguns tipos de comportamento dos quais ele deseje incorporar uma parcela maior, como solidariedade, anuência etc. Todos esses fatores seriam medidos antes do *coaching* através de autoavaliação e *feedback* de colegas e gerentes. Em seguida, esses mesmos fatores seriam medidos, da mesma maneira, após o *coaching,* e as diferenças seriam observadas.

A medição do comportamento não é tão objetiva quanto os gerentes, às vezes, imaginam. Um mesmo tipo de comportamento pode ser uma decorrência de modos de pensar diferentes, valores diferentes e emoções diferentes, e não pode ser isolado da pessoa que o apresenta.

Segundo, o mesmo comportamento pode ser resultado de níveis de desenvolvimento diferentes, de modo que a pessoa pode ter mudado seu pensamento e seus valores, mas o seu comportamento pode continuar o mesmo. Terceiro, o comportamento sempre está relacionado ao contexto. Por exemplo, um executivo argumentativo pode estar tendo auxílio do *coaching* e, no decorrer do processo, concluir um grande projeto e, assim, sentir-se menos estressado. Consequentemente, o seu comportamento muda de forma mensurável, com uma redução significativa dos ataques e argumentos, mas o *coaching* por si só não é responsável pela mudança. Quarto, o desenvolvimento ocorre em estágios, portanto, pode haver pouca ou nenhuma mudança durante o período de *coaching* e depois um grande salto algumas semanas ou meses mais tarde.

Combinado a esses aspectos existe o fator tempo. Quanto tempo após o *coaching* é feita a medição? Uma semana? Um mês? Um ano? Um processo abrangente de acompanhamento e avaliação deve se estender por pelos menos três meses, mas é difícil isolar outras influências durante esse período. Como distinguir os efeitos do *coaching* de toda a gama de influências a que o cliente é exposto?

Da mesma forma, revertendo-se a última situação, suponhamos que as mudanças de comportamento sejam imediatas, mas que depois percam o efeito e não se sustentem. A presença do *coach* é necessária para que o cliente mantenha das mudanças? O cliente se tornou dependente do *coaching*? O comportamento está associado a uma mudança de atitude? Ao desenvolvimento do indivíduo? Por fim, quando ocorrem mudanças sustentáveis, como podemos ter certeza de que elas sejam resultantes do *coaching*?

4 RESULTADOS DA EMPRESA

A quarta medição diz respeito ao impacto das mudanças de comportamento nos resultados da empresa, um aspecto pertencente ao quarto inferior esquerdo do modelo integral (sistemas externos). Eis alguns exemplos:

- Maior retenção de clientes.
- Maior retenção dos relatos dos clientes.
- Melhores resultados da equipe – maior velocidade e/ou melhor qualidade dos projetos da equipe.
- Trabalho de melhor qualidade ou maior produção em consequência do moral mais elevado.
- Redução das faltas por motivo de doença.
- Mais ideias novas aplicadas à empresa (por exemplo, na área de patentes).
- Redução do número de reclamações dos clientes.

Esses resultados quase sempre são medidos rotineiramente e, em tais circunstâncias, qualquer diferença pode ser observada antes e depois do *coaching*. Os *coaches* são utilizados pelas empresas para aumentar o desempenho, desenvolver habilidades de liderança, desenvolver competências ou auxiliar na realização de metas específicas[5].

Os resultados dependem das mudanças de comportamento, as quais, por sua vez, dependem das mudanças no aprendizado, nas habilidades, no contexto e nos estágios de desenvolvimento. O *coaching* ajuda o cliente em seu desenvolvimento pessoal, independentemente dos resultados da empresa, por isso pode haver uma certa tensão entre a realização dos resultados da empresa e o crescimento mental pessoal. Os *coaches* normalmente precisam mostrar que os resultados são desejáveis do ponto de vista organizacional, e benéficos para os clientes do ponto de vista pessoal. Para a empresa, os resultados serão sempre os mesmos; para os clientes, eles podem ser diferentes. Os resultados decorrentes da elevação do estágio de desenvolvimento do cliente poderiam fazer parte do ROI, mas são ainda mais difíceis de ser quantificados.

Haverá sempre benefícios intangíveis em um programa de *coaching* que não são fáceis de medir. Dentre os exemplos estão a elevação do moral, melhores habilidades de liderança e comunicação, e em diversas medições da inteligência emocional, de resolução de conflitos, e maior nível de satisfação no emprego; a captação de pessoas competentes devido à reputação do empregador de investir e preocupar-se com a força de trabalho; e melhores habilidades de gestão do tempo e relações com os clientes. Todos esses benefícios podem estar presentes, mas nem sempre ser apreciados ou medidos.

5 RETORNO SOBRE O INVESTIMENTO (ROI)

A quinta e última medida é o ROI. A empresa investiu tempo e dinheiro no *coaching*, portanto, qual o seu retorno global por isso? A quantificação de todos os fatores não é nada fácil, e é preciso que haja um consenso em relação aos seguintes pontos:

- As metas do programa.
- O método de avaliação a ser utilizado.
- O que será medido – como, quando, para quem e com que frequência.
- Informações relevantes que devem ser coletadas antes do início do *coaching*.
- Informações relevantes a serem coletadas no decorrer do programa.
- Informações relevantes a serem coletadas após o programa.
- O programa de *coaching* propriamente dito.
- Os efeitos do *coaching*.
- Benefícios intangíveis.

Em seguida, as medidas são convertidas em termos monetários para que seja efetuado o cálculo do ROI. O ROI é calculado por uma fórmula simples:

$$\frac{\text{Ganho financeiro proveniente do coaching, menos o custo do coaching}}{\text{O custo do coaching}}$$

Começando pela linha inferior da equação, o custo do *coaching* pode incluir (mas não se limitando a) o seguinte:

- O tempo do *coach*.
- O tempo do cliente (trabalho perdido durante as sessões de coaching).
- Os custos diretos com honorários, despesas de viagem, hospedagem etc. do *coach*.
- Custos administrativos.
- Outros custos decorrentes da alteração da rotina normal da empresa.

Os resultados da empresa aparecem na linha superior da equação. Os ganhos financeiros podem incluir (mas não se limitando a) o seguinte:

⇨ Maior retenção de clientes.
⇨ Maior retenção dos relatos dos clientes.
⇨ Ganhos mensuráveis decorrentes de um melhor trabalho em equipe.
⇨ Trabalho mais eficiente da parte do cliente e da equipe (menos tempo empregado na execução de tarefas).
⇨ Trabalho mais eficaz da parte do cliente e da equipe (melhores soluções para os problemas da empresa).
⇨ Redução das faltas por doenças.
⇨ Trabalho mais inovador.
⇨ Redução do número de reclamações dos clientes.

A conversão desses benefícios em termos financeiros é assustadora e, de forma iterativa, envolve tempo e esforço e tem um custo que precisa ser computado. Não é de surpreender que os ROIs só sejam levados em consideração em grandes projetos de *coaching*. Existe uma útil e crescente literatura, como *The ROI of Human Capital*[6], que pode ajudar a medir o elemento humano nas empresas.

Existe também uma medida simples desenvolvida pelo Consórcio para o *Coaching* nas Empresas (ICCO – *Consortium for Coaching in Organizations*)[7].

Primeiro, estimamos o valor da execução das mudanças em termos de aumento de produtividade ou economia obtida. Digamos, por exemplo, que isso chegue a US$ 200.000.

Segundo, estimamos quanto desse valor é atribuído ao *coaching*. Por exemplo, 60%. Multiplicamos o valor anterior por esse percentual. Para continuar com o nosso exemplo, isso totaliza US$ 120.000.

Terceiro, estimamos o seu nível de confiança nas suas estimativas até agora. Digamos que seja 75%.

Multiplicamos o último valor por esse percentual. Obtemos US$ 90.000.

Esse é o *benefício ajustado coaching*.

Quarto, subtraímos o custo do *coaching*. Se o resultado obtido for de US$ 30.000, o *benefício líquido do coaching* é de US$ 60.000.

Por fim, para calcular o ROI, dividimos o benefício líquido do *coaching* (US$ 60.000) pelo custo do *coaching* (US$ 30.000).

Esse exemplo dá um ROI de 200% (sessenta mil divididos por trinta mil).

Já foram realizados estudos de ROI sobre *coaching*. Ume estudo realizado entre 1996 e 2000 pela empresa de consultoria Manchester Consulting Inc. mostrou um ROI de 600% para um programa executivo de *coaching*. Um estudo de avaliação conduzido pela Global LLC[8] mostrou 529% para um programa de *coaching* para a área de desenvolvimento de liderança, enquanto um programa de *coaching* ministrado na Sun Microsystems mostrou um ROI estimado em 100%, principalmente através da retenção de funcionários.

O retorno sobre as expectativas (ROE – *Return On Expectations*) é mais comum e fácil de gerenciar, visto que não envolve grandes quantificações, mas mantém o importante elemento da medição do impacto do *coaching* em relação às expectativas anteriores.

É difícil calcular o ROI com exatidão e ignorar muitos dos aspectos importantes do *coaching*. O ROI leva em consideração apenas as mudanças de comportamento e os resultados da empresa. Não é um modelo *desenvolvimental*. Como o *coaching* é voltado para o desenvolvimento individual, e o desenvolvimento ocorre em estágios, talvez seja necessária a aplicação, durante um período mais longo, de uma medida mais ampla que leve em consideração esses fatores. Laske[10] propôs uma medida chamada retorno do coaching sobre o investimento (CROI) para avaliar as mudanças desenvolvimentais. À medida que o *coaching* cresce e passa a ser uma parte aceita, e até mesmo essencial, do mundo dos negócios, os métodos utilizados para medir sua eficácia também se tornam mais bem desenvolvidos. Falaremos mais sobre isso em nosso capítulo final, que examina o futuro do *coaching*.

REFERÊNCIAS

1 Stober, D., & Grant, A. *Evidence Based Coaching Handbook*, 2006.
2 Sherpa Coaching Survey, Cincinnati Ohio. Disponível em www.sherpacoaching.com/survey.html
3 Jarvis, J. *Coaching and Buying Coaching Services – A CIPD Guide*, 2004.
4 Kirkpatrick, D.L. *Evaluating Training Programs: The Four Levels*, 1994.
5 Auerbach, J. *Seeing the Light: What Organizations Need to Know About Executive Coaching*, 2005.
6 Fitz-enz, J. *ROI of Human Capital*, 2000.
7 www.coachingconsortium.org
8 Anderson, M. *Executive Briefing: Case Studey on the Return on Investment of Executive Coaching*, 2001.
9 Skiffington, S. & Zeus, P. *Behavioural Coaching*, 2003.
10 Laske, O. "Can Evidence Based Coaching Increase ROI?", *International Journal of Evidence Based Coaching and Mentoring,* 2(2).

REFLEXÕES SOBRE A PSICOLOGIA DO *COACHING*

por Anthony M. Grant

A ideia de escrever um pequeno texto a respeito de minhas reflexões sobre a psicologia do *coaching* me parece curiosamente irônica. Obviamente, a reflexão é uma parte central e vital do processo de *coaching*; entretanto, em nosso mundo de corre-corre, raramente paramos para examinar onde estamos, como chegamos lá e que lições podemos trazer do passado para o presente à medida que caminhamos para o futuro. Portanto, essa oportunidade de refletir tanto sobre como cheguei a me envolver na psicologia do *coaching* quanto sobre a trajetória e o desenvolvimento do mercado do *coaching* é bem vinda. Espero que esta reflexão estimule ideias e debates, que tenha um caráter um tanto provocativo, contribuindo, assim, para o desenvolvimento do *coaching*.

Cheguei ao *coaching*, a exemplo de muitos outros, por um caminho tortuoso. Desde o início da década de 1960, meus pais estudam e, às vezes, lecionam as filosofias de Gurdjieff e Ouspensky, além de praticarem meditação e filosofia aplicada. Por isso, criei-me em meio a uma ampla variedade de práticas e estruturas filosóficas, religiosas e espirituais. Embora achasse os ensinamentos do Zen-Budismo e os escritos de Tolstoy, Colin Wilson e outros hipnotizantes, eu não parecia me enquadrar com seriedade no sistema educacional formal. Em minhas aulas na escola, eu sempre parecia estar entre os últimos colocados, considerando-me pouco inteligente e incapaz de aprender.

Até que os meus professores e eu chegamos à conclusão de que eu deveria deixar a escola, e, assim, saí sem nenhuma qualificação pouco antes de completar 15 anos. Passei os anos seguintes mergulhado na busca de um estilo de vida hedonista, chegando a ser carpinteiro e, com quase 30 anos, envolvendo-me em uma série de grupos de desenvolvimento pessoal e apoio mutuo, atuando tanto como membro quanto como mentor para outras pessoas.

Em 1988, mudei-me do Reino Unido para Sydney, Austrália, e achei a natureza aberta e igualitária da sociedade australiana uma surpreendente revelação. Ao contrário do Reino Unido, classe social e profissão não pareciam importar. E era bom como pessoa, independentemente de minha ocupação ou de como eu falava.

Continuei envolvido com grupos de desenvolvimento pessoal e, na realidade, minha intenção era exercer profissionalmente algum tipo de atividade de desenvolvimento com outras pessoas. Entretanto, eu era extremamente cauteloso com muitas das pessoas que conduziam os grupos e cursos de que eu participava. Muito poucas, se é que havia alguém, pareciam saber realmente o que estavam fazendo. Invariavelmente elas pareciam ter uma base de conhecimentos muito limitada e eram incapazes de responder a quaisquer perguntas sobre as teorias subjacentes. Havia poucas, se é que havia, provas empíricas de respaldo. Quando sondadas, na melhor das hipóteses, elas se saíam pela tangente, e na pior delas, zombavam ou desfaziam do questionador.

Eu sabia que queria trabalhar com outras pessoas na área de desenvolvimento, mas já havia visto uma quantidade suficiente de "gurus" de desenvolvimento pessoal esquivos para saber que eu não queria ser apenas o portador de um "Diploma de Mestrado" concedido por um curso de 7 ou 14 dias, um falso PhD em "hipnose" ou "religião" com diploma "comprado" através de algum curso autodirigido, ou apresentar-me como um "autodidata". Se era para trabalhar nessa área, eu queria saber o que estava fazendo.

O sistema universitário australiano era muito mais acessível do que o do Reino Unido, com oferta de currículos para alunos em idade madura sem qualquer qualificação anterior, de modo que, em 1993, aos 39 anos, iniciei o meu bacharelado em psicologia na Universidade de Sydney, juntamente com outros 1.500 calouros. Escolhi psicologia por parecer (na minha ingenuidade) óbvio para mim que um curso de psicologia pudesse ser algo relacionado à ciência do desenvolvimento humano e do bem-estar. Logo descobri que a psicologia da forma como era ensinada normalmente estava mais relacionada à estrutura do cérebro e ao comportamento, e quase sempre estava mais associada a ratos do que a pessoas. Contudo, segui em frente, vendo o curso, na sua parte, como um interessante e rigoroso treinamento em pensamento crítico aplicado, e acabei me formando, para minha surpresa, com louvor e agraciado com um diploma de primeira linha e a Medalha da Universidade. Do fundo da escola para o topo da universidade – possivelmente um testemunho à eficácia do *autocoaching*!

Em 1997, nenhuma universidade lecionava *coaching*. Os únicos programas de treinamento de *coaches* existentes eram as teleaulas americanas, e, examinando o material lecionado, percebi que não era aquilo que eu procurava. Na época, grande parte do material sobre *coaching* parecia ser constituído de cursos ateóricos reciclados de desenvolvimento pessoal, e poucas das pessoas que os ministravam tinham qualquer tipo de qualificação acadêmica.

Matriculei-me em um programa combinado de Mestrado e Doutorado em Psicologia Clínica. O título de minha tese foi "Rumo à psicologia do *coaching*: O impacto do *coaching* na metacognição, na saúde mental e na realização de metas". Na época, havia apenas 14 PhDs e 78 artigos acadêmicos sobre o tema do *coaching* no banco de dados da PsycINFO. Tive muita sorte em ter o Dr. John Franklin como meu supervisor de doutorado. Ele me incentivou a buscar meus interesses, embora o meu tema não fosse psicologia "clínica".

Quase no final de minha tese, comecei a pensar em que título eu deveria me dar. Eu não queria ser chamado de psicólogo clínico – meu interesse era trabalhar com clientes não clínicos, e eu não era psicólogo-conselheiro. Então eu pensei: "Eu sou *coach* e psicólogo, portanto devo ser chamado de psicólogo *coach*". Esse termo me agradava! Na época, pelo que pude verificar, não havia nenhuma subdisciplina psicológica chamada "psicologia do *coaching*". Certamente alguns psicólogos atuavam como *coaches* executivos e pessoais, mas a ideia de uma subdisciplina específica da psicologia do *coaching* era nova e empolgante.

Em 2000, com o precioso apoio dos professores Beryl Hesketh e Ian Curthoys, tive a sorte de descobrir a Unidade de Psicologia do *Coaching* da Faculdade de Psicologia da Universidade de Sydney – a primeira unidade do gênero no mundo – e comecei a elaborar o primeiro programa de psicologia do *coaching*. Logo contei com a adesão de meu bom amigo e colega Dr. Michael Cavanagh, dando início ao processo de ensino, pesquisa e prática da psicologia do *coaching*.

Desde então, tive a felicidade de ver vinte documentos acadêmicos de minha autoria apreciados pela crítica especializada e cinco livros sobre *coaching* publicados, e, na época em que este livro estava sendo escrito, eu estava dirigindo sete estudos sobre os resultados do *coaching*. O último censo revelou que hoje existem 15 universidades no mundo que oferecem cursos genuínos de pós-graduação em *coaching* ou psicologia do *coaching*. Acredito que o envolvimento das universidades na área de *coaching* é vital. Embora muitas pessoas possam ver as universidades como o clichê da torre de marfim, elas ainda são instituições sociais importantes e reverenciadas que desempenham um papel fundamental para o sancionamento do conhecimento como algo considerado valioso. E o mais importante é que as universidades oferecem uma plataforma para a troca de ideias e pesquisas e sua avaliação entre colegas, bem como o desenvolvimento de conhecimentos comuns, em uma abordagem que contrasta radicalmente com o sigilo que normalmente envolve os sistemas próprios de *coaching* comercial.

Um fator-chave no descarrilamento do movimento pelo potencial humano nas décadas de 1960 e 1970 foi a resistência ao engajamento com a comunidade acadêmica. Por exemplo, se não fosse pelos sentimentos anticiência demonstrados pelos fundadores da PNL, hoje poderíamos estar testemunhando a útil contribuição da PNL original para o currículo de psicologia do *coaching* ensinado nas universidades – afinal, a essência da PNL é uma aplicação quase sempre elegante da ciência do comportamento cognitivo e da linguística. Ao invés disso, o que vemos são alguns segmentos da comunidade da PNL afastando-se cada vez mais de bases sólidas para aderir a aprendizados esotéricos e, às vezes, ideologias totalmente bizarras.

Felizmente, no caso do desenvolvimento da psicologia do *coaching*, essas atitudes parecem ser evitadas. O *coaching* está começando a ser aceito nas principais sociedades profissionais. Por exemplo, existem hoje grupos de interesses especiais na psicologia do *coaching* tanto na Sociedade de Psicologia Australiana quanto na Britânica. Em 2000, não havia nenhuma publicação especializada específica sobre *coaching*. Era bastante difícil ver pesquisas publicadas sobre *coaching*. Hoje existem três publicações especializadas sobre o tema apreciadas por colegas da área. O *Journal of Consulting Psychology* publicou duas edições especiais dedicadas ao *coaching* executivo. O número de publicações de artigos acadêmicos sobre *coaching* disparou. De acordo com o banco de dados PsycINFO, houve mais artigos publicados entre os anos de 2000 e 2007 do que entre 1935 e 2000!

Em parte devido ao maior interesse do mundo acadêmico pelo *coaching*, vemos que hoje os padrões de julgamento no setor são substancialmente mais elevados. Tanto os clientes de *coaching* quanto aqueles à procura de treinamento para *coaches* estão exigindo que o *coaching* adote uma abordagem sólida e comprovada. Vimos o *coaching* evoluir de um simples modismo para ser aceito como metodologia de criação de mudanças individuais e sistemáticas.

Mas o *coaching* ainda está longe de ser uma profissão de verdade. Ainda não existem barreiras para o ingresso na área. Qualquer pessoa pode se intitular *coach*. E o mais preocupante é que qualquer um pode se estabelecer como treinador de *coaches* – até mesmo aqueles sem qualquer qualificação ou treinamento formal. Muitas escolas de treinamento de *coaches* desenvolvem um trabalho muito bom. Entretanto, existem problemas e questões complexas que ainda precisam ser resolvidos.

Por exemplo, as nossas pesquisas indicam que entre 25% e 52% dos clientes de *coaching* pessoal podem ser portadores de problemas de saúde mental significativos do ponto de vista clínico. Obviamente, isso é motivo de preocupação e uma questão que, até o momento, não foi objeto de um debate aberto nos círculos de *coaching*. Muitos se satisfazem em buscar amparo na teoria de que *coaching* não é terapia, o que é verdade, é claro. De fato, c*oaching* não é terapia. Mas o fato é que muitos clientes veem o *coaching* como uma forma de terapia socialmente aceita. Portanto, o setor tem uma clara função assistencial nesse caso. Precisamos zelar para que os treinamentos de *coaching* abranjam os aspectos essenciais da saúde mental, de modo que os *coaches* sejam capazes de reconhecer cada caso e fazer os encaminhamentos adequados.

Além disso, precisamos agir no sentido de evitar que o setor de *coaching* caia da armadilha de fazer afirmações amplas e não comprovadas de sua eficácia. O *coaching* não é uma panaceia para os problemas das empresas contemporâneas. Não existe nenhuma pesquisa que mostre, e nenhuma razão para acreditar, que o *coaching* proporcione a vida dos seus mais delirantes sonhos. O setor está repleto de pseudoqualificações e "líderes do pensamento global" autonomeados, porém desqualificados. A nossa pesquisa de 2006 sobre a autoapresentação das empresas australianas de treinamento de *coaching* pessoal revelaram que, embora muitas fizessem afirmações bastante fantasiosas, poucas faziam afirmações realmente absurdas. Precisamos estar atentos à propaganda, de olho na pseudociência, e construir uma base sólida para a emergente profissão do *coaching*.

Acredito que o *coaching* e a psicologia do *coaching* têm um futuro brilhante. Na realidade, o *coaching* pode ser uma metodologia muito eficaz para gerar mudanças. Mas precisamos de informações sólidas e relevantes sobre o tema que abranjam as mais diversas áreas de interesse, dos livros objetivos e práticos procurados pelos praticantes iniciantes aos quase sempre complexos textos acadêmicos baseados na teoria. Independentemente do seu grau de experiência com o *coaching*, espero que você aprecie este livro e reconheça a sua contribuição para o amplo desenvolvimento da sua prática de *coaching* e do setor como um todo.

> O **Dr. Anthony M. Grant** é psicólogo-*coach* e fundador e diretor da Unidade de Psicologia do *Coaching* da Faculdade de Psicologia da Universidade de Sydney. Profissional de *coaching* e acadêmico, Grant é amplamente reconhecido como o principal fundador da psicologia do *coaching* contemporânea e do *coaching* baseado em provas. Contatos: anthonyg@psych.usyd.edu.au

2
COACHING DE DESENVOLVIMENTO

"As coisas não mudam – nós é que mudamos."

Henry David Theoreau

A nossa busca é uma história de aventura, e, como toda boa história de aventura, segue um padrão. Deve haver um desafio final, um obstáculo final a ser vencido para que se traga todos de volta para casa em segurança. Aliás, estamos diante de dois desafios: de que maneira o *coaching* lida com o desenvolvimento humano? Veremos isso aqui. E como lidamos com as questões interculturais no *coaching*? Abordaremos essa questão no próximo capítulo.

ESTÁGIOS DE DESENVOLVIMENTO

O *coaching* é uma profissão de auxílio cujo material é o aprendizado e o desenvolvimento humano. Mas o que significa desenvolvimento? Reflita um pouco sobre a sua vida. O que você pode fazer hoje que não conseguia fazer há dez ou quinze anos? (Ignore as suas proezas físicas.) Até que ponto os seus relacionamentos são diferentes? E o seu modo de pensar? Que problemas você hoje é capaz de resolver e que antigamente não conseguia? Que problemas você vê hoje e que antigamente não levava em consideração? Até que ponto a sua visão do que é verdade mudou?

Ao olhar para a trajetória de sua vida, você verá que não só aprendeu mais e acumulou conhecimentos, como também que desenvolveu formas diferentes de ver a si mesmo e o mundo. O seu modo de pensar se aprofundou, com novas distinções e perspectivas, e você não está mais sujeito às ideias que costumavam limitá-lo e, por isso, age de modo diferente. Algumas coisas que antes eram problemas deixaram de sê-lo para dar lugar a outros novos tipos de problema.

Você aprendeu e se desenvolveu. Aprendizado é mudança horizontal; significa acrescentar algo àquilo que você já possui, ou melhorar naquilo que você já faz. O aprendizado é linear e se desenvolve em um ritmo relativamente estável; subentende o acréscimo de novas peças ao mobiliário de seu apartamento mental e a atualização de peças já existentes.

Desenvolvimento é mudança vertical; significa que você pode aprender mais e de diferentes maneiras. É como se mudar para um apartamento em um andar mais alto que lhe permita uma vista mais ampla. Você pode levar consigo alguns de seus móveis e deixar outros para trás. Você pode também remobiliar completamente o apartamento. O desenvolvimento não segue um ritmo estável; é um processo saltado, descontínuo, como subir os degraus de uma escada. Você permanece em um determinado degrau até passar ao degrau seguinte e mudar de nível. No *coaching,* isso dificulta muito a medição do desenvolvimento, que pode ocorrer semanas ou meses após a conclusão do programa. O desenvolvimento se desenrola e lhe permite galgar níveis cada vez mais elevados, à medida que você amplia os seus horizontes mentais e mergulha cada vez mais fundo no seu coração e no seu centro emocional.

Diferenças entre aprendizado e desenvolvimento	
Aprendizado O que você já tem	**Desenvolvimento** O que você é
1 Progresso horizontal.	1 Progresso vertical.
2 Progresso linear.	2 Progresso descontínuo.
3 Acréscimo ao que você tem.	3 Acréscimo ao que você é.
4 Acréscimo de mobília e redecoração de seu apartamento mental.	4 Mudança para um apartamento em um andar mais alto com uma vista mais ampla.
5 Contínuo.	5 Descontínuo.
6 Ocorre de forma estável.	6 Normalmente leva algum tempo entre os diferentes estágios.

Os adultos podem se desenvolver ao longo de toda sua vida, mas talvez precisem de ajuda. Eles podem construir o seu mundo de maneira cada vez mais complexa e sistemática. Neste capítulo, veremos os estágios de desenvolvimento dos adultos, colocando-os em uma tabela e explorando suas implicações para o *coaching*.

ESTÁGIOS DO PENSAMENTO

Jean Piaget foi a primeira pessoa a propor um modelo de crescimento mental por estágios[1] estudando o pensamento infantil. O raciocínio das crianças não é uma espécie de pensamento adulto errado, mas um determinado tipo de pensamento adequado à sua idade e ao seu estágio de desenvolvimento mental, e pelo qual elas precisam passar antes de alcançar o estágio seguinte.

Piaget descreveu o desenvolvimento como uma sequência de estágios cada vez mais complexos da busca de sentido. Ele afirmava que o desenvolvimento se processa em apenas uma direção. Você não tem como voltar a um estágio anterior (a menos que seja psicótico), e os estágios seguem uma disposição hierárquica, uns sobre os outros, e não podem ser saltados. Essas regras valem para todo tipo de desenvolvimento humano.

De acordo com Piaget, o pensamento das crianças passa por quatro estágios, geralmente aceitos na psicologia de desenvolvimento. O primeiro é o estágio sensorimotor. Nesse estágio, as crianças estão coordenando seus reflexos. Elas fazem pouca distinção entre si e o mundo e outras pessoas. Elas *são* o próprio mundo. Esse estágio se estende até a idade de dois anos.

Principais estágios do desenvolvimento infantil de Piaget

Estágio	Idade Aproximada em Anos	Características
Sensorimotor	0-2	Coordenação de reflexos. Não faz distinção entre si e o mundo.
Pré-operacional	2-7	Egocentrismo, dissociação do mundo. Pensamento mágico – pensamento gerador de eventos.
Operacional concreto	7-12	As coisas podem ser manipuladas. Nenhum raciocínio abstrato, mas capacidade de perceber seu próprio ponto de vista e o dos outros.
Raciocínio formal	12 em diante	Capaz de pensar de forma abstrata e teórica e manipular conceitos.

O segundo estágio é o estágio pré-operacional, no qual as crianças se veem de forma dissociada do mundo. Elas são egocêntricas, imaginam-se no centro do mundo, embora o mundo tenha crescido. O mundo lhes parece um lugar imenso e assustador e elas tentam encontrar formas de controlá-lo e nele encontrar sentido. Esta é a fase do pensamento mágico, onde as crianças se imaginam capazes de provocar mudanças no mundo real apenas através do pensamento, uma vez que ainda não possuem uma boa teoria sobre causa e efeito. Elas imaginam ter muito poder; são super-homens e supermulheres.

E então um milagre acontece e elas passam ao estágio seguinte, do pensamento operacional concreto. É quando as crianças aprendem a assumir o papel de outras pessoas, a "colocar-se no lugar dos outros". Isso significa que elas percebem que os outros têm perspectivas diferentes das delas (uma enorme façanha intelectual), e são mentalmente capazes de formar outros pontos de vista.

Conforme amadurecemos, aprendemos a pensar de forma abstrata e a manipular as ideias e as coisas. Esse é o último estágio estudado por Piaget: o estágio do raciocínio. Aprendemos a conectar pensamentos e sentimentos, a ver sequências de ações e suas consequências. A egocentricidade diminui gradativamente. O mundo cresce à medida que nós diminuímos. Como observou o astronauta John Glenn: "Uma vida centrada apenas em si mesma acaba ocupando um universo extremamente pequeno".

O raciocínio formal é analítico e modernista; analisa os problemas de acordo com diversas variáveis para solucioná-los. É a mentalidade moderna, científica. Nesse estágio, as pessoas se veem como entes distintos e responsáveis. Elas tomam decisões racionais e acreditam ter controle sobre suas vidas. Se o pensamento adulto permanecesse nesse estágio, o mundo seria muito chato.

À medida que envelhecemos, no entanto, o nosso pensamento se desenvolve além desse estágio. Somos capazes de pensar de forma mais sistemática, ver os muitos lados de uma questão e compreender como as coisas se influenciam mutuamente. Vemos a importância do contexto e como uma ação certa em um determinado contexto pode estar errada em outro. A verdade se torna incerta. Começamos a fazer abstrações sobre abstrações. Começamos também a ver que nada é independente de qualquer coisa. A linguagem desempenha um papel importante nesse desenvolvimento do pensamento.

Os diferentes e mais complexos tipos de pensamento e entendimento que se desenvolvem à medida que envelhecemos foram mapeados por muitos pesquisadores, destacando-se King e Kitchener[2], Wilber[3] e Basseches[4]. O crescimento mental é a aquisição e a organização contínuas de distinções cada vez mais sutis e sua ordenação em sistemas de significados estratificados.

Vejamos um exemplo simples: os números.

No primeiro estágio (sensorimotor), um bebê não tem nenhum conceito de números, apenas sensações de uma ou muitas coisas que possam lhe proporcionar conforto ou desconforto. Dê-lhe um livro sobre cálculo e é possível que ele tente comê-lo.

No segundo estágio – do pensamento pré-operacional –, a criança tem consciência da manipulação dos objetos, como blocos de construção, por exemplo, e talvez os rotule ("um", "dois" etc.). Esses blocos seguem os desejos da criança e o que ela, normalmente, pensa acontecer de forma mágica.

No terceiro estágio – do pensamento operacional concreto –, as crianças têm consciência de objetos concretos e das opiniões de diferentes pessoas a seu respeito, mas elas estão apenas começando a aprender um sistema de números e as relações possíveis entre eles.

No estágio do raciocínio formal, as pessoas são capazes de manipular os números, ver como eles mudam, e apreciar as regras da matemática. Dê-lhes um livro sobre cálculo e elas o poderão ler.

Esses exemplos deixam claro que *o que* aprendemos e o que pode nos *servir de lição*, bem como a maneira *como* aprendemos, dependem de nosso estágio de desenvolvimento. Podemos observar esses estágios de desenvolvimento à medida que os bebês crescem; é bastante evidente que eles têm um *tipo de consciência* diferente em comparação a um adulto maduro. Entretanto, pressupomos que, pelo simples fato de o crescimento físico cessar, o desenvolvimento mental, emocional e social também cesse. Mas não isso não acontece.

Os *coaches* não podem negar as diferenças desenvolvimentais, embora quase sempre as ignorem. Obviamente, não somos todos iguais ("Na verdade, somos todos iguais" se traduz em "Todos são como eu"). O que nos faz pressupor que o desenvolvimento cesse na idade adulta? Idade adulta é um conceito traiçoeiro. Quando exatamente somos adultos? Quando estamos totalmente formados do ponto de vista biológico? A idade cronológica (número de anos neste planeta) não guarda uma correspondência exata com a idade psicológica. Todos nós conhecemos pessoas "muito sábias para sua idade", assim como conhecemos pessoas cujo pensamento parece ter-se congelado aos vinte e poucos anos e nunca se ter desenvolvido.

ESTÁGIOS DE DESENVOLVIMENTO

O crescimento mental e emocional continua durante toda a vida em todas as culturas. Desenvolvemos novos modos de pensar e sentir. E como sabemos disso? A mesma ação pode ser decorrente de muitos motivos diferentes, de modo que as ações por si só não dizem quem somos. Os diferentes estágios geram diferentes tipos de comportamento, mas não devemos confundir o comportamento com a estrutura mental que o gerou.

Como podemos "ver" esses estágios? Sabemos através das mudanças, na maneira como a pessoa utiliza a linguagem, um reflexo direto do pensamento. A linguagem é uma ferramenta para a construção do mundo; ela reflete a maneira como construímos o mundo e o descrevemos. Mais de 30 anos de pesquisas revelam que as emoções e o pensamento dos adultos passam por uma série de estágios de desenvolvimento. Em cada um desses estágios, os indivíduos têm visões muito diferentes do mundo, definindo a si mesmos, os outros e o mundo de diferentes maneiras. Existe uma grande quantidade de provas dos estágios do desenvolvimento adulto, cada um com suas próprias características. O fato de os estágios obedecerem a uma ordem hierárquica e sequencial e se sobreporem ao estágio anterior diferencia o *coaching* de desenvolvimento do *coaching* com indicadores do tipo Myer-Briggs, DiSC ou Enneagram, por exemplo. Os três últimos são exemplos de descrições psicométricas estáticas que dão ao *coach* uma ideia do estado presente do cliente, podendo ser intelectualmente compreendidos pelo *coach* e pelo cliente e, consequentemente, utilizados. São indicadores transparentes. Os estágios de desenvolvimento são diferentes. Eles provêm da maneira como construímos o mundo com base em nossas experiências, nossa cultura e nossa linguagem.

Clare Graves[5], criador do modelo da dinâmica espiral, amplamente utilizado no desenvolvimento social e individual[6], definiu essa questão da seguinte maneira: "Cada estágio, onda ou nível sucessivo de existência é um estado pelo qual as pessoas passam em sua trajetória para outros estados do ser. Quando o ser humano fica centrado em um determinado estado de existência (centro de gravidade), é porque ele tem uma psicologia específica desse estado. Os seus sentimentos, motivações, ética e valores, bioquímica, grau de ativação neurológica, sistemas de aprendizagem, sistemas de crenças, conceitos de saúde mental, ideias quanto ao que significa saúde mental e formas de tratamento, concepção e preferências por teoria e prática gerencial, educacional, econômica e política, são todos condizentes com esse estado".

Os estágios de desenvolvimento fazem parte do modelo integral, e Ken Wilber escreveu sobre eles em detalhes. Carol Gilligan[7] traçou três ou quatro estágios de desenvolvimento social, emocional e moral para mulheres. O modelo mais útil e mais bem pesquisado para aplicarmos ao *coaching* é aquele elaborado por Robert Kegan[8].

Kegan identifica uma série de estágios pelos quais os adultos podem passar após alcançar o estágio do raciocínio formal. Não se trata de estágios rigorosamente definidos, uma vez que as pessoas normalmente oscilam entre dois estágios, demonstrando características de ambos. Esses estágios são como centros de gravidade (para usar o termo de William James)[9]. O centro de gravidade é uma boa metáfora porque é o lugar ao qual você retorna mesmo depois de perder o equilíbrio. A maioria das pessoas tem um centro de gravidade situado nos estágios ou entre eles, e, dependendo do estresse, das circunstâncias e de outros fatores, pode oscilar para cima ou para baixo a partir de seu centro de gravidade. Otto Laske[10], que escreveu extensamente sobre o *coaching* de desenvolvimento, dividiu as lacunas entre os estágios em outras distinções para facilitar a compreensão a respeito da posição de uma pessoa, e aplicou o modelo ao *coaching*.

Cada estágio é natural, e, para passar ao estágio seguinte, você tem que passar pelo estágio anterior. Não se pode saltar estágios. Não existe nada de errado em relação a qualquer estágio, e, enquanto se está em um determinado estágio, esse parece o melhor e mais óbvio lugar em que se poderia estar. Nenhum dos estágios é uma versão errada ou inferior do estágio seguinte. Entretanto, cada estágio é uma sequência do estágio anterior, construindo um mundo cada vez mais rico e variado.

ESTÁGIO DOIS – O INDIVIDUALISTA

O primeiro estágio no modelo de Kegan é o Estágio Dois – o estágio *individualista*. Neste estágio, as pessoas vêem os outros como instrumentos para seu uso. O "eu" e "os outros" são opostos. Existe uma mentalidade do tipo ganhar-perder e, naturalmente, a pessoa que se encontra nesse estágio quer ganhar. A vida é um jogo no qual elas necessitam vencer com as melhores armas. Os individualistas têm um baixo nível de introvisão pessoal; tudo é óbvio, suas necessidades se sobrepõem às necessidades dos outros, porque elas são quem são e a lei da selva reina. Um individualista em uma empresa está obstinadamente preocupado com a sua própria carreira, sem se importar muito com quem ele atropela pelo caminho. Esse indivíduo pode ser uma pessoa sedutora, mas ele usa as pessoas. Para ele, só existe uma perspectiva – a sua –, e ele está sujeito ao seu próprio ego.

Em outras palavras, esse indivíduo é incapaz de se olhar e enxergar suas limitações. As pesquisas indicam que cerca de 10% da população adulta se encontra nesse estágio. Todos passam por esse estágio na adolescência. Daí a razão de o *coaching* não ser utilizado com crianças; porque *coaching* subentende um relacionamento, uma capacidade de compreender o outro e o seu ponto de vista. Uma pessoa no Estágio Dois ainda não é capaz de fazer isso. Nesse estágio, o meu mundo e o mundo do outro são diferentes e não podem ser conciliados – e o meu deve prevalecer.

Não é comum encontrar adultos nesse estágio, visto que a maioria o abandona na adolescência. Os individualistas levam em consideração as opiniões dos outros, mas somente na medida em que não afetem o seu próprio bem-estar. Eles não são capazes de imaginar os pensamentos e sentimentos dos outros. Desse modo, portanto, é possível que um adolescente ligue para casa por pensar que poderá ter problemas se não o fizer, e não porque ele seja capaz de avaliar o estado de espírito de insônia e preocupação de seus pais. Ele segue as regras da comunidade que lhe convém, ou se achar que será pego e punido se não o fizer.

Estágio Dois
O individualista

⇨ Separado dos outros.
⇨ Sua maior preocupação é a hipótese de perder a ajuda e o apoio das pessoas.
⇨ Guiado por seus próprios interesses.
⇨ Vê as pessoas em termos daquilo em que elas possam ser úteis.
⇨ Têm seu próprio ponto de vista.
⇨ Pratica um jogo do tipo ganhar-perder (jogo de soma zero).
⇨ Incapaz de simpatizar com os sentimentos dos outros a seu respeito; não consegue se "colocar no lugar dos outros".
⇨ Sujeito ao seu próprio pequeno ego.

ESTÁGIO TRÊS – MEMBRO DA COMUNIDADE

O Estágio Três é o estágio social convencional. Aqui, as pessoas são capazes de aderir facilmente ao ponto de vista do outro; o problema é que, nesse processo, elas se perdem e não conseguem fazer uma distinção clara entre seus próprios desejos e valores e os desejos e valores internalizados dos outros. Elas aprenderam a subordinar suas necessidades às necessidades do grupo. As pesquisas indicam que 55% dos adultos se encontram nesse estágio. Eles internalizaram os valores do grupo e são definidos pelas expectativas sociais, sentindo-se sujeitos a muitas obrigações e podendo nutrir sentimentos de culpa quando não as cumprem. No trabalho, são pessoas que confiam nas melhores práticas e estão sujeitas ao seu modo de ser, que é baseado nos valores da comunidade. Elas não conseguem abandonar os valores introjetados assimilados da comunidade e a cultura em que vivem. O *coaching* ontológico afirma que passamos a maior parte de nosso tempo sob a autoridade (declarações) dos outros.

> **Estágio Três**
> **Membro da comunidade**
> ⇨ Os pontos de vista dos outros são internalizados.
> ⇨ Definido pelas expectativas sociais.
> ⇨ Apega-se aos valores da comunidade.
> ⇨ Sente o peso das obrigações e nutre sentimentos de culpa quando não as cumpre.
> ⇨ Sua maior preocupação é a hipótese de perder a admiração das pessoas.
> ⇨ Guiado pelos interesses do grupo.
> ⇨ Seu ponto de vista consiste nos pontos de vista internalizados de outras pessoas.
> ⇨ Praticam um jogo do tipo ganhar-ganhar (não é um jogo de soma zero).
> ⇨ Capaz de imaginar facilmente a experiência das pessoas e "colocar-se no lugar dos outros".
> ⇨ Capaz de aderir a muitas perspectivas diferentes.
> ⇨ Confia nas melhores práticas.

ESTÁGIO QUATRO – AUTOCRIAÇÃO

O próximo estágio, o Estágio Quatro, é conhecido como "*autocriação*". Um autor é um criador, de modo que as pessoas neste estágio se criam da maneira como querem ser. Elas vão muito além do individualista porque compreendem os pontos de vista dos outros. Os indivíduos no Estágio Quatro têm um alto grau de introvisão pessoal e se definem pelos seus próprios valores. A integridade é o seu principal valor; eles precisam ser "verdadeiros consigo mesmos". São pessoas que valorizam sua experiência individual e têm bastante consciência de seu valor e sua singularidade. Seus valores são autodeterminados e elas lutam pela integridade; elas precisam agir de acordo com seus próprios valores e seu maior receio é de não ser verdadeiras consigo mesmas e, por isso, suportam as pressões do grupo e correm riscos que aqueles que estão no Estágio Três não assumem. Elas querem ser o melhor que puderem. Essas pessoas precisam se distanciar dos outros e seguir seu caminho sozinhas. Elas respeitam os outros e não interferem em seus valores e metas. São indivíduos identificados por seus próprios valores.

Os indivíduos que se encontram no Estágio Quatro podem ser profissionais. Profissionais são pessoas capazes de trabalhar para outros, porém, comprometidas com um padrão de comportamento mais elevado. Elas seguem um código de valores e ética inviolável, conciliando as exigências de seu patrão com as exigências de seus valores. Os profissionais precisam adotar uma atitude de isenção que não reflita sua personalidade. Os advogados ou os médicos são profissionais. Dizemos que eles não agem de maneira profissional quando infringem as regras em favor de seus clientes.

Os autocriadores estão sujeitos ao seu próprio sistema de valores. Eles não conseguem refletir sobre o seu sistema de valores e simplesmente o consideram verdadeiro. São pessoas incapazes de se apartar de sua própria integridade e modo de agir para ver como os outros as definem, podendo, com isso, parecer pessoas rígidas. O Estágio Três introjeta os seus valores; o Estágio Quatro os decide sozinho e vive de acordo com eles. As pesquisas indicam que entre 20% e 25% da população adulta se encontra nesse estágio (nos Estados Unidos, onde a maioria das pesquisas foi realizada).

Estágio Quatro
Autocriação

⇨ Definido por seus próprios valores.
⇨ Luta pela integridade.
⇨ Define seu próprio caminho, separando-se dos outros.
⇨ Maior preocupação é a hipótese de perder sua integridade.
⇨ Guiado por seus valores.
⇨ Tem seu ponto de vista pessoal e leva em consideração o ponto de vista dos outros. Faz rigorosa distinção entre sua experiência e a dos outros.
⇨ Pode ser profissional.
⇨ Respeita os outros e reluta em aconselhá-los ou interferir em suas ações.
⇨ Define as regras do jogo de modo a criar uma situação do tipo ganhar-ganhar; do contrário, nada feito (não é um jogo de soma zero).
⇨ Capaz de imaginar facilmente a experiência das pessoas e "colocar-se no lugar dos outros".
⇨ Cria a melhor prática, podendo não segui-la.

Este é um exemplo para ilustrar a diferença entre a reação do Estágio Três e a do Estágio Quatro. É um princípio bastante conhecido de boa comunicação fornecer *feedback* negativo com afirmações na primeira pessoa do singular "eu". "Eu tenho impressão de que...", ou "Eu achei isso errado...", em vez de afirmações na segunda pessoa do singular "Você", como, por exemplo, "Você me dá impressão de que..." ou "Você errou...". As afirmações na primeira pessoa do singular são a meu respeito, não a respeito da outra pessoa, o que reduz as chances de a outra pessoa se sentir atacada e assumir uma atitude defensiva. Não estou fazendo da outra pessoa a causa de meus sentimentos, mas estou essencialmente dizendo, "Tenho que me sentir dessa maneira diante do que você fez...", na esperança de que a outra pessoa tenha a devida preocupação de mudar o seu procedimento.

No Estágio Três, ao vivenciar algo de errado e fazer afirmações na primeira pessoa do singular, a pessoa não consegue corrigir o que fez de errado. Tanto a pessoa quanto a estrutura do relacionamento são afetados e precisam ser reparados. A outra pessoa tem que mudar o seu procedimento para que a falha seja corrigida. Mesmo a afirmação na primeira pessoa do singular é uma exigência para que algo seja corrigido e, consequentemente, uma expectativa de que a *outra pessoa* mude.

No Estágio Três, a pessoa que ouve afirmações na primeira pessoa do singular como *feedback* ainda se sentirá obrigada a corrigir o que está errado para preservar o relacionamento. Ela assume uma postura de defesa. A pessoa está começando se sentir alvo de um ataque, e isso não lhe agrada. Ela se sente responsável pelos sentimentos da outra pessoa; sente-se cobrada como se a pessoa tivesse usado uma afirmação na segunda pessoa do singular ("Você"). Portanto, mesmo quando uma pessoa faz afirmações na primeira pessoa do singular como *feedback*, a reação e o sentimento da pessoa no Estágio Três à qual as afirmações são dirigidas não corresponderão às expectativas, por mais bem formulado que seja o *feedback*. As "boas habilidades de comunicação" (que incluem afirmações na primeira pessoa do singular) fazem uma exigência – não apenas a quem as utiliza, mas também a quem as recebe. Essa exigência está no Estágio Quatro. A maneira como ouvimos algo é uma decorrência de nosso estágio de desenvolvimento, independentemente da forma como pretenda ser ouvido.

Agora, suponhamos que o *feedback* na primeira pessoa do singular seja fornecido por alguém que esteja no Estágio Quatro. Essa pessoa sente que algo deu errado no *seu entender* de como o relacionamento, ou a situação, deveria ser. Ela tem esse entendimento baseada no seu próprio ponto de vista e no seu sistema de valores. Por mais que a pessoa tenha um compromisso com o relacionamento, ela tem uma existência importante fora do relacionamento. Ela avaliará a resposta ao seu *feedback*, mas não existe uma exigência no sentido de que a outra pessoa o corrija.

Uma pessoa no Estágio Quatro que recebe um *feedback* na primeira pessoa do singular pode ouvi-lo pelo que o *feedback* representa (uma afirmação em relação à outra pessoa) e não assumir responsabilidade pelo que é de responsabilidade da outra pessoa. Essa decide mudar – ou não – baseada em seus próprios valores.

ESTÁGIO CINCO – AUTOCONSCIÊNCIA

O último estágio que Kegan identifica é o Estágio Cinco, ou estágio da *autoconsciência*. Neste estágio, as pessoas já superaram a identificação com o seu próprio conjunto idiossincrático de valores. Elas têm um nível muito elevado de introvisão pessoal e muito pouca necessidade de controlar. Essas pessoas são definidas pelos outros exatamente como elas os definem, e consideram seu próprio ego como um filtro através do qual elas veem a vida. Um indivíduo no Estágio Cinco está apto a ingressar no fluxo da vida. Ele tem consciência das limitações de sua própria história, cultura e referenciais. É o tipo de pessoa que desenvolve os outros, às vezes com consequências para si mesmo. Seu foco é mais direcionado para toda a humanidade, e não individualmente para si. À semelhança daqueles que se encontram no Estágio Três, são indivíduos que estão em comunhão com as pessoas, mas com a diferença de não estarem sujeitos aos valores, opiniões e expectativas dos outros. As pesquisas sugerem que cerca de 10% da população adulta está no Estágio Cinco. As pessoas no Estágio Cinco não estão mais sujeitas ao seu sistema de valores; elas têm o compromisso de desconstruir seus próprios valores e se beneficiarem dos valores dos outros; elas demonstram humildade diante de um mundo surpreendentemente complexo (que as inclui), adotando diversos pontos de vista e tomando consciência contextual de acordo as situações que se apresentam.

Estágio Cinco

Autoconsciência

⇨ Consciente de sua própria história pessoal e valores e de seus respectivos efeitos.
⇨ Definido pelas relações com os outros e consigo mesmo.
⇨ Valores dinâmicos.
⇨ Arrisca-se ao se abrir aos relacionamentos.
⇨ Não precisa controlar.
⇨ Não se prende a qualquer aspecto pessoal específico; "acompanha o fluxo dos acontecimentos".
⇨ Adota diversos pontos de vista em relação a múltiplas perspectivas.
⇨ Pratica um jogo infinito, cuja finalidade é continuar jogando.

Esses estágios levam tempo para ser atravessados. Faz sentido que as pessoas nos Estágios Quatro e Cinco tendam a ser indivíduos na faixa dos 40 anos ou mais, considerando-se que são necessários alguns anos para se passar por um estágio completo. A idade é um indício de possível desenvolvimento, mas não uma garantia. Não existe nenhuma certeza de que, com a idade, a pessoa progrida automaticamente, passando por todos os estágios. É possível envelhecer no Estágio Dois. Embora a distribuição dos estágios tenda a seguir a idade cronológica, não existe uma vinculação exata.

O processo de socialização nos adolescentes é um mecanismo social obrigatório para que as pessoas passem do Estágio Dois ao Três. A sociedade quer que os membros do Estágio Três, e, em parte, é dever dos pais (normalmente não expresso nesses termos) conduzir seus filhos do Estágio Dois ao Estágio Três. As escolas também têm o seu papel. Os educadores morais também têm por objetivo conduzir as pessoas do Estágio Dois ao Estágio Três, uma vez que os indivíduos do Estágio Dois não convivem bem em sociedade.

Entretanto, uma vez que você alcança o Estágio Três e se estabelece, não existe mais nenhum mecanismo social que o leve mais adiante. A partir desse ponto, você está por conta de seus próprios recursos. Daí a razão de a maioria das pessoas permanecer no Estágio Três. Mostraremos mais tarde que o *coaching* se desenvolveu como um mecanismo social destinado a levar as pessoas do Estágio Três ao Estágio Quatro, e talvez além.

DESENVOLVIMENTO PÓS-CONVENCIONAL

Muitos escritores, pesquisadores e exploradores espirituais já divagaram e se perguntaram a respeito de estágios posteriores, conhecidos como estágios pós-convencionais ou pós-autônomos. O Estágio Cinco normalmente é definido como o primeiro estágio pós-convencional.

Desenvolvimento social emocional significa a perda da egocentricidade; no decorrer dos estágios, existe uma perda gradativa do ser e uma expansão igualmente gradativa do mundo. Aquilo a que você estava sujeito passa a ser um objeto, algo sobre o qual você pode refletir. O aspecto mais relevante do desenvolvimento pós-convencional é a crescente capacidade da pessoa de ver o próprio processo de busca de sentido como uma limitação. A partir do Estágio Cinco, existe uma consciência cada vez maior do próprio ser como uma limitação e um estrangulamento da experiência, uma perspicaz consciência dos paradoxos de um ser procurando libertar-se de si mesmo. (Devemos ser intolerantes com a nossa própria intolerância? Como podemos ir além do desejo querendo detê-lo?) Não podemos nos perder se não tivermos um ser a perder. Existe também uma consciência cada vez maior quanto à maneira como a linguagem molda a realidade e faz distinções que não existem, mas que são necessárias para a convivência social e a comunicação. Esse é o mundo dos exploradores espirituais, e a nossa busca ainda não alcança esses domínios maravilhosos. Os principais pesquisadores nessa área são Susanne Cook-Greuter[11], William Tobert[12], Herb Koplowitz[13], Ken Wilber e Jane Loevinger[14].

IMPLICAÇÕES PARA O *COACHING*

De que maneira esses estágios de desenvolvimento afetam o *coaching*? Existem implicações consideráveis, pesquisadas principalmente por Otto Laske[10].

O AUTODESENVOLVIMENTO DOS COACHES

O *coaching* se apresenta, é vivenciado e percebido de diferentes maneiras nos diferentes estágios. Os *coaches* constroem um modelo de seus clientes: como é ser aquela pessoa. Eles também têm um modelo do mundo – como o mundo é, e, consequentemente, de que maneira os seus clientes se enquadram nesse contexto. Os *coaches* se perguntam: "O que o meu cliente pode fazer?" e "O que devo fazer pelo meu cliente?" O estágio do desenvolvimento dos *coaches* limita as respostas que eles podem dar. Em outras palavras, o estágio alcançado por um *coach* determina até que ponto ele pode ajudar um determinado cliente. Esse é um ponto muito importante.

Toda pessoa está sujeita ao seu próprio estágio de desenvolvimento. Um dos principais elementos do *coaching* consiste em ajudar o cliente a parar de identificar, a refletir sobre aquilo a que ele estava sujeito, em vez de vivenciá-lo. O *coach* não pode ressaltar algo para o seu cliente se ele próprio não for capaz de refletir sobre o ponto em questão. O *coach* não tem como libertar o cliente de qualquer coisa que escravize os próprios *coaches*. Portanto, é muito improvável que os *coaches* sejam capazes de ajudar qualquer cliente que esteja tentando alcançar um estágio acima do *coach*. Do ponto de vista ontológico, podemos dizer que os clientes não têm como ter consciência do seu próprio modo de ser. Cabe aos *coaches* mostrar-lhes isso de forma objetiva, mas somente um *coach* que tenha vivenciado esse nível e o esteja abandonando pode fazer isso. A menos que os *coaches* tenham uma ideia dos estágios de desenvolvimento, eles utilizarão seus métodos de forma inconsciente – eles ficarão sujeitos à sua metodologia de *coaching*. Isso significa que existe uma obrigação ética para que os *coaches* conheçam o seu próprio nível de desenvolvimento. Esse é um aspecto fundamental da autogestão e do autodesenvolvimento dos *coaches*.

Existem indiscutíveis exigências em relação aos *coaches* que precisam aparecer. As pessoas no Estágio Dois não podem ser *coach*as. Aliás, é muito improvável que elas se sintam atraídas por uma profissão desse tipo (a menos que acreditem que possam ganhar muito dinheiro no ramo). Essas pessoas tratarão seus clientes como um meio para seu próprio benefício e não serão capazes de manter um relacionamento com eles.

No Estágio Três, os *coaches* podem ter uma boa atuação quando seus clientes também estão no Estágio Três. Nesse caso, eles podem ajudar os clientes a mudar seu comportamento, ensiná-los e obter bons resultados de *coaching*. Entretanto, é improvável que isso leve a qualquer tipo de movimento de desenvolvimento. Nesse estágio, os *coaches* não têm como prestar uma orientação eficaz a clientes que se encontrem no Estágio Quatro. Eles podem alcançar algumas mudanças de comportamento, mas é possível também que tenham a sensação de que não compreendem seus clientes ou de que os seus clientes, de certa forma, são "pessoas solitárias". Com isso, eles podem retardar o desenvolvimento de seus clientes no Estágio Quatro. Um *coach* do Estágio Três utilizará as melhores práticas, mas ficará "confuso sem saber o que fazer", como diz Robert Kegan, ao tentar orientar alguém em um nível mais elevado.

Soren Kierkegaard, filósofo dinamarquês e um dos inspiradores do *coaching* ontológico, escreveu há mais de 150 anos: "Para prestar uma ajuda eficaz a alguém, eu preciso compreender o que a outra pessoa compreende. Do contrário, nem mesmo os meus maiores conhecimentos lhe serão úteis; a instrução começa quando você se coloca no lugar da outra pessoa para poder compreender o que ela compreende e como o compreende"[15]. Você não pode se colocar no lugar de outra pessoa se não souber onde ela se encontra. Não podemos nos colocar na posição de alguém se essa pessoa não tem uma posição.

Um *coach* no Estágio Quatro poderá muito bem orientar um cliente que esteja no Estágio Três, desde que não o afaste demasiadamente do seu centro de gravidade. Nesse caso, o *coach* será profissional, compreendendo sua posição e até que ponto ela difere da posição de seu cliente. Ele será capaz de adotar uma postura totalmente imparcial e adequada em relação às convenções e expectativas do cliente, sem interferir, mas ajudando-o a realizar as mudanças desejadas. Da mesma forma, um *coach* no Estágio Quatro pode ajudar clientes nesse mesmo nível, mas não ser capaz de ajudá-los a fazer qualquer movimento de desenvolvimento.

Muitos altos executivos estão no Estágio Quatro ou muito próximos. Essa é quase uma exigência para que se possa lidar com pessoas nesse nível e se tenha a extensão da visão necessária. É extremamente improvável que um *coach* abaixo do nível do Estágio Quatro possa ser útil a um executivo, a não ser por conseguir promover algumas mudanças de comportamento.

A "presença" do *coach* na relação com o executivo precisa vir do Estágio Quatro. Desconfiamos que se o *coaching* executivo não funciona é porque o *coach* e o cliente estão em níveis de desenvolvimento diferentes. Um *coach* que esteja no Estágio Cinco poderá orientar clientes no Estágio Três ou Quatro, mas com o risco de afastá-los desmasiadamente de seu centro de gravidade. As pessoas que se encontram no Estágio Cinco têm mais dificuldade em atuar como *coach*as. Até que ponto elas são capazes de manter uma postura profissional e imparcial e não interferir, demonstrando, ao mesmo tempo, transparência e lidando em nível de igualdade com seus clientes? Isso não é fácil, e o *coach*, nesse estágio, se verá em situação de conflito. Muitos renunciam ao *coaching* como metodologia.

Por que as mudanças desenvolvimentais são tão importantes? Porque geram uma visão de mundo diferente e mais ampla. Em níveis de desenvolvimento mais elevados, as pessoas constroem o seu mundo e têm diferentes formas de entendimento. Elas conseguem pensar de forma mais sistemática, fazer distinções mais sutis e ver o mundo como um lugar maior porque não se identificam tanto com as partes de seu próprio ego. Elas se assemelham mais a um líder. O *coaching* de desenvolvimento é um *coaching* para a liderança.

Além disso, o estágio do desenvolvimento social determina o modo de pensar das pessoas e, consequentemente, a sua habilidade para fazer distinções e adotar diversos pontos de vista. Ambos são indicadores-chave no relacionamento de *coaching*. O estágio do *coach* em relação ao do cliente poderia ser um dos prenúncios mais importantes do êxito do *coaching*.

PADRÕES E ÉTICA DO *COACHING*

O estágio de desenvolvimento do *coach* influencia também a maneira como ele entende e interpreta os padrões e a ética profissional do *coaching*. A habilidade de escutar atentamente, o respeito pelo cliente e os padrões profissionais significam algo ligeiramente diferente nos diferentes níveis, embora esse seja um entendimento tácito, e não especificado. Muitas habilidades e formas de observação do *coaching* pressupõem um *coach* do Estágio Quatro.

AUTOCONCORDÂNCIA

A teoria da autoconcordância[16], abordada na Segunda Parte, Capítulo 7, faz uma distinção entre valores extrínsecos – aqueles vivenciados no plano exterior – e valores introjetados, assimilados e vivenciados como se fossem da própria pessoa. Ambos diferem dos valores intrínsecos, que são valores da própria pessoa. Os valores extrínsecos e a motivação podem funcionar em qualquer estágio; entretanto, os valores introjetados são característicos do Estágio Três. Muitos clientes buscam o *coaching* pressionados por "deveres" e obrigações, e talvez por se sentirem culpados de não corresponderem às expectativas. Esse pode ser o início de uma trajetória para o Estágio Quatro, mas somente se os *coaches* forem capazes de compreender o que está acontecendo em termos de desenvolvimento, o que significa que eles próprios precisam ter alcançado um estágio além dos valores introjetados dos outros.

Às vezes, o cliente se vê entre duas obrigações, e essa é a base de muitas decisões difíceis. Ele se vê em um dilema do tipo "se correr o bicho pega, se ficar o bicho come" e precisam tomar uma atitude. A única saída, nesse caso, é ir para um nível em que o dilema passe a ser um objeto sobre o qual se possa refletir. Nesse caso, o Estágio Quatro pode determinar o que o cliente realmente quer, e, embora com um sentimento de tristeza por perder algo, ele não se sentirá culpado. O cliente ficará dividido entre os valores e tomará uma decisão, podendo, desse modo, converter seus "deveres" em "desejos".

Os *coaches* que se encontram no Estágio Quatro podem ajudar seus clientes a desenvolver um conjunto coerente de valores integrados que, de fato, emanem da própria personalidade de seus clientes. Os *coaches* do Estágio Três não têm essa capacidade.

O QUE O *COACHING* PODE FAZER?

O *coaching* ajuda as pessoas a mudar horizontal e verticalmente, ajudando-as, principalmente, a desenvolver seu pensamento, seu aprendizado e sua capacidade de aprendizagem, podendo ajudá-las também em seu desenvolvimento.

O *coaching* é um mecanismo social que evoluiu para conduzir as pessoas do Estágio Três ao Estágio Quatro e, talvez, considerando-se o *coach* certo, do Estágio Quatro ao Estágio Cinco. Existe aqui uma coincidência com os pressupostos das raízes do movimento em favor do *coaching*, a visão otimista da natureza humana, o movimento natural rumo à autorrealização. (Esses níveis de desenvolvimento são, de certa forma, etapas no caminho para o que Maslow chamou de "autorrealizaçao"). O *coaching* de desenvolvimento leva a autorrealização a sério. Os *coaches* pressupõem existir muitas possibilidades para os seus clientes. Não se trata de pressionar o cliente para que ele realize algo, mas de eliminar os obstáculos que o impedem de fazê-lo e de desenvolver todo o seu potencial. Não conhecemos os nossos limites, por isso os construímos. E o que pode ser construído pode ser desconstruído.

REFERÊNCIAS

1. Piaget, J. *The Origins of Intelligence in Children*, 1952.
2. King, P. & Kitchener, K. *Developing Reflective Judgment*, 1994.
3. Wilber, K. *Sex, Ecology, Spirituality*, 1995.
4. Basseches, M. *Dialectical Thinking and Adult Development*, 1984.
5. Graves, C. "The Emergent, Cyclical, Double Helix Model of the Adult Human Biosocial System", folheto de apresentação à World Future Society, Boston, Mass., 20 de maio de 1981 (compilado para o Dr. Graves por Christopher Cowan), 1981.
6. Beck, D. & Cowan, C. *Spiral Dynamics*, 1996.
7. Gilligan, C. *In a Different Voice*, 1982.
8. Kegan, R. *In Over Our Heads*, 1994.
9. James, W. *The Varieties of Religious Experience*, 1902.
10. Laske, O. *Measuring Hidden Dimensions*, 2005.
11. Cook-Greuter, S. *Post Autonomous Ego Development*, Dissertation, dissertação apresentada ao Corpo Docente da Faculdade de Educação da Universidade de Harvard, 2005. Disponível em cookgsu@comcast.net

12 Torbert, W. *The Power of Balance: Transforming Self, Society, and Scientific Inquiry*, 1991.
13 Koplowitz, H. *Unitary Consciousness and the Highest Development of Mind*, 1990.
14 Loevinger, J. *Paradigms of Personality*, 1987.
15 Kierkegaard, S. *Journals,* tradução de A. Dru, 1959.
16 Sheldon, K. & Elliot, A. Not All Personal Goals Are Personal, *Personality and Social Psychology Bulletin* 24(5), 1998.

3
O *COACHING* PÓS-MODERNO

O *coaching* emana da psicologia humanista, que foi uma reação ao modo modernista de se ver o mundo. O Modernismo possui determinados pressupostos.

Os modernistas são típicos cientistas que utilizam a lógica e o experimento para solucionar problemas claramente definidos. Eles aplicam o raciocínio formal a tudo e acreditam em um ser estável, racional, "presente", capaz de conhecer a si mesmo através da introspecção e o mundo através da razão. Para um modernista, tudo pode ser analisado pela razão. Partindo-se desse pressuposto, a realidade está "aí", esperando para ser descoberta, como um continente desconhecido. A "realidade", portanto, é um mundo objetivo e conhecível, e a verdade existe independentemente do observador. A ciência é neutra e objetiva e pode apresentar verdades universais, as quais levam ao progresso. A linguagem é racional e transparente; em outras palavras, existe uma conexão definida entre uma palavra e o objeto que ela denota. O comportamentismo puro era a psicologia do modernismo.

Pressupostos do Modernismo
Os problemas podem ser claramente definidos.
O ser é estável e racional e pode se conhecer através da introspecção.
A realidade está aí, objetiva e conhecível, e é independente do observador.
As palavras e a linguagem apontam para objetos e ideias definidos.
O mundo é definido somente a partir do quadrante superior direito no modelo integral.

Embora incrivelmente bem-sucedido, o Modernismo foi obrigado a admitir derrota ao se confrontar com a física quântica, os estudos interculturais e a linguística comparativa. O movimento foi destronado na matemática pelo teorema da incompletude, de Kurt Gödel, segundo o qual, essencialmente, um sistema fechado jamais pode ser explicado sem importar algo de fora que possa ser provado por esse próprio sistema. A realidade não é um sistema fechado e é mais ardilosa do que sabemos ou talvez possamos saber. As palavras não têm significados definidos e fixos. Dez pessoas diante de uma mesma situação terão dez pontos de vista diferentes. Nem tudo pode ser conhecido apenas através de observação externa. O Modernismo é essencialmente inerte como uma visão de mundo abrangente.

O *coaching* é construído sobre abordagens construtivistas, como vimos na Segunda Parte. A psicologia humanista e o *coaching* celebram o lado humano e artístico do mundo. A psicologia humanista vê as pessoas a partir do plano interior, ou seja, de seus pensamentos, metas, valores e modo de ser. Entretanto, não podemos dizer que tudo possa ser conhecido a partir de dentro. Seria como dizer que o mundo existe somente no quadrante superior esquerdo do modelo integral e simplesmente seria o oposto do Modernismo – e igualmente errôneo.

O Pós-modernismo vai além do Modernismo e adota uma perspectiva diferente – a do relacionamento. Nossa personalidade, nosso modo de agir e todos os nossos conhecimentos provêm de nossos relacionamentos, de nossas redes de relacionamentos intersubjetivos e, particularmente, de nossa imersão na linguagem. O Pós-modernismo vê o mundo basicamente a partir do quadrante inferior esquerdo no modelo integral. Fazemos parte de uma rede de relacionamentos da qual não temos nos excluir, apesar da sensação de dissociação. Assimilamos a cultura, a linguagem, o pensamento e os conhecimentos através de nossos relacionamentos. Não estamos sozinhos. É como se tivéssemos uma consciência plena, total e de isenção toda nossa, mas isso é ilusão. Não podemos nos conhecer apenas através da introspecção, porque os laços que nos ligam à nossa comunidade são invisíveis quando olhamos para o nosso interior. A introspecção por si só não vê a História, apenas o presente.

Os nossos corpos parecem estar apartados do restante do mundo, porém, de tempos em tempos, são inteiramente substituídos por moléculas diferentes. Existe fluxo constante de matéria em nossos corpos. Hoje não existe uma única molécula no seu corpo que estivesse lá há cinco anos. O nosso corpo sólido é organizado por um padrão. O nosso ser também segue um padrão aparentemente estável, mas está constantemente se renovando, como um rio. O rio continua o mesmo, parece ser uniforme, mas está em constante fluxo. O nosso pensamento e os nossos conhecimentos são fundamentados na linguagem. Sem a linguagem, não podemos nos relacionar com o restante da humanidade. A linguagem é mais do que uma descrição do que lá existe; é também uma construção do que vemos, e essa construção é compartilhada por nossos semelhantes. Somos prisioneiros de nossa linguagem, a qual, embora nos permita muito espaço, se nos aventurarmos longe demais, encontraremos seus limites.

O Construtivismo demoliu o mundo objetivo que deveria existir "lá fora" mostrando que não assimilamos de modo passivo uma determinada realidade objetiva e que somos os criadores do mundo que vivenciamos. Depois veio o Pós-modernismo e destruiu o mundo objetivo "aqui dentro" mostrando tratar-se, na verdade, de uma rede de linguagem, cultura e relacionamentos sociais. Não *temos* relacionamentos; de certa forma, nós *somos* os relacionamentos. Precisamos da História e da introspecção para compreender a nós mesmos. Isso não significa, no entanto, que tudo seja relativo e que não exista nada a ser compreendido. Não significa que um determinado ponto de vista seja tão válido quanto qualquer outro (uma afirmação paradoxal, de qualquer forma, porque isso seria afirmar que esse ponto de vista extremamente relativista seja melhor do que qualquer outro).

O *coaching* necessita de uma perspectiva pós-moderna. O problema do cliente não existe apenas na cabeça do cliente, embora o *coach* tente desatar os nós. Os *coaches* precisam encontrar maneiras de ajudar seus clientes a ver que eles não criaram os problemas sozinhos e que, por isso, também não podem solucioná-los sozinhos. A situação e a experiência do cliente são decorrentes do fato de ele ter sido criado em uma comunidade humana e fazer parte de uma rede intersubjetiva de relacionamentos. A linguagem desempenha um papel importante na maneira como construímos os problemas quando confundimos nossas palavras com uma representação adequada de nossas ideias e, consequentemente, com uma representação adequada do mundo. As linguagens são estruturas sociais. Muitas formas de *coaching* (o *coaching* ontológico e a PNL, especificamente) ajudam o cliente a destrinchar a linguagem como uma forma de destrinchar o problema. O nosso próprio modo de pensar sobre um problema pode ser parte do problema.

O que o *coaching* pode aprender com o pós-modernismo?

O pós-modernismo tem quatro ideias principais:

1 O mundo não nos é dado, mas construído por nossas percepções, experiências e linguagem, e o mundo "aqui dentro" é construído por nossos relacionamentos. Isso significa que o conhecimento não é universal, mas situacional e provisório.

2   O significado de qualquer ação depende do contexto em que ela ocorre.

3   Existem sempre muitos pontos de vista entre os quais escolher, daí a importância de sua escolha. A visão privilegiada tem poder. Perspectiva é poder.

4   A nossa consciência é formada a partir de redes de relacionamentos sociais invisíveis para nós quando adotamos uma postura introspectiva.

O que as afirmações acima significam para o *coaching*? O *coaching* ajuda as pessoas a encontrar sentido em suas vidas, porque certezas modernistas como a ciência e a fé religiosa se desgastaram. Os *coaches* ajudam seus clientes a construir o mundo de forma mais positiva e autônoma. Eles os ajudam a passar do Estágio Três, onde existe a dependência do outro, ao Estágio Quatro, o estágio da autocriação, onde os clientes resolvem cortar muitas das "amarras" que os "imobilizaram" ao longo dos anos. Essas amarras são, em parte, feitas das expectativas de outras pessoas. Como pessoas adeptas da autocriação, eles dão o primeiro passo no sentido de se libertarem dos limites de uma determinada linguagem e de uma determinada sociedade.

O Pós-modernismo nos ajuda também a ver a importância do relacionamento de *coaching*. Trata-se do relacionamento criado entre o *coach* e o cliente e que define ambos. É onde tudo se processa. Os *coaches* devem ter consciência de seus próprios valores e posição, sem impô-los aos seus clientes. Isso significa que eles precisam estar pelo menos no Estágio Quatro, ou próximo a ele. Significa também que os clientes não têm todas as respostas ou recursos de que necessitam, os quais se constroem a partir de seu relacionamento com seus *coaches* e com as pessoas em geral.

O GÊNERO NO *COACHING*

O pensamento pós-moderno lida com relacionamentos. Que distinções precisamos fazer quanto ao relacionamento entre o *coach* e o cliente? A mais óbvia é a distinção de gênero. Muitos estudos demonstram que homens e mulheres pensam de formas diversas, com diferentes ênfases. Uma das descobertas da biologia evolutiva é que homens e mulheres pensam de modos diferentes, observam aspectos diferentes e têm prioridades diferentes.

De um modo geral, os homens são mais analíticos, mais preocupados com a responsabilidade, os direitos e as obrigações. As mulheres apreciam o relacionamento; os dois sexos têm formas diferentes de conhecer e entender as coisas. Não existe nenhuma divisão óbvia; em toda cultura existem extremos – como o homem "machista", nos países latinos, por exemplo.

Para obter os melhores resultados, você deveria procurar um *coach* do mesmo sexo que o seu? Essa é uma pergunta a que todo cliente precisa responder por si só. Na profissão de *coaching*, tende a haver uma ligeira predominância de mulheres no mundo todo. Ninguém jamais sugeriu (e nós nunca vimos qualquer sugestão nesse sentido) que homens não possam ser bons *coaches* para mulheres ou vice-versa.

Os *coaches* precisam levar em consideração e estar cientes das formas específicas de cada sexo de lidar com os problemas. A questão do gênero no *coaching* é outra fascinante nuança amplamente inexplorada, e não teríamos como lhe fazer justiça sem escrever outro livro. Esperamos que neste livro, escrito por dois autores, um homem e uma mulher, tenhamos vencido com êxito as armadilhas do viés de gênero.

O *COACHING* INTERCULTURAL

A maneira como o *coaching* funciona entre as diferentes culturas é um assunto ainda pouco explorado.

O Pós-modernismo nos diz que somos prisioneiros de nossa cultura e de nossa própria linguagem, mas não vemos as grades. Nascemos e somos criados em uma determinada cultura – uma rede invisível de relacionamentos intersubjetivos – e assimilamos essa cultura. Pensamos ser a melhor e a única forma de lidar com o mundo, e não uma entre muitas formas possíveis. Estamos sujeitos ao nosso condicionamento cultural, e a nossa cultura impõe barreiras ao nosso pensamento. Diferentes culturas fazem diferentes distinções, especialmente através da linguagem. Como diz o ditado, não temos como conhecer nossa própria cultura enquanto não conhecemos outra. Isso significa que só conseguimos ver nossa cultura de forma objetiva quando a comparamos com outra. Para estabelecer o contraste, precisamos ver ambas com clareza, o que significa deixar de lado os vieses culturais e apreciar outras culturas em seus próprios termos.

Nós dois, os autores, sabemos disso, por termos vivido em outras culturas. A Andrea morou dois anos na Argentina. O Joseph passou a maior parte de sua vida na Inglaterra, e a vinda para o Brasil resultou em uma grande mudança cultural. Inicialmente, ele não sabia exatamente como se comportar, e, às vezes, os brasileiros consideravam o seu jeito reservado grosseria. Ele levou cerca de dois anos para perceber o quanto a cultura inglesa é diferente e quão estranha parece para os brasileiros.

A nossa proposta, portanto, é a seguinte. Muitos modelos de *coaching* são condicionados pela cultura, podendo funcionar bem em uma cultura, mas não ser facilmente exportados para outra. Isso não é problema para os *coaches*, desde que eles trabalhem dentro de sua própria cultura. Porém, dada a crescente demanda de empresas internacionais por *coaches*, é cada vez maior o número de *coaches* que transpõem barreiras geográficas e, consequentemente, culturais. Quando este livro estava sendo escrito, existia apenas um livro sobre *coaching* intercultural[1], pelo que nos consta, mas, sem dúvida, haverá outros. A cultura pode ser vista no comportamento, mas por trás desses comportamentos, como uma corrente subterrânea, existe um conjunto de valores e ideias que brotam como fontes termais em forma de ações específicas. Existem muitas implicações em relação ao *coaching*. Apresentamos aqui as que consideramos mais importantes.

A cultura envolve expectativas comuns e, por essa razão, passa a fazer parte das exigências e obrigações no Nível Três de desenvolvimento. Isso significa que os *coaches* no Estágio Três não têm como atuar de forma eficaz em um contexto intercultural. As culturas diferem em muitos aspectos – na maneira como abordam os relacionamentos, no modo de pensar em relação ao poder e à responsabilidade e na forma como veem o relacionamento entre indivíduos e grupos. Existem também diferenças quanto à maneira como as pessoas lidam com as emoções, a privacidade, a gestão do tempo e o *status*. Existem vários livros excelentes sobre diferenças culturais que podem ser interessantes para *coaches* que pretendam orientar clientes de outras culturas[2-4].

LINGUAGEM

A linguagem faz parte da cultura – até mesmo que falam a mesma língua o fazem de formas diferentes. Por exemplo, os habitantes da Inglaterra, da Irlanda, da Escócia e dos Estados Unidos todos falam inglês, mas suas culturas são muito diferentes. O português falado no Brasil é muito diferente daquele falado em Portugal. Falar uma língua é uma maneira de se ver o mundo. Línguas diferentes, mundos diferentes.

Eis alguns exemplos relevantes para os *coaches*. Chama-nos atenção o fato de o português possuir dois verbos para o verbo inglês *"to be"*. "Ser" significa "*to be*" em sentido permanente: "Sou uma pessoa", "sou um autor", "moramos aqui", "você é de tal nacionalidade". E existe também o verbo "estar", que significa "*to be*" em um sentido temporal e limitado: "Estou cansado", "você está com fome", "atualmente eles estão morando aqui". Isso significa que o português consegue fazer distinções que os falantes de língua inglesa não são capazes de fazer, reduzindo, com isso, a probabilidade de confundir comportamento com identidade por utilizar o mesmo verbo. "Você está com fome" e "você é um adulto", por exemplo – um é um estado de espírito, o outro, uma identidade. Utilizamos o mesmo verbo em inglês, mas com outro significado. Consequentemente, brasileiros e portugueses têm noção de tempo mais fluida; nada é definido de forma tão absoluta quanto no inglês.

Quando os clientes falam de valores em uma sessão de *coaching*, é muito importante que eles o façam na sua própria língua. As palavras só têm força emocional na sua língua materna, porque são palavras que denotam experiências e emoções. Uma tradução é um conceito vazio. Algumas palavras não têm uma tradução adequada. "Saudade" é uma palavra portuguesa normalmente traduzida como "nostalgia", mas, na verdade, é mais do que isso. Em espanhol, "duende" é uma complexa mistura de paixão e trevas. O inglês tem duas palavras, "*freedom*" e "*liberty*" para expressar o que o português o faz com apenas uma, "liberdade". Entretanto, existem sutis distinções entre "*freedom*" e "*liberty*" em inglês que se perdem na tradução através de uma única palavra. Portanto, existem armadilhas linguísticas quando se está orientando em outra língua ou utilizando um tradutor, ou orientando um nativo de outra língua.

Nem todo cliente quer ser "o senhor de seu destino"; nem toda cultura quer conquistar o mundo no sentido do pensamento ocidental modernista. Esse aspecto também se reflete na língua. No Reino Unido e na Europa, as pessoas "*take*" (tomam, em uma tradução literal) decisões. Nos Estados Unidos, elas "*make*" (fazem) decisões. E na Alemanha, elas "*cut*" (cortam) decisões. No Tibete e na Índia, elas dizem "a decisão me tomou". Daí a razão de uma orientação específica para a realização de metas ser uma parte do *coaching* condicionada pela cultura e nós preferirmos achar que o cliente é que deve determinar sua própria direção.

Sem uma perspectiva em relação à nossa própria cultura, normalmente julgaremos as pessoas de outras culturas de forma negativa. Por exemplo, nos Estados Unidos e no Reino Unido, as pessoas não têm nenhuma dificuldade para separar os domínios do trabalho e a vida pessoal. Um gerente pode fazer severas críticas ao seu trabalho como funcionário; no entanto, vocês dois podem sair satisfeitos para tomar uma cerveja juntos ao final do dia. A crítica não extrapola o seu contexto profissional. Na cultura brasileira, as coisas são diferentes. Os brasileiros levam as coisas para o lado pessoal e não estabelecem limites claros. Um gerente que fizesse a mesma crítica a um funcionário brasileiro seria visto como uma pessoa grosseira e desrespeitosa. É claro que os gerentes brasileiros fornecem *feedback*, mas de forma mais indireta e extensa, o que pode deixar os gerentes americanos tamborilando impacientemente os dedos sobre a mesa. Mas os brasileiros captarão a mensagem – a crítica surtirá efeito –, algo que o gerente americano poderá não compreender.

A gestão do tempo é outra questão. Na maioria dos países latinos (à exceção do Chile), o tempo é elástico. Uma reunião marcada para as 10:00h, normalmente não começa antes das 10:20h, na melhor das hipóteses. Na Alemanha, se uma reunião estiver marcada para começar as 10:00h, começa às 10:00h, e os atrasos são vistos como falta de respeito. Em muitos países latinos, se você chega no horário, não é sinal de respeito. A sua atitude, nesse caso, é apenas uma maneira de você dar às pessoas a *chance* de chegar.

Um terceiro exemplo de diferença cultural diz respeito à distância social. Os brasileiros se sentem mais confortáveis com a proximidade física do que os ingleses. Para eles, o espaço social é menor. De modo que, ao falar com um inglês, o brasileiro vai se aproximando cada vez mais (o que é interpretado pelo inglês como invasão de privacidade e desrespeito), enquanto o inglês vai recuando cada vez mais, na tentativa de estabelecer uma distância mais confortável. Com isso, os brasileiros acham os ingleses indiferentes e "distantes". Nem um dos dois está certo ou errado. Trata-se apenas de expectativas culturais. Os *coaches* precisam compreender isso ao lidar com a psicogeografia da sessão de *coaching*.

MAL-ENTENDIDOS INTERCULTURAIS

Temos um exemplo que ilustra bem as armadilhas do *coaching* intercultural. Estávamos em Barcelona supervisionando uma sessão entre um *coach* espanhol e um cliente argentino. O cliente argentino estava morando lá há um ano e queria melhorar sua capacidade de escutar atentamente.

O *coach* fez uma boa pergunta: "O que você entende por escutar atentamente"?

O cliente respondeu: "Manter-me focalizado na outra pessoa, evitando diálogos interiores e distrações externas quando eu estiver falando com as pessoas". Ele queria manter o foco visual na pessoa; isso era o mais importante para ele quando se tratava de ouvir atentamente. Ele mencionou também a tranquilidade como um valor. Ele dizia querer tranquilidade interior.

E onde ele queria aplicar essa capacidade de escutar atentamente? Em seu relacionamento com os clientes, é claro (ele trabalhava como *coach*), mas também em todos os setores de sua vida. Em particular, ele queria melhorar o seu relacionamento com sua namorada espanhola. À medida que os dois continuaram a explorar a questão, ficou claro que o cliente tinha por objetivo focalizar visualmente a pessoa com quem estava falando. Ele deu como exemplo uma ocasião em que estava com sua namorada em um restaurante e não parava de observar o que estava acontecendo à sua volta, ao que ela o acusou de não estar lhe dando atenção. Ele dizia deixar-se distrair com facilidade e que, embora tentasse manter a atenção, ele tinha o hábito de se distrair com o que estava acontecendo à sua volta quando estava com as pessoas. O *coach* continuou investigando em suas direções; primeiro, os recursos de que o cliente dispunha para se manter focalizado, e, segundo, em que ocasiões anteriores ele conseguira manter o foco e o que o impedia de fazê-lo. O cliente brincou dizendo que talvez precisasse comprar um par de antolhos, como aqueles que os cavalos usam, para não deixar que sua atenção se desviasse da pessoa que estivesse à sua frente. De fato, ele queria prestar atenção em sua namorada; ela era a pessoa mais importante para ele naquele momento, e a sua falta de atenção estava sendo motivo de desentendimentos entre eles. Ela dizia que ele estava interessado em outras mulheres; ele, no entanto, negava a acusação.

A sessão prosseguiu e, ao final, o cliente se sentia melhor em relação ao problema. Tivemos uma intuição em relação à situação baseados no fato de que o cliente provinha de um bairro pobre de Buenos Aires. Nós lhe perguntamos porque havia lugares em que ele se mantinha concentrado, dado que havíamos observado que ele se mantinha totalmente atento ao *coach* durante a sessão. Ele disse que sim, mas que tinha tendência a se distrair quando estava em público, principalmente em lugares como restaurantes ou quando estava andando na rua.

Apresentamos uma ideia para ver o que ele achava. As áreas pobres de Buenos Aires são perigosas, onde perscrutar o ambiente ao redor quando se está em lugares públicos como forma de prevenir eventuais furtos é uma habilidade essencial de sobrevivência. Desde cedo, as crianças adquiriam essa habilidade, que se tornava natural e instintiva. E, de fato, quando estava em lugares públicos, esse cliente se mantinha sempre atento ao que estava acontecendo ao seu redor. Aquela era uma atitude necessária em

Buenos Aires (aliás, em qualquer cidade grande na América do Sul), mas não em Barcelona, que, de um modo geral, é uma cidade mais segura (a não ser na chamada área das Ramblas). De modo que, o que lhe parecia falta de disciplina e um problema era, na verdade, um hábito útil, porém não necessário em seu novo contexto. Ao perceber isso, o cliente conseguiu optar por perscrutar o ambiente (e, assim, tranquilizar sua namorada), sem o uso de antolhos.

O conhecimento das diferenças culturais nos permitiu intuir a situação. Poderíamos também estar errados, mas, nesse caso, estávamos certos. O *coach*, nessa situação, por sua vez, aceitou pacificamente a ideia de seu cliente de que a sua atitude de estar atento ao que estava acontecendo à sua volta era um hábito que ele deveria eliminar. Conhecer outras culturas ajuda os *coaches* a não tirar conclusões baseadas no que é certo em suas próprias culturas, e a não aceitar pacificamente os julgamentos que os clientes fazem a respeito de alguns de seus próprios hábitos.

O próximo e último capítulo encerrará nossa investigação com uma olhada no futuro do *coaching*.

REFERÊNCIAS

1. Rossinski, P. *Coaching Across Cultures*, 2003.
2. Trompenaars, F. *Riding the Waves of Culture*, 1997.
3. Hofstede, G. *Cultures and Organizations*, 1997.
4. Hall, E. & Hall, M. *Understanding Cultural Differences*, 1990.

QUARTA PARTE

O FUTURO

"Todos nós deveríamos nos preocupar com o futuro porque teremos que passar o resto de nossas vidas lá."

Charles Kettering

Nossa investigação está chegando ao fim. Iniciamos este livro com o *coaching* à beira do caos, uma metáfora para uma situação suficientemente instável para mudanças e aprendizado, e estável o bastante para não se desintegrar. Uma corda bamba, na verdade. Esperamos que o *coaching* possa seguir de vento em popa ainda por vários anos e continue a crescer e aprender de forma criativa. Para andar na corda bamba você precisa ter um equilíbrio dinâmico – perdendo ligeiramente o equilíbrio em ambas as direções, mas sempre o recuperando. Se exagerar em qualquer direção, você perde o equilibro e cai. A alternativa é acomodar-se e ficar à sombra dos acontecimentos, e, com isso, o público acaba indo cantar em outra freguesia.

As tendências que ajudaram o *coaching* a crescer se aceleraram nos últimos cinco anos. Temos que lidar com circunstâncias que não podemos controlar, adaptando-nos a prazos cada vez mais curtos. Atos que seriam vistos como mágicos há algumas décadas hoje são milagres rotineiros. A mentalidade de que o malabarismo era impossível sem o auxílio de forças naturais hoje é motivo de piada, assim como daqui a cerca de cem anos a nossa mentalidade limitada também será motivo de chacota. O futuro chega cada vez mais cedo a cada ano e nós não temos quaisquer meios ou recursos alternativos para lidar com isso. A evolução é muito mais rápida na esfera mental do que na esfera biológica. O *coaching* é uma expressão disso e talvez, em parte, uma resposta. Talvez (se pudermos personalizar a evolução por um instante) a evolução mental esteja nos oferecendo algo de que necessitamos para que nos adaptemos a esses tempos.

Portanto, como um bom *coach*, concluímos este livro com uma série de perguntas, e não de respostas.

O QUE O FUTURO NOS RESERVA?

"A melhor maneira de prever é futuro é criando-o."
Peter Drucker

Diante desse cenário, qual o futuro do *coaching*? Não sabemos, nem ninguém sabe. Esperamos que o *coaching* evolua progressivamente como uma forma eficaz de ajudar as pessoas – e através delas, os seus negócios – a mudar e crescer. E que, através de seus negócios, toda a humanidade também mude e cresça. Todos nós nos beneficiamos. Enquanto imaginávamos como escrever esta seção, falávamos sobre os nossos sonhos e pesadelos, e acabamos decidindo registrá-los aqui e deixar que eles falassem por si.

UM PESADELO

Estávamos em um terreno baldio, onde placas de concreto se projetavam do solo como lápides em falso, inclinando-se em ângulos irregulares. No meio, havia um triângulo pontiagudo apontando para o alto, encimado por uma pequena maquete de uma catedral precariamente equilibrada ao balanço do vento. De repente, as rajadas de vento ficaram mais fortes e a catedral começou a se inclinar, enquanto a poeira subia formando pequenos redemoinhos e o lixo se espalhava sobre o concreto quebrado. O vento soprava pelo terreno quando, bem à nossa frente, uma bola de luz âmbar se formou, emitindo raios azuis à nossa volta como se estivesse tentando ligar-se à terra. Os raios crepitavam e chiavam como a água em contato com uma chapa quente. Havia um brilho ofuscante. Entreolhamo-nos. Ouviu-se o troar de um trovão e a luz piscou, deixando um homem agachado, de quatro, como se estivesse em posição de largada, pronto para saltar em nossa direção. Lentamente, o homem foi se endireitando, como um gato. Saltamos para trás, mas percebemos um simpático sorriso em seu rosto. Ele estava de óculos de sol, trajava um terno escuro e sapatos pretos de cadarço, e tinha cabelos negros tão colados à cabeça que era difícil dizer onde a cabeça terminava e o cabelo começava. Não havia nenhum fio de cabelo fora do lugar, nem mesmo no vento.

Ele caminhou em nossa direção.

– Em que tempo estou? – ele perguntou.

– Você quer dizer "onde estou"? – perguntamos.

– Sei o que quero dizer. Em que ano estamos?

– Estamos em outubro de 2007 – respondemos. – Quem é você?

– Sou o *coach* corporativo E37. Devemos agir rapidamente, temos pouco tempo.

– De que tempo você é? – perguntamos.

– De outro tempo – ele disse.

De certa forma, isso não era nenhuma surpresa.

Sentamo-nos juntos em um sofá velho, com várias molas soltas projetando-se para fora.

– Fale-nos sobre o *coaching* no seu tempo – pedimos.

– Ah, eu estava esperando que vocês tocassem nesse ponto. Sabemos orientar – ele disse. – Conhecemos a fórmula da vitória; do ROI expresso em centenas de pontos percentuais e da realização do potencial calculado dos clientes com uma defasagem de apenas alguns pontos percentuais; de um *coaching* dominante alastrando-se pelo mundo. Temos um processo disciplinado. Os *coaches* se limitam a seguir a metodologia, enquanto os clientes simplesmente não sabem o que está acontecendo com eles. O Conselho Diretor Mundial de *Coaching* zela por um rigoroso controle de qualidade. O *coaching* é uma atividade séria. Realizamos conferências mensais, e todo *coach* registrado deve participar de pelo menos três por ano.

– E se eles não participarem? – perguntamos.

– Eles perdem o seu registro e sua carteira profissional – disse o nosso amigo do futuro. – E você não pode trabalhar se não estiver registrado e atualizado. Ninguém emprega um *coach* sem registro porque sabe que, se o fizer, vai para a lista negra. Existem 17 níveis de *coach*, e, ao receber a solicitação de um cliente, designamos o nível adequado de *coach*, juntamente com um supervisor classificado em um nível acima.

– Existem *coaches* no mundo todo? – perguntamos.

– Ah, sim! O cliente pode ser atendido pelo *coach* certo em qualquer parte do mundo, participar de sessões virtuais, sem problemas. Através de *software* especial, os *coaches* são ensinados a levar em conta as diferenças culturais. Ao final do *coaching*, o *coach* envia ao seu *coach*-chefe um relatório que fica armazenado *on-line*.

– O sistema nunca falha?

– No caso de qualquer falha, como alguém eventualmente tentando contratar um *coach* sem registro, a PC (a polícia para assuntos de *coaching*) logo entra em ação e resolve a questão. Há pessoas que não levam a sério o seu próprio bem. Boas intenções não substituem as verdadeiras mudanças – o *coach* riu. – Temos três escolas de treinamento credenciadas no mundo, todas com excesso de demanda e nós só recebemos os melhores. Os candidatos precisam passar por uma bateria de testes físicos e psicológicos, e têm que ser grandes jogadores de gamão.

– Por que gamão? – perguntamos.

– Por que não? Todos os demais requisitos não são levados em consideração? As pessoas sempre questionam o gamão, eu simplesmente não entendo isso. Elas se deixam atrair por banalidades. O *coaching* é poderoso demais para ser deixado nas mãos de qualquer um.

– Por que você está aqui?, – perguntamos.

– Eu sou da Rede Sky de *coaches* – ele respondeu. – Vim para ver como o *coaching* era praticado nos velhos tempos e dar-lhes uma tarefa, se vocês a aceitarem. Tenho que ter cuidado, no entanto, para não alterar o fluxo temporal..., ele parou abruptamente e seu rosto começou a desfigurar-se. – Droga! ele disse – acabei de..., contando isso tudo a vocês..., e agooora vocêêêês...

Sua voz foi perdendo a força e ele começou a falar cada vez mais arrastado e devagar, desfazendo-se lentamente em uma poça marrom e brilhante com uma mancha negra no centro, ao lado do sofá, deixando apenas uma carteira de identidade plastificada como prova de que um dia estivera ali. Assistimos com tristeza a poça espalhar-se sobre as pedras, refletindo as luzes embaçadas.

De repente, ouviu-se um enorme estrondo e um imenso globo apareceu girando à nossa frente. Era uma espécie de bolha plástica semelhante a um giroscópio e girava tão rápido que não conseguíamos fixar o olhar nela. Em seguida, o giro foi diminuindo gradativamente até parar. A escotilha de plástico se abriu, deixando escapar uma onda de vapor. Lá de dentro, saiu uma mulher trajando um terno marrom e um xale vermelho vivo. Ela parecia flutuar em meio à bruma ao saltar do globo.

Ela veio em nossa direção e olhou para a poça metálica aos nossos pés.

– Vejo que o futuro alternativo se acabou – disse ela, soltando uma gargalhada.

– Quem é você – perguntamos, com o olhar fixo na mulher.

– Sou a *coach* Rosamund e venho de um outro mundo. Poderiam me dizer em que ano estamos, por favor?

– 2007.

– Preciso ajustar o giroscópio – disse ela. – Estou atrasada.

– Fale-nos sobre o *coaching* no seu tempo.

Sentamo-nos no sofá, que havia se transformado em uma pequena e confortável sala com três poltronas e um abajur.

Rosamund se curvou para a frente.

– É maravilhoso! – ela disse. – O *coaching* está em toda parte. Quase todo mundo é *coach*. Existem pelo menos 550.761 escolas de treinamento de *coaches*, se formos contar. Todo mundo está ministrando sessões de *coaching*, cada um ao seu modo. Há *coaching* com música, *coaching* com Beatles, *coaching* com os últimos concertos para piano de Mozart, *coaching* com arranjos florais, *coaching* com *origami*, e até *coaching* com bruxaria. Existem *coaches* terapeutas, *coaches* mentores, *coaches* gerentes, *coaches* políticos (embora essa não seja uma especialidade popular), *coaches* de gamão, *coaches* altos para pessoas altas, *coaches* altos para pessoas baixas, e vice-versa – disse a mulher antes de fazer uma pausa, parecendo confusa. – Temos de tudo. O *coaching* tomou conta do planeta. E logo passará a dominar outros planetas também – ela riu. – O *coaching* é poderoso demais para não ser de domínio geral. Agora preciso ir – disse ela, levantando-se. – Preciso manipular um pouco o tempo ali adiante.

E o globo começou a girar. Foi apenas um pesadelo – ainda bem.

Agora vem o sonho.

O SONHO

Estávamos no mesmo terreno baldio de nosso pesadelo. O vento soprava e, de repente, começou a chover forte. Parecia ter chovido durante algumas horas até que o sol saísse e começasse a aquecer o solo. A terra exalava vapor. Ouvimos um barulho atrás de nós e demos um pulo, ao que avistamos um homem segurando um guarda-chuva.

– Oi – ele disse. – Eu estava tentando oferecer-lhes este guarda-chuva, mas vocês não me deram nenhuma atenção.

O homem estava de camiseta preta, calças azuis e descalço, o que parecia bastante natural.

– Quem é você? – perguntamos.

Ele apontou para a sua camiseta, onde se lia a palavra C-O-A-C-H, grafada em letras garrafais.

– Você vem do futuro?

– Depende do tempo em que estamos agora.

Entreolhamo-nos e achamos tratar-se de outro visitante de um universo paralelo de *coaching*. Esperávamos que esse fosse melhor do que os dois anteriores. Pelo menos, ele estava mais bem vestido.

– Existem regras para *coaches* lá no lugar de onde você vem?

O homem levantou o olhar:

– As regras são os nossos filhos. Eles nos fazem cobranças como se negássemos nossa condição de pais.

– Você não respondeu à nossa pergunta.

– Como vocês sabem disso?

– Você é sempre enigmático assim?

– Nunca sou nada *sempre*.

– Você está jogando. O *coaching* é um jogo?

– Um jogo – ele sorriu. – Talvez. As pessoas que *devem* jogar não podem *jogar*.

– Como se faz *coaching?*

– Muito bem, obrigado.

A imagem do homem começou a desaparecer de baixo para cima, deixando visível apenas o seu rosto. Ele abriu um largo sorriso e sumiu.

Foi apenas um sonho.

E A REALIDADE?

Basta de pesadelos e sonhos. Não sabemos qual será o futuro do *coaching*. Podemos arriscar alguns palpites, e esperar. Tudo indica que o *coaching* irá se desenvolver, especialmente junto às empresas, nos próximos cinco anos. Os gerentes serão treinados para dominar habilidades de *coaching*, e o *coaching* empresarial e o *coaching* executivo irão crescer. As redes de *coaching* se ampliarão e a maioria das grandes empresas de treinamento e consultoria contará com uma rede de *coaching* – própria ou terceirizada. O *coaching* fará parte da maioria das universidades corporativas.

O *COACHING* É UMA PROFISSÃO?

Que tipo de atividade é o *coaching*? O *coaching* já foi descrito como uma área, uma especialidade, uma disciplina e um campo. Entretanto, o *coaching* pode se dizer uma profissão?

Uma profissão normalmente se define por cinco critérios:

1 Os praticantes de uma profissão possuem conhecimentos ou habilidades especializadas. Isso vale também para o *coaching*, o qual, como vimos, envolve habilidades essenciais, além de possuir coração e alma.

2 Os praticantes de uma profissão se consideram adeptos de padrões éticos mais elevados do que outros membros da sociedade. É importante que o indivíduo que está sendo treinado para atuar como *coach* acate e siga as normas de um estatuto de ética profissional.

3 Uma profissão é uma entidade autossuficiente que regula o ingresso na profissão, monitora o desempenho de seus praticantes e exclui aqueles que violam suas responsabilidades e/ou seus princípios éticos. Somente algumas empresas de *coaching* procedem dessa maneira.

4 Os praticantes de uma profissão oferecem importantes benefícios para a sociedade. Isso vale também para o *coaching*.

5 Os praticantes de uma profissão têm alguns direitos e responsabilidades que não são atribuídos a todos os membros da sociedade. Essa não é uma regra geral no *coaching*.

No momento, portanto, o *coaching* não pode ser de todo considerado uma profissão, embora administrado como tal em algumas entidades de classe, como a International Coaching Community (ICC – Comunidade Internacional de *Coaching*). Parece bastante provável que, pelo menos ao longo dos próximos cinco anos, o *coaching* continue a ser um setor autorregulável não reconhecido.

Gostaríamos de ver várias coisas nos próximos anos. Primeiro, que as raízes e os antecedentes do *coaching* fossem objetos de maior atenção. Conhecemo-nos no presente recordando-nos de nossa história. Examinando as raízes do *coaching*, os *coaches* podem descobrir as situações que o *coaching* lhes reserva e começar a ir além das melhores práticas. As melhores práticas são as melhores por pouco tempo. Elas evoluem, e deveriam evoluir sempre, transformando-se em práticas melhores através da ação de pessoas que veem as lacunas existentes nas melhores práticas da época. A aceitação pacífica das melhores práticas invalida uma disciplina, um ramo de atividade ou uma profissão.

Segundo, é necessário que seja dada mais atenção ao desenvolvimento dos *coaches*. Os *coaches* não podem ajudar clientes que estejam acima de seu próprio nível. O nível de desenvolvimento e os pontos cegos do *coach* marcam os limites de suas habilidades. Existem muitos tipos de treinamento para *coaches*, mas não há educação formal suficiente nessa área. Gostaríamos de ver *coaches* treinados e qualificados em níveis de desenvolvimento, e que conhecessem o seu próprio nível (isto é, se estão no Estágio Três, Quatro ou Cinco). Com isso, eles terão condições de emitir opiniões informadas sobre o nível de seus clientes. No momento, grande parte dos treinamentos para *coaches* é ministrada de forma desequilibrada, uma vez que fornecem informações ao *coach* sem desenvolver sua autoconsciência e promover o seu desenvolvimento pessoal. Os treinamentos para *coaches* são demasiadamente restritos e tendem a focalizar demais o comportamento do treinando, incentivando, assim, os *coaches* a se concentrarem excessivamente no comportamento de seus clientes. Gostaríamos de ver mais ênfase na educação formal do *coach*. A presença do *coach* é o que faz a diferença para o cliente. É fundamental não apenas o que os *coaches fazem*, mas também o que eles *são*. Os *coaches* necessitam de conhecimentos, habilidades e autodesenvolvimento. Saber, fazer e ser. Você pode ignorar o que sabe e do que pode fazer, mas jamais quem você *é*.

Terceiro, gostaríamos de ver o *coaching* associado a outras áreas de conhecimento e profissões consagradas. Será uma maneira de gerar sinergia e conferir mais credibilidade ao *coaching*. Muitas disciplinas de autodesenvolvimento surgiram, desprezaram outros ramos da psicologia e do mundo acadêmico, e acabaram por desaparecer. Esperamos que as pesquisas de *coaching* continuem a crescer, e que os estudos com tese de doutorado vinculem o *coaching* a outras áreas consagradas. Gostaríamos de ver muito mais publicações especializadas sobre o tema passar pela apreciação de profissionais da área. Gostaríamos também de ver mais pesquisas e maior ênfase sobre o *coaching* intercultural. Sem dúvida, essa é uma área que continuará a crescer à medida que as multinacionais contratarem *coaches* para auxiliar seu pessoal em diferentes países. Os *coaches* que não tenham conhecimentos sobre diferentes culturas não terão condições de desenvolver um trabalho eficaz com clientes de outras culturas.

O QUE O *COACHING* FAZ?

O *coaching* transforma a vida cotidiana em autodesenvolvimento. Esse é o seu forte. A vida cotidiana pode ser monótona, como pode ser também uma série de oportunidades e um apelo à ação.

O *coaching* ajuda as pessoas a ser mais autênticas. O *coaching* é a forma de uma sociedade conduzir as pessoas do Estágio Três, onde elas são identificadas por costumes sociais e valores introjetados, ao Estágio Quatro, onde elas são capazes de caminhar no seu próprio ritmo e seguir seus próprios valores. Consequentemente, o *coaching* cria mais indivíduos capazes de enriquecer a sociedade, contribuindo para a falta de consenso e fomentando nichos e pequenas comunidades, a exemplo do que a internet já faz.

O *coaching* ajuda as pessoas a tolerar a ambiguidade em si e, consequentemente, nos outros, e a lidar com o mundo, que muda com tanta rapidez. Além disso, o *coaching* oferece múltiplas perspectivas, mais ricas, incentivando o pensamento pós-moderno, que subentende a adoção de múltiplas perspectivas em múltiplos contextos. O *coaching* leva as pessoas a pensar mais sobre o poder – quem o tem e quem não o tem. Perspectiva é poder. O poder é canalizado para a perspectiva mais privilegiada. Desse modo, as pessoas passam a ter mais consciência de quem decide qual a perspectiva privilegiada.

O *coaching* ajuda as pessoas a fazer novas distinções, o que, por sua vez, as ajuda a levar uma vida mais rica e feliz, bem como a adaptar-se às novas distinções criadas todos os dias no âmbito das artes, das ciências e dos negócios. Na melhor das hipóteses, o *coaching* ajuda as pessoas a ver que elas podem criar um relacionamento de confiança e, com isso, gerar outros relacionamentos desse tipo em sua vida.

Acreditamos piamente que precisamos de todas essas habilidades hoje e em todo futuro possível.

PESQUISAS FUTURAS

O *coaching* precisa ser uma abordagem mais baseada em provas. Examinando as provas do *coaching* por diferentes ângulos, podemos compreendê-lo melhor. As provas precisam ser baseadas em múltiplas perspectivas, não apenas a partir de uma perspectiva de comportamento visível. As provas precisam ser quantitativas (baseadas nas percepções e na presença dos *coaches*) e qualitativas (baseadas nos resultados mensuráveis alcançados pelos clientes).

Toda boa pesquisa é baseada em três regras:

1 Uma injunção, um paradigma ou uma instrução que diz: "Se você quiser saber isto, faça aquilo". Por exemplo: se você quiser saber o seu nível de desenvolvimento, você precisa fazer uma entrevista especializada nessa área, baseada nos anos de pesquisas que definiram esse segmento da psicologia desenvolvimental adulta.

2 Dados ou experiência. De um determinado experimento resulta uma experiência, alguns dados que podem ser avaliados e medidos. Essa experiência irá esclarecer o objeto de sua exploração. Neste exemplo, a entrevista desenvolvimental irá demonstrar as ideias que você tem a seu próprio respeito e que podem explicar alguns aspectos de sua experiência, as suas impressões e as suas ações. Essa entrevista aumentará a sua capacidade de autorreflexão, oferecendo-lhe outra perspectiva e um novo conjunto de distinções.

3 Por fim, você precisa submeter essa experiência ou esses dados à confirmação ou rejeição da comunidade. Você precisa receber *feedback* a partir de múltiplas perspectivas, mas, em particular, daqueles que conduziram a experiência a que você foi submetido. Isso irá resultar em uma avaliação muito melhor. A sua experiência individual subjetiva é limitada.

Esperamos que haja pesquisas *na área* de *coaching* – pesquisas realizadas no plano interior, nas quais os *coaches* examinem criticamente a sua atuação, aprendendo com sua experiência, aplicando ideias, conduzindo experimentos e reportando os resultados. Esperamos também que sejam realizadas pesquisas *sobre* o *coaching* – pesquisas no plano exterior. O que o *coaching* faz e qual a relação dos resultados com outros campos? De que maneira eles se encaixam no contexto mais amplo do desenvolvimento e das mudanças humanas? É preciso que haja históricos de casos, artigos apreciados por profissionais da área e medições realizadas a partir das quatro principais perspectivas do modelo integral:

⇨ A sua experiência interior subjetiva.
⇨ O domínio mensurável, o comportamento visível.
⇨ O impacto nos sistemas externos (a empresa, no caso do *coaching* empresarial, e os relacionamentos e/ou as finanças de uma pessoa, em se tratando de *coaching* pessoal).
⇨ O aspecto cultural ou a extensão do conhecimento compartilhado entre os *coaches*.

O *coaching* baseado em provas[1] será fundamentado (com relações explícitas com outras disciplinas) em uma base de conhecimentos empíricos (experimentais e práticos) e teóricos.

EPÍLOGO

Agora chegamos ao fim de nossa investigação, pelo menos neste livro. Todavia, fomos obrigados a deixar de lado algumas ramificações fascinantes. Esperamos que você "siga o caminho que não trilhamos/em direção à porta que nunca abrimos/e adentre o mar de rosas"[2]. Esperamos que você construa, explore e faça uma reflexão crítica sobre toda a teoria e a prática do *coaching* (especialmente as suas teorias e práticas).

Uma investigação é um tipo especial de exploração, é uma exploração em busca de algo. E, em geral, o que se encontra não é o que se esperava. Em qualquer boa investigação, as descobertas são mais sobre nós mesmos; você volta uma pessoa diferente daquela que existia antes de partir. Em 1977, Terry Brooks escreveu um romance de ficção, *A Espada de Shannara*. Trata-se de uma investigação do herói (Shea Ohmsford) para descobrir a espada mágica de Shannara e derrotar Warlock Lord, um evidente parente próximo de Sauron, de *O Senhor dos Aneis*. Shea encontra a espada, aparentemente inútil, pois não confere nenhuma força sobre-humana, invisibilidade, nada. Contudo, Shea precisa enfrentar Warlock Lord contando apenas com a espada. Ele descobre que a espada revela quem a pessoa, de fato, é, com todos os detalhes, bons, maus e feios; ela mostra a verdade nua e crua; é um talismã da autorrevelação, nada mais. Shea sobrevive ao encontro consigo mesmo e aceita tudo a seu respeito. Ao tocar na espada, Warlock Lord também precisa enfrentar a sua realidade, e, por ser mau, ele não sobrevive a essa autorrevelação e é destruído porque, no fundo, ele é uma contradição.

Um talismã, mágico ou não, diz algo a seu respeito. Esse é o prêmio que alguns buscam abstraindo-se de seu próprio ser. Outros o buscam mergulhando cada vez mais fundo em seu próprio ser. Os dois peregrinos se encontram no mesmo lugar e descobrem chegar exatamente ao mesmo ponto, porém, seguindo caminhos diferentes.

Fazemos parte do mundo; autoconhecimento, portanto, é conhecimento do mundo. Não há mais nada a saber.

Esperamos que o *coaching* o ajude em sua trajetória e lhe desejamos boa sorte na sua investigação.

REFERÊNCIAS

1. Grant, A. *Keynote Address at the Coaching Conference*, University of Sydney, 2003.
2. Eliot, T. S. Burnet Norton. *Four Quartets*, 1935. Consultar: www.tristan.icom43.net/quartets/norton.html
3. Brooks, Terry. *A Espada de Shannara*, 1977.

APÊNDICE

COMO O *COACHING* DIFERE DE OUTRAS ABORDAGENS

Existe uma considerável confusão, especialmente no mundo dos negócios, em relação ao que é e ao que faz um *coach*. Uma das maneiras de se esclarecer essa questão é estabelecendo limites que mostrem o que não é *coaching*. Isso distingue o *coaching* de outras disciplinas, e, embora possa haver coincidências entre algumas áreas, ficará evidente que o *coaching* possui identidade própria. O diagrama que se segue demonstra bem essas diferenças.

No lado direito estão profissões em que o profissional tem experiência no tema em discussão, e, no lado esquerdo, aquelas em que o cliente tem experiência no assunto em pauta. A parte superior do diagrama indica a área em que o profissional atua principalmente fazendo perguntas. A parte inferior é onde ele opera principalmente dando respostas. Um amigo aparece no meio do diagrama. Ele pode fazer qualquer coisa, e não precisa ser remunerado (ver figura da página seguinte).

Existe sempre alguma coincidência entre as diferentes profissões, mas, de um modo geral, consultores, gerentes, professores, treinadores e mentores estão inseridos no quadrante inferior direito. Considerados especialistas em sua área, esses profissionais são contratados para apresentar soluções.

CONSULTORES

Os consultores lidam com o sistema empresarial como um todo, emitindo diagnósticos, fazendo recomendações e criando soluções para todo

```
                        Você pergunta
                              |
     Coach                    |    Terapeuta
     Facilitador              |    Conselheiro
                              |
                              |
                              |
                              |
                           Amigo
  ─────────────────────────────────────────────
   O cliente tem a experiência | Você tem a experiência
                              |    Mentor
                              |    Treinador
                              |    Professor
                              |    Gerente
   Testes psicométricos       |    Consultor
                              |
                        Você responde
```

Adaptado a partir de Getting Started in Personal and Executive Coaching
por Stephen Fairley e Chris Scout (Wiley, 2004)
Diagrama original © Stephen Fairley.
Utilizado com permissão

o sistema. Parte de suas respostas pode envolver a administração de sessões de *coaching* para elementos-chave. Os próprios consultores podem ministrar o *coaching*, mas eles precisam tirar a "camisa" de consultor e vestir a de *coach*. (Alguns consultores possuem uma grande coleção de "camisas".)

Cada vez mais, os consultores estão recomendando o *coaching* como ferramenta de auxílio às mudanças. O inimigo das mudanças é a inércia, e a inércia é proveniente dos hábitos. Os hábitos organizacionais são procedimentos formais, enquanto os hábitos individuais são aqueles limitados pelo modo de pensar das pessoas que desempenham funções-chave. Os consultores podem projetar um novo sistema, mas o sistema irá fracassar se for imposto àqueles indivíduos que conservam uma mentalidade antiquada e limitada. Portanto, os *coaches* são utilizados para ajudar as pessoas-chave a pensar de outro modo e para implementar as mudanças organizacionais.

Da mesma forma, os treinadores empresariais estão recomendando o *coaching* como instrumento de suporte aos seus treinamentos e, em muitos casos, estão ministrando *coaching* de acompanhamento. A razão para isso é óbvia. É muito comum um grupo de gerentes passar um fim de semana em um hotel maravilhoso recebendo treinamento, aprendendo novas habilidades e novas formas de pensar, e se divertindo. Na segunda-feira de manhã, eles retornam ao trabalho entusiasmados e querendo colocar em prática o que aprenderam. Mas o local de trabalho não é o mesmo que o ambiente de treinamento. Todas as antigas associações e hábitos conspiram para transportá-los de volta aos seus velhos padrões. Os seus colegas de trabalho que não participaram do treinamento não sabem nada do que aconteceu e tratam seus entusiasmados gerentes como sempre o fizeram. Não demora (normalmente cerca de três semanas) e a tentação de retornar aos antigos hábitos é grande. O entusiasmo inicial desaparece, a força do hábito fala mais alto e os gerentes voltam à rotina se não tiverem um *coach* que os possa ajudar a manter sua motivação e as mudanças. Em longo prazo, isso fará uma diferença. Muitos treinamentos são perda de tempo sem o auxílio do *coaching* para garantir que as lições aprendidas não caiam no esquecimento.

GERENTES

Existem muitos estilos de gestão, mas, no frigir dos ovos, os gerentes são responsáveis pelos resultados e, por isso, têm grande interesse que o seu pessoal trabalhe da maneira mais eficaz e eficiente possível – no seu entender. Um *coach* não tem esse interesse. Os gerentes são pagos para gerar resultados. Eles têm o poder de dizer aos outros o que fazer e os seus subordinados têm que os obedecer se quiserem continuar trabalhando na empresa. Do ponto de vista estrutural, um gerente não pode atuar como *coach*. Entretanto, os gerentes podem utilizar suas habilidades de *coaching* em determinadas situações, aproveitando os muitos meios de que dispõem para motivar, estimular e inspirar o seu pessoal para a obtenção de resultados. Cada vez mais, os gerentes estão também acrescentando o *coaching* ao seu acervo de habilidades.

As habilidades de *coaching* proporcionam aos gerentes mais opções de estilos de gestão. Em muitas situações, eles continuam dizendo aos seus subordinados o que fazer. Esse é o antigo paradigma gerencial. O gerente faz perguntas para que possa compreender o problema e apresentar uma resposta, instrução ou sugestão para sua solução. Isso é bom e funciona bem em muitas circunstâncias, especialmente quando a rapidez é um fator importante, ou em casos de emergência, ou ainda quando se trata de uma solução técnica (quando a gestão assume um caráter didático). O novo paradigma do gerente como *coach* atribui ao gerente a função de fazer perguntas no intuito de que a própria pessoa possa compreender o problema e solucioná-lo. O *coaching* torna os indivíduos mais criativos e independentes, proporcionando-lhes autonomia na autoria de seu trabalho.

Paradigmas gerenciais

O antigo paradigma gerencial:

O gerente faz perguntas no intuito de compreender o problema e apresentar uma resposta, instrução ou sugestão para sua solução.

O novo paradigma para o gerente no papel de coach:

O gerente faz perguntas para que os próprios envolvidos possam compreender o problema e solucioná-lo.

Os gerentes precisam adotar uma abordagem de *coaching* se a questão for de natureza emocional. Eles podem utilizar essa abordagem também na área de desenvolvimento profissional. Da mesma forma, os gerentes podem utilizar "momentos de *coaching*" no dia em que resistirem à tentação de dizer aos seus funcionários o que fazer, e, em vez disso, fazer perguntas que os ajudem a solucionar os problemas sozinhos.

É difícil um gerente atuar como *coach*, porque o problema do funcionário pode se transformar no problema do gerente, ao passo que um *coach* não se envolve nos problemas do cliente. Hoje existe muito interesse no "gerente como *coach*", e é muito importante saber quando vestir a "camisa" de gerente e quando vestir a "camisa" de *coach*. Infelizmente, muitos gerentes não tiram a "camisa" de gerente antes de vestir a de *coach*. Com isso, as pessoas veem o *coaching* apenas como uma forma de ajudá-las a ser mais bem-sucedidas em seu trabalho – a serem melhores funcionários. Elas só podem receber os benefícios do *coaching* se fizerem algo de errado, quando o *coaching*, na verdade, deveria ser uma recompensa. Isso significa construir uma cultura de *coaching*, onde o *coaching* seja utilizado e valorizado em todos os níveis da empresa, especialmente de cima para baixo.

MENTORES

Mentores não são *coaches*, embora os dois normalmente sejam confundidos. Ao contrário, trata-se de pessoas com ricos conhecimentos e experiência em sua área, os quais são transmitidos a outras pessoas com menos experiência. A palavra "mentor" tem suas origens na mitologia grega. Homero conta a história em *Odisseia*, seu poema épico sobre as aventuras de Odisseu (Ulisses) durante e após a Guerra de Troia. Odisseu, rei de Ithaca, foi um dos gregos que partiram com Agamenon para destruir Troia, quando Páris roubou Helena (de lendária beleza) de seu marido, Menelau, irmão de Agamenon. Ao sair de Ithaca, Odisseu deixou seu filho, Telêmaco, sob os cuidados de um velho chamado Mentor, pedindo-lhe que transmitisse sua sabedoria ao seu filho. E assim a palavra foi incorporada à língua, passando a designar uma pessoa possuidora de conhecimentos superiores, um sábio professor que ensina habilidades de vida. (Na realidade, era a deusa Palas Ateneia que, assumindo a forma de Mentor, transmitia os ensinamentos. Homero descreve Mentor como um homem fraco e inexpressivo.) Mentor, no sentido de um confiável conselheiro, tem uma imagem muito mais forte em um livro do autor francês François Fénelon, *As Aventuras de Telêmaco*, escrito em 1699.

Hoje em dia, um mentor normalmente é um executivo experiente que orienta e presta suporte a colegas mais jovens e menos experientes. Desse modo, o mentor é mais uma derivação do modelo de aprendizagem do que do modelo de *coaching*. Em geral, os mentores estabelecem uma agenda para seus clientes, ao contrário dos *coaches*.

PROFESSORES E TREINADORES

Coaching não é ensino, nem treinamento. Professores e treinadores são especialistas em suas áreas de conhecimento e têm por função transmitir conhecimentos e habilidades. Os *coaches* lidam com o processo, mas não com o conteúdo. O treinamento ou o ensino normalmente tem uma meta clara e expectativas definidas pelo professor. Você espera alcançar o seu objetivo e está ali para aprender como fazê-lo.

Quando o Joseph quis aprender português, ele contratou um professor chamado Leandro, que era fluente em inglês, português e francês, e os dois só falavam em português durante a aula (a não ser quando o Joseph não conseguia encontrar as palavras certas). Leandro ia anotando o vocabulário-chave e os principais pontos gramaticais no decorrer da aula. É possível que outros professores adotem uma metodologia diferente, como um livro a ser seguido, o estudo da gramática ou o aprendizado por repetição de palavras ou frases em português. Quando o Joseph consultou um *coach* sobre o aprendizado do português, o *coach* não lhe ensinou ou sugeriu nada. Ao contrário, ele o ajudou a analisar o que significava aprender português, a julgar seu nível de fluência na língua, e a determinar a importância que o aprendizado do português tinha para ele. Os dois exploraram os recursos externos e internos que o Joseph já possuía e aqueles de que ele necessitava, bem como a maneira mais fácil e rápida de aprender – cabendo ao Joseph definir tudo.

O ensino só se confunde com o *coaching* nos níveis mais avançados, nos quais o professor pode explorar um determinado assunto com o aluno de forma mais ampla, ajudando-o a racionar, sem impor ao aluno suas próprias respostas. Isso poderia acontecer em um seminário universitário.

TERAPEUTAS E CONSELHEIROS

Deslocando-nos para o quadrante superior direito do diagrama, vemos que um *coach* não é um terapeuta, nem um conselheiro. A terapia lida com a *saúde* mental do cliente. O *coaching* lida com o *crescimento* mental do cliente. Os clientes de *coaching* são adultos que funcionam de forma adequada e não apresentam nenhum quadro de depressão clínica. O *coach* não lida diretamente com problemas de saúde, embora o *coaching* possa ajudar o cliente a decidir como lidar com eles. A maioria das formas de terapia trata de clientes predominantemente dispostos a eliminar suas dores e desconfortos. O modo de atuação do cliente está sob grande estresse e pode ter se deteriorado de forma significativa. A terapia é corretiva. O cliente sabe que algo está errado e quer corrigi-lo.

Imagine uma escala de bem-estar de 1 a 10, onde 1 represente grande insatisfação, com o cliente operando em condições precárias. Uma pontuação de 10 pontos significa que o cliente está muito bem e obtendo ótimos resultados. Uma pontuação média – 5 pontos – significa "Não posso reclamar" e "Não está tão mal". Os clientes de terapia tendem a ficar entre 1 e 4 pontos. Eles querem chegar a 5. A partir do momento em que eles estão operando em níveis normais, o terapeuta pode trabalhar no sentido de ajudá-lo a subir mais na escala. Ninguém bate à porta de um terapeuta dizendo: "Estou ótimo; quero que você me ajude a ficar melhor ainda". Mas é isso que os clientes de *coaching* normalmente dizem. Eles tendem a começar com, pelo menos, 4 ou 5 pontos, às vezes, até com 7 ou 8. O *coach* tem por objetivo ajudá-los a alcançar 9 ou 10, ou *ampliar a escala*, porque 10 é apenas o limite *percebido* de satisfação do cliente.

1----------2----------3----------4----------5----------6----------7----------8----------9----------10
Muito insatisfeito   Muito satisfeito
Resultados muito fracos   Resultados muito bons
Terapia   *Coaching*

A escala de bem-estar

Além disso, muitas terapias procuram as causas do problema no passado. O *coaching* se preocupa principalmente em explorar o presente e projetar o futuro. A maneira como o cliente chegou ao ponto em que se encontra é menos importante do que tratar o problema no momento. A terapia presta mais atenção também aos sentimentos do cliente, e o cliente normalmente está sujeito a uma série de emoções. Normalmente, existe uma tendência a explorar as emoções dolorosas a fim de resolvê-las. Os *coaches* não fazem isso. Podem surgir emoções no *coaching*, mas elas não são o foco básico de atenção. O *coaching* se concentra nas ações e nos novos comportamentos; as emoções são criadas a partir de novas introvisões, e não por serem revividas ou liberadas, e os clientes são convidados a pensar mais no presente e no futuro do que no passado.

Na terapia, a ideia normalmente é de que a introvisão por si só é capaz de gerar mudanças, mas, para os *coaches*, a consciência é apenas um primeiro passo. Consciência sem ação pode simplesmente levar a cliente que saiba tudo sobre o seu problema, o seu histórico e a sua dinâmica, mas que, ainda assim, se sinta impotente para mudar a situação (e, por isso, fica empacado).

FACILITADORES

Um *coach* não é um facilitador. Os facilitadores trabalham com grupos e têm por objetivo ajudá-los a tomar uma decisão. O facilitador ideal auxilia o processo, mas não se envolve nele, intervindo com raras sugestões. A partir do momento em que o grupo chega a uma decisão ou consenso, a função do facilitador cessa. O termo "facilitador" vem do latim e significa "alguém que facilita". Um *coach*, por sua vez, trabalha mais com indivíduos (o que um facilitador nunca faz) e traz muito mais de sua própria personalidade para o *coaching*.

TESTES PSICOMÉTRICOS

O quadrante inferior direito é o domínio dos testes psicométricos. O cliente tem o conhecimento (de sua própria vida), mas a psicometria dá respostas, lançando mão das informações fornecidas pelo cliente e colocando-as de outra forma que possa ser útil. Antigamente, a astrologia era o principal teste psicométrico.

BIBLIOGRAFIA

COACHING

Para todos os livros abaixo relacionados, nos casos em que as editoras diferem entre territórios, as editoras norte-americanas aparecem entre parênteses. As primeiras edições são citadas sempre que possível.

Aeuerbach, J. *Seeing the Light: What Organizations Need to Know About Executive Coaching*, College of Executive Coaching, 2005.

Dilts, R. *From Coach to Awakener*, Meta Publications, 2003.

Doyle, J. *The Business Coach: A Game Plan for the New Work Environment*, Wiley, 1999.

Downey, M. *Effective Coaching*, Orion, 1999.

Flaherty, J. *Coaching Evoking Excellence in Others*, Butterworth-Heinemann, 1999.

Fortgang, L. *Living Your Best Life*, Thorsons, 2001.

Fournies, F. *Coaching for Improved Work Performance*, McGraw-Hill, 2000.

Gallwey, T. *The Inner Game of Tennis*, Bantam Books, 1974.

Hargrove, R. *Masterful Coaching*, Pfeiffer, 1995.

Hunt, J. & Weintrub, J.R. *The Coaching Manager: Developing Top Talent in Business*, Sage Publications, 2002.

Kauffman, C. *Pivot Points: Small Choices with the Power to Change Your Life*, Evans Press, 2007.

Landsberg, M. *The Tao of Coaching*, HarperCollins, 1999.

Logan, D. & King, J. *The Coaching Revolution*, Adams Media, 2004.

Laske, O. *Measuring Hidden Dimensions*, IDM Press, 2005.

Lyle , J. *Sports Coaching Concepts: A Framework for Coaches' Behaviour*, Routledge, 2002.

O'Connor, J. & Lages, A. *Coaching with NLP*, Thorsons, 2004.
O'Neil, M.B. *Executive Coaching with Backbone and Heart*, Jossey-Bass, 2000.
Rossinski, P. *Coaching Across Cultures,* Nicholas Brealey, 2003.
Sieler, A. *Coaching to the Human Soul*, Newfield Publishing, 2003.
Skiffington, S. & Zeus, P. *Behavioural Coaching*, McGraw-Hill, 2003.
Stober, D. & Grant, A. *Evidence-Based Coaching Handbook,* Wiley, 2006.
Whitmore, J. *Coaching for Performance*, Nicholas Brealey, 2002.
Whitworth, L., Kimsey-House, H. & Sandahl, P. *Co-Active Coaching*, Davies-Black, 1998.
Zeus, P. & Skiffington, S. *The Complete Guide to Coaching at Work*, McGraw-Hill, 2000.
_____. *The Coaching at Work Tool Kit,* McGraw-Hill, 2002.

GERAL

Argyris, C. *Overcoming Organisational Defences,* Prentice-Hall, 1990.
Austin, J. *How to Do Things with Words*, Harvard University Press, 1973.
Bandler, R. & Grinder, J. *The Structure of Magic,* vol. 1, Science and Behaviour Books, 1975.
_____. *The Structure of Magic,* vol. 2, Science and Behaviour Books, 1976.
Bandura, A. *Self Efficacy*, W.H. Freeman, 1997.
Barrett, R. *Liberating the Corporate Soul,* Heinemann, 1998.
Basseches, M. *Dialectical Thinking and Adult Development*, Ablex Publishing, 1984.
Bateson, G. *Steps to an Ecology of Mind*, Ballantine Books, 1972.
Beck, D. & Cowan, C. *Spiral Dynamics*, Blackwell, 1996.
Berne, E. *Games People Play*, Penguin, 1964. Block, P. *Flawless Consulting*, Jossey-Bass Pfeiffer, 2000.
Chuang Tzu. *Basic Writings* (Translated by Burton Watson). Columbia University Press, 1964.
Cialdini, R. *Influence*, HarperCollins, 1998.
Cook-Greuter, S. *Post Autonomous Ego Development*. Disponível em cookgsu@comcast.net
Csikszentmihalyi, M. & Czikszentmihalyi, I. (eds.). *A Life Worth Living: Contributions to Positive Psychology*, Oxford University Press, 2006.
The Dalai Lama & Cutler, H. *The Art of Happiness,* Hodder (Riverhead), 1998.
De Ropp, R. *The Master Game*, Dell Publishing Company, 1968.

Drucker, P. *The New Realities*, HarperCollins, 1989.

Ekman, P. & Davidson, R. *The Nature of Emotion: Fundamental Questions*, Oxford University Press, 1994.

Gardner, H. *Frames of Reference*, Fontana Press, 1993.

Gebser, J. *The Ever Present Origin*, Ohio University Press, 1985.

Gilligan, C. *In a Different Voice*, Harvard University Press, 1982.

Fisher, R. & Ury, W. *Getting to Yes*, Penguin, 1983.

Fitz-enz, J. *The ROI of Human Capital,* American Management Association, 2000.

Flores, F. & Solomon, R. *Building Trust*, Oxford University Press, 2001.

Friedman, T. *The World Is Flat*, Penguin (Farrar, Straus & Giroux), 2005.

Gladwell, M. *The Tipping Point*, Little, Brown and Company (Back Bay Books), 2002.

Goffee, R. & Jones, G. *Character of a Corporation*, HarperCollins, 1998.

Goleman, D. *Emotional Intelligence,* Bloomsbury (Bantam), 1995.

Hall, E. & Hall, M. *Understanding Cultural Differences*, Doubleday, 1990.

Herrigel, E. *Zen and the Art of Archery*, Random House, 1953.

Hofstede, G. *Cultures and Organizations*, McGraw-Hill, 1997.

Kanter, R. Moss. *The Change Masters: Innovation for Productivity in the American Corporation*, Simon & Schuster, 1983.

Kauffman, S. *At Home in the Universe,* Penguin, 1995.

Kegan, R. *In Over Our Heads: The Demands of Modern Life*, Oxford University Press, 1994.

King, P. & Kitchener, K. *Developing Reflective Judgment,* Jossey-Bass, 1994.

Kirkpatrick, D.L. *Evaluating Training Programs: The Four Levels*, Berrett-Koehler, 1994.

Kohn, A. *Punished by Rewards*, Houghton Mifflin, 1993.

Kolb, D. *Experiential Learning Experience As the Source of Learning and Development,* Prentice-Hall, 1984.

Koplowitz, H. *Unitary Consciousness and the Highest Development of Mind,* Praeger, 1990.

Korzybski, A. *Science and Sanity*, 1ª ed. 1993. Institute of General Semantics, 1994.

Laing, R.D. *The Politics of the Family*, Routledge, 1999.

Loevinger, J. *Paradigms of Personality*, Freeman, 1987.

Lyotard, J.-F. *The Post Modern Explained*, University of Minnesota Press, 1993.

Maslow, A. *Towards a Psychology of Being*, Wiley, 1998.

Maturana, H. & Varela, F. *The Tree of Knowledge: The Biological Roots of Human Understanding*, Shambhala, 1987.

Morgan, G. *Images of Organisation*, Sage, 1986.

O'Connor, J. *The NLP Workbook*, Thorsons, 2000.

Peterson, C. & Seligman, M. *Character Strengths and Virtues: A Handbook and Classification*, oxford University Press, 2004.

Piaget, J. *The Origins of Intelligence in Children*, Norton, 1952.

Pinker, S. *How the Mind Works*, Penguin, 1997.

Rogers, C. *A Way of Being*, Houghton Mifflin, 1980.

Searle, J. *Speech Acts: An Essay in the Philosophy of Language*, Cambridge University Press, 1969.

Schein, E. *Process Consultation Revisited*, Addison-Wesley, 1999.

_____. *Process Consultation, Lessons for Managers and Consultants Volumes 1 and 2*, Addison-Wesley, 1988.

Seligman, M. *Authentic Happiness*, Nicholas Brealey, 2003.

Senge, P. *The Fifth Discipline*, Random House (Currency), 1992.

Toffler, A. *Future Shock*, Pan, 1971.

Torbert, W. *The Power of Balance: Transforming Self, Society and Scientific Enquiry*, Sage, 1991.

Trompenaars, F. *Riding the Waves of Culture*, Nicholas Brealey (McGraw-Hill), 1997.

Waldrop, M. *Complexity*, Simon & Schuster, 1993.

Wilber, K. *Integral Spirituality*, Integral Books, 2006.

_____. *A Brief History of Everything*, Shambhala, 1996.

DOCUMENTOS E ARTIGOS CITADOS NO TEXTO

Anderson, M. *Executive Briefing: Case Study on the Return on Investment of Executive Coaching*, Metrix Global LLC, 2001.

Brock, V. *Who's Who in Coaching – Executive Summary*, 2006.

CIPD Survey. *Who Learns at Work?*, March 2005.

Condon, W. *Cultural Microrhythms*, in Davis (ed.). *Interactional Rhythms: Periodicity in Communicative Behaviour*, Human Sciences Press, 1982.

Douglas, C. & McCauley, C.D. "Formal Developmental Relationships: A Survey of Organisational Practices". *Human Resource Development Quarterly* 10, 1999.

Von Foerster, H. "Ethics and Second Order Cybernetics", *SEHR*, 4 (2): *Constructions of the Mind*, 1994.

Frederickson, B. & Losada, M. "Positive Affect and the Complex Dynamics of Human Flourishing", *American Psychologist* 60, 2005.

Grant, A. *Keynote Address at the Coaching Conference*, University of Sydney, 2003.

Graves, C. "The Emergent Cyclical Double Helix Model of the Adult Human Biosocial System", folheto da apresentação à World Future Society, Boston, Mass., maio de 1981 (compilado para o Dr. Graves por Chris Cowan), 1981.

_____. "Levels of Existence: An Open System Theory of Values". *Journal of Humanistic Psychology*, November 1970.

Hicks, M. & Peterson, D. "The Development Pipeline: How People Really Learn", *Knowledge Management Review* 9, 1999.

Jarvis, J. *Coaching and Buying Coaching Services – A CIPD Guide,* Chartered Institute of Personnel Development, 2004.

Laske, O. "Can Evidence Based Coaching Increase ROI?, *International Journal of Evidence Based Coaching and Mentoring*, 2(2), 2004.

Losada, M. "The Complex Dynamics of High Performance Teams", *Mathematical and Computer Modeling* 30, 1999.

Peterson D. & Hicks, M. "Strategic Coaching: Five Ways to Get the Most Value", *Human Resources Focus* 76(2), 1999.

_____. & Seligman, M. "Casual Explanations as a Risk Factor for Depression: Theory and Evidence", *Psychological Review* 91(3), 1984.

_____. & Valliant, G. "Pessimistic Explanatory Style Is a Risk Factor for Physical Illness: A thirty-Five year Longitudinal Study", *Journal of Personality and Social Psychology* 55, 1988.

Sheldon, K. & Elliot, A. "Not All Personal Goals Are Personal", *Personality and Social Psychology* Bulletin 24(5), 1998.

Western, D. "Confirmation Bias" (não publicado) Documento apresentado à 2006 Annual Conference of the Society for Personality and Social Psychology, 2006.

OS AUTORES

ANDREA LAGES

Andrea Lages é uma das mais respeitadas treinadoras de *coaching* do mundo.

A autora já ministrou sessões de *coaching* executivo e treinamento de *coaching*, inclusive o International Coaching Certification Training (Curso de Treinamento para Certificação International em *Coaching*), para pessoas procedentes de mais de 20 países.

Cofundadora da International Coaching Community (ICC) e Treinadora Mestre da ICC, Andrea é cofundadora e CEO da Lambent do Brasil, empresa de treinamento e consultoria internacional estabelecida em São Paulo.

Andrea atua em âmbito internacional como *coach*a executiva e treinadora empresarial, ministrando cursos e seminários sobre *coaching*, habilidades de comunicação, pensamento sistêmico e liderança. Fluente em inglês, espanhol e português, ela ministra sessões e cursos de *coaching* nos três idiomas.

Andrea trabalhou em diversos lugares nas Américas, na Ásia e na Europa, inclusive no Reino Unido. Dentre os seus clientes estão empresas como Petrobras, GlaxoSmithKline e a Secretaria de Desenvolvimento do Rio de Janeiro. Contatos podem ser feitos através do e-mail andrea@lambentdobrasil.com

JOSEPH O'CONNOR

Autor, treinador, *coach* executivo e consultor internacionalmente conhecido, Joseph O'Connor é Treinador Mestre de *coaching*, cofundador da International Coaching Community (ICC) e autor de destaque no campo de habilidades de comunicação, liderança e *coaching*.

Autor de 17 livros, traduzidos para 29 línguas, Joseph já ministrou treinamentos na Europa, na América do Norte e América do Sul, na Ásia e na Nova Zelândia, tendo sido agraciado em 1996 com a medalha do Singapore National Community Leadership Institute por seu trabalho nas áreas de treinamento e consultoria. Joseph treinou *coaches* em 15 países. Instituições como BT, The Panama Canal Authority, UNIDO, BA, Citibank e HP Invent estão entre alguns de seus clientes.

Joseph morou durante muitos anos em Londres, Inglaterra, e hoje mora em São Paulo, Brasil. Contatos podem ser feitos através do e-mail joseph@lambentdobrasil.com

Andrea e Joseph fundaram a International Coaching Community em 2001, bem como a Lambent do Brasil, sua empresa de *coaching*, treinamento e consultoria, em São Paulo, também em 2001. Atualmente os autores moram em São Paulo com sua filha, Amanda.

O primeiro livro que Andrea e Joseph escreveram juntos foi *Coaching with NLP*, publicado em 2004, e atualmente disponível em dez idiomas.

THE INTERNATIONAL COACHING COMMUNITY (ICC)

A ICC é uma das maiores instituições internacionais de credenciamento de *coaches* do mundo. Todos os seus membros concluíram com êxito o International Coaching Certification Training (Curso de Treinamento para Certificação Internacional em *Coaching*). A ICC possui competências, normas e padrões éticos essenciais a serem seguidos por todos os seus membros.

A instituição, que ministra mais de 60 cursos de treinamento em 14 países todos os anos, oferece treinamento avançado em *coaching* empresarial, executivo, pessoal e de equipes.

A visão da ICC é a criação e manutenção de uma profissão efetiva de *coaching* regida por normas e padrões éticos bem definidos.

Consultar www.internationalcoachingcommunity.com

LAMBENT DO BRASIL

SERVIÇOS INTERNACIONAIS DE *COACHING*

A Lambent do Brasil treina *coaches* através da ICC e tem por especialidade o fornecimento de *coaches* profissionais para empresas em todos os níveis. Especializada em *coaching* empresarial, a Lambent gerencia projetos de *coaching* em âmbito mundial, para clientes de diversos países, através de sua rede internacional fornecida pela ICC. Considerando-se que todos os *coaches* recebem o mesmo tipo de treinamento, o *coaching* utiliza a mesma metodologia em nível internacional.

SERVIÇOS DE TREINAMENTO

A Lambent do Brasil ministra sessões de treinamento de *coaching* em todo o mundo, além de oferecer treinamento para *coaches* nas áreas de programação neurolinguística, de acordo com as normas internacionais.

CONSULTORIA

A Lambent do Brasil presta serviços de consultoria através do processo de auditoria sistêmica com a finalidade de identificar os pontos de alavancagem existentes para o desenvolvimento empresarial.

Para mais detalhes, consultar www.lambentdobrasil.com

Contatos: info@lambentdobrasil.com

ÍNDICE

A
Ação, 186-187, 188
Acrônimo PURE, 57-58
Acrônimo SMART, 57-58
Adversidade, 108
Âncoras, 97
Apreciações, 144-145, 146
Aprendizado, 7, 185-186
　através de ação, 64
　coaching empresarial, 196-199
　diferença entre desenvolvimento e, 212
Aspectos limitados, 173-175
Asserções, 143-144, 146
Association of Coach Training Institutes (ACTO), 18
Atribuição, 186
Autoconsciência, 29-30, 222-223
Autocriação, 219-222
Autodesenvolvimento, 224-229
　ver também desenvolvimento, *coaching* para o desenvolvimento
Autogestão, 64-65
Autogestão, *coaching* coativo, 64-65
Auto-observação, 53-54
Autorrealização, 26-27

B
Budismo, 29-30

C
Capacidade de ouvir/escutar, 62-63, 140-141
Ciclo de aprendizado de Kolb, 60-61
Clareza interior, 113
Clientes, 5-11, 166-169
Coaches, 161-166
　autodesenvolvimento, 224-225
　credibilidade, 10-11
　crenças, 165-166
　e os clientes, 7-8, 164-165
　perguntas, 162-164
　resposta Mu, 164-165
Coaching
　como arte e ciência, 194-195
　como profissão, 249-251
　definição de, x-xi, 4-9
　diferença em relação a outras abordagens, 255-262
　disseminação do, 35-42
　medição de resultados, 193-204
　origem do termo, 3-4
　origens do, 99-100
　padrões e ética, 227
　para o desenvolvimento, 43-46
　prazo, 22-23
　processo básico, 159-160
　situação atual do, 11
Coaching Academy, 19
Coaching coativo, 61-67
　aprendizado através da ação, 64
　autogestão, 64-65
　capacidade de ouvir/escutar, 62-63
　curiosidade, 64

estudo de caso, 66-67
visto de dentro e de fora, 65
Coaching comportamental, 125-137
   avaliação, 134
   coleta de dados, 128-129
   condutor desenvolvimental, 131-132
   educação, 127-128
   estudo de caso, 136-137
   feedback e medição, 133
   grade GAPS, 132-133
   plano de ação, 130
   motivação, 134-136
   mudança de comportamento, 130-131
   no mundo dos negócios, 126-127, 199-200
Coaching da autêntica felicidade (AHC) *ver*
   Psicologia positiva
Coaching de circuito duplo, 95
Coaching de circuito simples, 94-95
Coaching empresarial, x, 126-127
   avaliação, 196-204
   fatores na ascensão do, 35-42
Coaching esportivo, 226-227
Coaching integral, 71-84
   estados, 77
   estágios, 77-79
   estudo de caso, 83-84
   linhas de desenvolvimento, 79-81
   nos quadrantes, 74-77
   perspectivas coletivas, 74
   perspectivas individuais, 72-74
   tipos 81-82
Coaching intercultural, 236-240
Coaching ontológico, 29-30, 33-34
   colapso e interesse do cliente, 11-142
   conversas, 147-148
   escutar, 140-141
   estados de espírito e emoções, 148-149
   estudo de caso, 150-151
   linguagem, 142-146
   observador, 149-150
   o relacionamento de *coaching,* 140
Coaching para o desenvolvimento, 43-46, 211-229
   estágios de desenvolvimento, 211-212
   estágios de pensamento, 213-215
   implicações para o *coaching,* 224-229

Coaching para a solução de problemas, 44-45
Coaching pessoal, 195-196
Coaching pós-moderno, 231-240
Coaching transformacional, 184
Coaching transacional, 183-184
Coach Training Institute (CTI), 18
CoachU, 18-19
Coachville, 19
Colapsos, 141-142
Competência, 131
Comportamentismo, 26, 73
Conectores, 20
Confiabilidade, 11
Conhecimento especializado, 8-9
Conselheiros, 260-261
Consequências, 109
Consideração, 187-188
Construtivismo, 25,30-33, 233
Consultores, 255-257
Contestação, 109-110
Conversas, 147-148
Credibilidade, 10-11
Crenças, 109, 165-166
Críticos, 195

D

Da Psicologia Clínica para a Psicologia Positiva, 119-124
Declarações, 143, 146
Desenvolvimento, 185
  coaching para o *ver Coaching* para o desenvolvimento
  linhas de no *coaching* integral, 79-81
  pós-convencional, 223-224
Desenvolvimento pós-convencional, 223-224
Despertar, 103
Dilts, Robert, 104
Dinâmica espiral, 78
Direção, 176-177
Distinções, fazendo, 171-173

E

Emoções, 148-149
Empresas horizontais, 40-41

Energização, 110
Ensino, 102
Erhard, Werner, 17
Esperança, 106-108
Estados, 77
Estados de espírito, 148-149
Estados Unidos, o *coaching* nos, 51-67
Estágios de pensamento, 213-215
Estresse, 39-40
Estudos linguísticos, 25, 33-35
Ver também linguagem; programação neurolinguística (PNL)
Ética, 227
Europa, o *coaching* na, 51-67
European Coaching Institute, 19
Executivos, importância dos altos, 41-42

F
Facilitadores, 261
Fator de adesão, 25
Felicidade, 110-112
Filosofia oriental, 25, 29-30
Flores, Fernando, 139-140, 153-156
Fluxo, 113-115, 124
Forças de caráter, 115-116
Forum, The, 17

G
Gallwey, Timothy, 15-16
Gerentes, 257-258
Gladwell, Malcolm, 20-21
Grade GAPS, 132-133
Grant, Anthony M., 205-210
Gratificação, 113-115
Graves, Clare, 216
Grounding, 144-145
Guarda, 101-102
Gurus, 29-30

H
Hábitos, 180-184
Heidegger, Martin, 141-142
Herrigel, Eugen, 19-20
História do *coaching,* 13-42

I
Indivíduo soberano, 36-37
Individualistas, 221-2
Influências culturais, 21-23
Instituto Esalen, 16-17
Inteligências, 79-80
Interesses, 6, 141-142
International Coaching Community (ICC), 19, 270
International Coaching Federation (ICF), 18
Internet, 37-38
Introvisão, 131
Intuição, *coaching* coativo, 63

J
Ji, Maharaj, 29
Jogo interior, 17-18, 51-56
 auto-observação, 53-54
 disseminaçao do, 55-56
 estudo de caso, 66-67
 programação, 54-55

K
Karatê Kid, 19
Kauffman, Carol, 124
Kegan, Robert, 217-218
Kierkegaard, Soren, 225

L
Lages, Andrea, 29
Lambent do Brasil, 271
Landmark Forum, The, 17
Leonard, Thomas, 17-20
Limites do *coaching,* 8
Linguagem, 142-146, 216
 coaching ontológico, 142-145
 diferenças culturais, 236-238
 programação neurolinguística, 92-96
Linguagem passiva, 33-34

M
Marco fundamental, 20
Medição de resultados, 193-204
Meditação transcendental (MT), 29
Metaprogramas, 95
Metas, 46, 56-58, 176-177

Metas finais, 57
Modelo ABCDE, 108
Modelos especializados, 4-5
Membros da comunidade, 218-219
Modelos de consultoria de processo, 4-5
Modelo GROW, 56-61
  ciclo de aprendizado de Kolb, 60-61
  estudo de caso, 66-67
  meta, 56-57
  opções, 59-60
  o que você fará?, 60
  realidade, 58-59
Modelos médicos, 4
Modelo Meta, 92-93
Modernismo, 231-234
Motivação, 131, 134-136, 178-179
Mudança, 6, 38-39, 185-186

N
Newfield Network, 18
Níveis neurológicos, 88-90

O
O ouvir propriamente dito, 62-63
O futuro do *coaching,* 243-254
O gênero no *coaching,* 234-235
Os "seres", jogo interior, 51-53
Observadores, 31-33, 149-150
O'Connor, Joseph, 270
Olalla, Julia, 18
Opções, modelo GROW, 59-60
Orientação, 101-102
Otimismo, 106-108
Ouvir, 62-63
Ouvir de maneira global, 62-63

P
Patrocínio, 103
Perguntas
  dos clientes, 164-165
  dos coaches, 162-164
Peritos, 19
Personal and Professional Coaches
  Association (PPCA), 18
Perspectivas, adoção de novas, 170-171

Pesquisa de valores em ação (VIA), 115-116
Pesquisas, 251-253
Pessimismo, 106-108
Plano de desenvolvimento pessoal (PDP), 130
PNL e *Coaching* com "C" Maiúsculo, 99-104
Ponto cego, 171
Pontos de vista, 86-87
Posições perceptivas, 86-87
Prazo, *coaching, 22-23*
Profissionais de vendas, 20
Prazer, 113
Preparação, 188
Professores, 259-260
Programação, jogo interior, 54-56
Programação neurolinguística (PNL), 85-98
  aplicações, 95-97
  e o *coaching,* 85-87
  estudo de caso, 97-98
  linguagem, 92-95
  metaprogramas, 95
  níveis neurológicos, 88-90
  pensamento, 90-91
  pontos de vista, 86
  rapport, 87-88
Promessas, 146
Propostas, 146
Psicobiografia, 80-81
Psicocibernética, 46
Psicogeografia, 88
Psicologia humanista, 25, 26-28, 231
Psicologia positiva, 43-46, 105-118
  adversidade, 108-109
  consequências, 109
  contestação, 109-110
  crenças, 109
  e equipes, 116-117
  esperança e otimismo, 106-108
  estudo de caso, 117-118
  energização, 110
  felicidade, 110-112
  gratificação e fluxo, 113-115
  prazer, 112-113
  valores, virtudes e forças de caráter, 115-116

Q
Quadrantes, 72-74, 158-159
Questionamento de circuito simples e circuito múltiplo, 129-130

R
Rapport, 87-88
Rawat, Prem, 29
Reações subjetivas, 197-198
Realidade, modelo GROW, 58-59
Reflexão sobre o *Coaching,* 69-70
Reflexões sobre a Psicologia do *Coaching,* 205-210
Regressão, 36
Relacionamentos, 75, 140, 166-169
Responsabilidade, 132, 186
Resposta Mu, 164-165
Retorno sobre o investimento (ROI), 196-197, 202-204
Rogers, Carl, 26

S
Sentidos, 33-34
Sinceridade, 11
Sócrates, 8, 13
Solicitações, 145-146
Suporte, 10

T
Tendências sociais, 35-36
Teoria da autoconcordância, 179, 227
Terapeutas, 260-261
Testes psicométricos, 262
Transição, 187

Treinamento EST, 17-18
Treinamento mental integrado (IMT), 43-46
    ação, 186-187
    atribuição, 185
    clientes, 176-184
    coaches, 161-166
    como o *coaching* funciona, 169-175
    mudança, 185-186
    ponto de partida, 160-161
    processo básico de *coaching,* 159-160
    relacionamento de *coaching,* 166-170
    responsabilidade, 186
    transição, 187
Tutoria, 102-103, 259

U
Unestahl, Lars-Eric, 46

V
Valores, 16-117, 178-180
    ver também interesses
Valores introjetados, 178-180
Virtudes, 115-116

W
Whitmore, Sir John, 19, 55-56, 70
Whitworth, Laura, 18

Z
Zen in the Art of Archery, 19
Zona, 115-116, 123

QUALITYMARK EDITORA

Entre em sintonia com o mundo

Qualitymark Editora Ltda.
Rua Teixeira Júnior, 441 - São Cristóvão
20921-405 - Rio de Janeiro - RJ
Tel.: (21) 3295-9800
Fax: (21) 3295-9824
www.qualitymark.com.br
E-mail: quality@qualitymark.com.br

Dados Técnicos:

• Formato:	16 x 23 cm
• Mancha:	12 x 19 cm
• Fonte:	Century Old Style BT
• Corpo:	11
• Entrelinha:	13
• Total de Páginas:	296
• 1ª Edição:	2010
• 3ª Reimpressão:	2016